Kay Biesel, Lukas Fellmann, Brigitte Müller,
Clarissa Schär, Stefan Schnurr

Prozessmanual. Dialogisch-systemische Kindeswohlabklärung

Haupt

Kay Biesel
Lukas Fellmann
Brigitte Müller
Clarissa Schär
Stefan Schnurr

Prozessmanual. Dialogisch-systemische Kindeswohlabklärung

Haupt Verlag

1. Auflage: 2017

Bibliografische Information der Deutschen Nationalbibliothek:
Die Deutsche Nationalbibliothek verzeichnet diese Publikation in der Deutschen Nationalbibliografie; detaillierte bibliografische Daten sind im Internet über http://dnb.dnb.de abrufbar.

ISBN 978-3-258-08008-6

Gestaltung und Satz: Traktor Grafikatelier, Münchenstein
Printed in Germany

www.haupt.ch

1 Einführung 7

2 Grundlagen und Praxisprinzipien 25

3 Kindeswohlabklärung als dialogisch-systemischer Prozess 51

4 Zusammenarbeit im Kindesschutz 217

5 Dokumentation im Kindesschutz 225

6 Glossar 233

7 Entstehungskontext des Prozessmanuals 247

8 Stichwortverzeichnis 251

9 Literatur 255

www.kindeswohlabklaerung.ch
Weiterführende Informationen zur Einführung und Verwendung des Prozessmanuals sowie Werkzeugkästen und Checklisten zur Prozessgestaltung von Kindeswohlablärungen stehen auf der Webseite zur Verfügung.

Übersicht Kapitel 3: Kindeswohlabklärung als dialogisch-systemischer Prozess

3.1	**Schlüsselprozess Ersteinschätzung**	53
3.1.1	Aufgabe und Funktion	54
3.1.2	Fachliche Herausforderungen	56
3.1.3	Empfehlungen zur Prozessgestaltung	57
	Werkzeugkasten, Checkliste	68
3.2	**Schlüsselprozess Kindeswohleinschätzung**	79
3.2.1	Aufgabe und Funktion	80
3.2.2	Fachliche Herausforderungen	83
3.2.3	Empfehlungen zur Prozessgestaltung	85
	Werkzeugkasten, Checkliste	101
3.3	**Schlüsselprozess Sofortmassnahmen**	117
3.3.1	Aufgabe und Funktion	118
3.3.2	Fachliche Herausforderungen	120
3.3.3	Empfehlungen zur Prozessgestaltung	121
	Checkliste	130
3.4	**Schlüsselprozess Kernabklärung**	139
3.4.1	Aufgabe und Funktion	140
3.4.2	Fachliche Herausforderungen	144
3.4.3	Empfehlungen zur Prozessgestaltung	146
	Werkzeugkasten, Checkliste	160
3.5	**Schlüsselprozess Bedarfsklärung**	171
3.5.1	Aufgabe und Funktion	172
3.5.2	Fachliche Herausforderungen	175
3.5.3	Empfehlungen zur Prozessgestaltung	177
	Werkzeugkasten, Checkliste	188
3.6	**Schlüsselprozess Ergebnisklärung**	199
3.6.1	Aufgabe und Funktion	200
3.6.2	Fachliche Herausforderungen	203
3.6.3	Empfehlungen zur Prozessgestaltung	204
	Werkzeugkasten, Checkliste	209

1 Einführung

1.1 Kindeswohlabklärungen

Kindeswohlabklärungen dienen dem Ziel, das Wohl von Kindern zu schützen und zu fördern. Sie werden erforderlich, wenn Grund zur Annahme besteht, dass die Lebenssituation eines Kindes von Problemlagen geprägt ist, die sein Wohlergehen beeinträchtigen und seine Entwicklung gefährden können. Am Ende einer Abklärung sollen begründete und belastbare Aussagen darüber vorliegen, ob das Wohl eines Kindes gewährleistet ist, wie allfällige Gefährdungen des Kindeswohls abgewendet werden können und wie das Kindeswohl bestmöglich geschützt, gesichert und gefördert werden kann. Dabei gilt der Grundsatz, dass das Wohl von Kindern gewahrt ist, wenn ihre altersmässigen Grundbedürfnisse befriedigt sind und ihre Rechte beachtet werden. Die Befriedigung der altersmässigen Grundbedürfnisse und die Gewährleistung der Rechte sind in Kindeswohlabklärungen demnach übergeordnete Bezugsnormen. In einer Kindeswohlabklärung geht es folglich darum, die Lebenssituation eines Kindes unter Berücksichtigung verschiedener Dimensionen (körperlich, geistig, seelisch, sozial) in einer hinreichenden Komplexität zu erfassen und mit diesen Bezugsnormen abzugleichen. Der Blick richtet sich dabei auf das Kind selbst, seinen Entwicklungsstand, seine Ressourcen und Bedürfnisse, auf seine unmittelbare Umgebung, auf die Art und Weise, wie es von den Eltern (bzw. den engsten Betreuungspersonen) versorgt wird, auf seine Erziehung und Förderung, auf die Beziehung zwischen Eltern und Kind sowie auf weitere bedeutsame soziale Beziehungen des Kindes. Fachpersonen, die Abklärungen durchführen, stehen somit vor der Aufgabe, jeweils in einem engen Bezug zur konkreten Lebenssituation eines Kindes bzw. mehrerer Kinder in einer Familie begründete Einschätzungen zu folgenden Fragen zu erarbeiten: Sind die altersmässigen Grundbedürfnisse erfüllt und werden die Rechte des Kindes gewährleistet? Ist das Wohl des Kindes bereits gefährdet oder droht eine solche Gefährdung in der Zukunft – in welcher Hinsicht? Welche Antworten (Unterstützungsleistungen, Kindesschutzmassnahmen) sind erforderlich, um festgestellte oder drohende Gefährdungen abzuwenden? Welche Antworten sind erforderlich, um das Wohl des Kindes jetzt und zukünftig bestmöglich zu sichern und zu fördern? Abklärungen dienen somit immer der Vorbereitung von Entscheiden über angemessene Antworten auf eine vorgefundene Situation bzw. einen vorgefundenen Bedarf.

Was sind Anlässe für Kindeswohlabklärungen?

Etwas vereinfachend lassen sich drei typische Anlässe für Kindeswohlabklärungen unterscheiden:

- Ein Kind oder seine Eltern wenden sich an eine Fachstelle (z. B. einen Kinder- und Jugendhilfedienst, Sozialdienst) und zeigen an, dass sie sich in einer Problemsituation befinden und Unterstützung brauchen.
- Fachpersonen eines Fachdienstes gewinnen im Kontakt mit einem jungen Menschen oder einer Familie den Eindruck, dass eine Problemsituation vorliegen könnte, die das Wohl eines Kindes gefährdet und weiterer Klärung bedarf; ein Fachdienst erhält von externen Fachpersonen, Einrichtungen (Kindertagesstätte, Kindergarten, Schule) oder weiteren Personen Hinweise darauf, dass das Wohl eines Kindes gefährdet sein könnte.
- Eine Kindes- und Erwachsenenschutzbehörde erhält Hinweise auf mögliche Gefährdungen des Kindeswohls oder nimmt solche selbst wahr.

Wer führt Kindeswohlabklärungen durch?

Ein Merkmal der schweizerischen Kinder- und Jugendhilfe bzw. des schweizerischen Kindesschutzsystems ist das Zusammenspiel von Fachdiensten (Kinder- und Jugendhilfediensten, Sozialdiensten) einerseits und Kindes- und Erwachsenenschutzbehörden (KESB) andererseits. Abklärungen des Kindeswohls werden sowohl von Fachdiensten (Kinder- und Jugendhilfediensten, Sozialdiensten) als auch von Kindes-und Erwachsenenschutzbehörden (KESB) durchgeführt.

Kindes- und Erwachsenenschutzbehörden (KESB) führen Abklärungen des Kindeswohls generell «von Amts wegen» durch (Art. 446 ZGB). Sie sind mit weitreichenden Kompetenzen und Machtmitteln ausgestattet. Unter anderem können sie eine Abklärung auch gegen den artikulierten Willen der Sorgeberechtigten anordnen. In diesem Fall gilt für die Eltern eine Mitwirkungspflicht. In Bezug auf die Organisation der Abklärungen unterscheiden sich die Kindes- und Erwachsenenschutzbehörden (KESB). Einige KESB führen eigene (sogenannte interne) Abklärungsdienste. Die knappe Mehrheit der insgesamt 147 Kindes- und Erwachsenenschutzbehörden der Schweiz delegieren Abklärungsaufgaben ganz oder teilweise an externe Fachdienste wie zum Beispiel Kinder- und Jugendhilfedienste, Sozialdienste und andere externe Stellen *(Rieder et al. 2016, S. 47f.)*. Dazu können auch gewerbliche Anbieter zählen.

Kinder- und Jugendhilfedienste und Sozialdienste führen Abklärungen als eine auf Dauer gestellte Leistung im Rahmen ihres jeweils eigenen Leistungsauftrags durch, der auf der Ebene der Kantone bzw. Gemeinden festgelegt ist. Auch diese Abklärungen beziehen sich typischerweise auf Fragen der Gewährleistung des Kindeswohls, daraus abzuleitende Unterstützungsbedarfe und angemessene Antworten auf gegebenenfalls festgestellte Gefährdungslagen. Wird im Rahmen solcher Abklärungen ein Unterstützungsbedarf festgestellt, mündet die Abklärung typischerweise in die Vorbereitung eines Leistungsentscheids. Nicht selten werden auf diese Weise auch Entscheide über Leistungen vorbereitet, die einen erheblichen Eingriff in die Lebenssituation des Kindes und der Familie bedeuten (z. B. Sozialpädagogische Familienbegleitung, Sozialpädagogische Tagesstrukturen, Heimerziehung, Familienpflege und andere ergänzende Hilfen zu Erziehung). Dieser Prozess wird an vielen Orten auch als Indikationsstellung bezeichnet. Durch die Einbettung der Abklärung und des ausführenden Fachdienstes in den Rahmen kantonalen Verwaltungsrechts und kommunaler Bestimmungen zu Angeboten für Kinder, Jugendliche und Familien kann es sich dabei ausschliesslich um Leistungen handeln, die im Einvernehmen mit den Eltern vereinbart werden.

Abklärung in Leistungsverwaltungen und Kindes- und Erwachsenenschutzbehörden (KESB)

Verfahrenskontext	Kantonale/kommunale Leistungsverwaltungen (freiwilliger Kindesschutz)	Kindes- und Erwachsenenschutzbehörden (KESB) (zivilrechtlicher Kindesschutz)
Anlass der Abklärung	Hinweise auf Gefährdung des Wohls eines Kindes oder auf Unterstützungsbedarf an einen kantonalen/kommunalen Fachdienst. Solche Hinweise können Mitarbeitende eines Fachdienstes aufgrund der Zusammenarbeit mit einem Kind / einer Familie selbst wahrnehmen oder sie werden von Kindertagesstätte, Schule, Kindergarten oder Einzelpersonen an einen Fachdienst herangetragen. Im Rahmen geltender Melderechte und -pflichten entscheiden Fachdienste, ob sie eine Abklärung selbst durchführen oder ob sie den Fall per Gefährdungsmeldung an eine KESB weitergeben.	Hinweise auf Gefährdung des Wohls eines Kindes an eine Kindes- und Erwachsenenschutzbehörde (KESB). Es liegt im Ermessen der KESB, ob sie einen Hinweis als Meldung im Sinne von Art. 443 ZGB sowie geltender Melderechte und -pflichten behandelt («Gefährdungsmeldung») und ein Kindesschutzverfahren eröffnet. Sie kann darauf verzichten, ein behördliches Kindesschutzverfahren zu eröffnen, und den Fall zur weiteren Bearbeitung an einen Fachdienst weitergeben.

▸

Verfahrens-kontext	Kantonale/kommunale Leistungsverwaltungen (freiwilliger Kindesschutz)	Kindes- und Erwachsenen-schutzbehörden (KESB) (zivilrechtlicher Kindesschutz)
Mitwirkung der Eltern	Eltern sind willens und (ggf. mit Unterstützung durch Fach-personen) in der Lage, bei der Abklärung einer Gefährdung des Kindeswohls mitzuwirken; sie sind willens und in der Lage, bei der Wahl und Rea-lisierung von Leistungen zur Abwendung einer im Abklä-rungsprozess festgestellten Gefährdung des Kindeswohls mitzuwirken (Mitwirkung im Einvernehmen).	Eltern sind nicht willens oder nicht in der Lage, an der Ab-klärung und Abwendung einer Gefährdung des Kindeswohls mitzuwirken. Ist ein Kindes-schutzverfahren eröffnet, gilt für die Eltern eine Mitwir-kungspflicht.
Fallverant-wortliche Organisation	Kinder- und Jugendhilfedienst, Sozialdienst; andere nicht-behördliche Fachdienste	Kindes- und Erwachsenen-schutzbehörde (KESB)
Rechtlicher Rahmen	**Kantonales Recht:** Kantonale und kommunale Gesetze und Verordnungen zu sozialen Fachdiensten bzw. zu sozialen Leistungen für Kinder, Jugendliche und Fami-lien, kantonales Verwaltungs-verfahrensrecht	**Bundesrecht:** Zivilgesetzbuch (ZGB), Zivilprozessordnung (ZPO). **Kantonales Recht:** Kantonales Einführungsrecht zum Kindesschutzrecht, kantonales Verwaltungs-verfahrensrecht
Verfahrens-rechtlicher Kontext der Abklärung	Abklärung ist integraler Be-standteil des Leistungsauf-trags eines kantonalen oder kommunalen Fachdienstes (Kinder- und Jugendhilfedienst; Sozialdienst; ggf. andere nicht-behördliche Dienste).	Abklärung ist integraler Be-standteil der Ausübung zivil-gesetzlichen und kantonalen Kindesschutzrechts durch eine Kindes- und Erwachse-nenschutzbehörde (KESB) oder in deren Auftrag.

Abklärende Dienste (Optionen)	Kinder- und Jugendhilfedienst, Sozialdienst; andere nichtbehördliche Dienste, gewerbliche Anbieter im Auftrag eines Kantons oder einer Gemeinde	Interner Abklärungsdienst einer KESB. Kinder- und Jugendhilfedienst, Sozialdienst; andere nichtbehördliche Dienste; gewerbliche Anbieter im Auftrag einer KESB
Verhältnis abklärende Fachpersonen vs. Eltern	Einvernehmliche Arbeitsbeziehung: einvernehmliche Zusammenarbeit in Bezug auf das Ziel, Gefährdungen abzuwenden und das Wohl des Kindes zu sichern und zu fördern	Verpflichtende Arbeitsbeziehung: durch die Mitwirkungspflicht erzwungene Zusammenarbeit in Bezug auf das Ziel, Gefährdungen abzuwenden
Rechte des Kindes	Recht auf Anhörung und Mitsprache. Art. 12 UN-Kinderrechtskonvention ist massgebend und direkt anwendbar, auch wenn das kantonale Recht keine spezifische Regelung zur Beteiligung von Kindern enthält.	Recht auf Anhörung nach Art. 314a ZGB; Vertretung des Kindes nach Art. 314a^{bis1} ZGB
Abklärungstyp	Einvernehmliche Abklärung	Behördlich angeordnete Abklärung

In einigen Kantonen ist es Praxis, dass kantonale/kommunale Fachdienste (Kinder-und Jugendhilfedienste, Sozialdienste) nicht nur Abklärungen im Rahmen ihres eigenen Leistungsauftrags durchführen, sondern auch Abklärungen im Auftrag einer Kindes- und Erwachsenenschutzbehörde (KESB).

Der entscheidende Unterschied liegt in der rechtlichen Rahmung: Die Abklärung wird in einem speziellen Auftragsverhältnis und im Kontext des zivilrechtlichen Kindesschutzes und seiner verfahrensrechtlichen Bestimmungen ausgeführt. In formaler Hinsicht ist das ausschlaggebende Kriterium, in wessen Auftrag die Abklärung durchgeführt wird. In materieller Hinsicht ist das ausschlaggebende Kriterium die Mitwirkungsbereitschaft der Eltern. Im Sinne des Subsidiaritätsprinzips kommt die Anordnung einer Abklärung durch eine Kindes-und Erwachsenenschutzbehörde infrage, wenn Hinweise vorliegen, dass das Wohl eines Kindes gefährdet sein könnte und die Eltern weder willens noch in der Lage sind, an der Abklärung und einer gegebenenfalls notwendigen Abwendung der Kindeswohlgefährdung mitzuwirken.

In fachlich-methodischer Hinsicht wird sich eine Abklärung, die im Rahmen des Leistungsauftrags eines kantonalen/kommunalen Fachdienstes durchgeführt wird, von einer Abklärung, die von einer Kindes- und Erwachsenenschutzbehörde (KESB) oder in deren Auftrag durchgeführt wird, nicht zwingend unterscheiden. In beiden Fällen geht es um die Einschätzung der Lebenssituation des Kindes unter der gleichen Bezugsnorm «Kindeswohl»; in beiden Fällen sind viele für die Klärung von Kindeswohlfragen unverzichtbare Informationen nur im Kontakt und Austausch mit dem Kind und der Familie zu gewinnen; in beiden Fällen sind daher die Anforderungen an das methodische Vorgehen und an die professionelle Haltung der abklärenden Fachpersonen die gleichen. Das «Prozessmanual. Dialogisch-systemische Kindeswohlabklärung» wurde mit dem Ziel entwickelt, Fachpersonen bei der praktischen Durchführung von Abklärungsprozessen zu unterstützen, die in beiden Verfahrenskontexten angesiedelt sein können: im Kontext kantonaler/kommunaler Leistungsverwaltungen (freiwilliger Kindesschutz) und im Kontext von Kindes-und Erwachsenenschutzbehörden (zivilrechtlicher bzw. behördlicher Kindesschutz). Allerdings wurde davon ausgegangen, dass sowohl Abklärungen im Pflichtkontext als auch Abklärungen in Fällen vermuteter manifester Gefährdungen des Kindeswohls (Misshandlung, Unterversorgung) mit gesteigerten Anforderungen an die Professionalität und an das methodische Vorgehen verbunden sind. Bei der Entwicklung des Prozessmanuals wurde deshalb versucht, Empfehlungen zum fachlichen Vorgehen bei der Durchführung von Kindeswohlabklärungen zu erarbeiten, die Fachpersonen darin unterstützen, auch bei solchen gesteigerten Anforderungen professionell im Interesse des Wohls von Kindern und Familien zu handeln.

Was sind Ergebnisse von Kindeswohlabklärungen?
Kindeswohlabklärungen dienen der Vorbereitung von Entscheiden. Vereinfacht gesprochen wird aus der Einschätzung von Gefährdungslagen und ihren Kontextbedingungen ein Unterstützungsbedarf abgeleitet; auf dieser Grundlage können Fachpersonen unter Einbezug wissenschaftlichen Wissens und Erfahrungswissens schlussfolgern, welche Interventionen (Leistungen, Ressourcen etc.) erforderlich und geeignet sind, damit allfällige Gefahren und Gefährdungen abgewendet und Unterstützungsbedarfe gedeckt werden können sowie das Kindeswohl gesichert und gefördert werden kann. Diese Leistungen können entweder im Einvernehmen mit den Eltern vereinbart oder aber, falls die Eltern einer zur Abwendung von Gefährdungen des Kindeswohls erforderlichen Leistung nicht zustimmen, gegen den artikulierten Willen der Eltern angeordnet werden. Zur Aufgabe, auf eine erforderliche und geeignete Leistung zu schliessen, tritt somit die Aufgabe, zu einer begründeten Einschätzung darüber zu kommen, ob eine notwendige Leistung mit den Eltern vereinbart werden kann oder ob sie angeordnet werden muss. Stimmen die Eltern der Leistung zu und sind sie bereit und in der Lage, an deren Realisierung mitzuwirken, kann die Leistung im Einvernehmen mit den Eltern vereinbart werden. Stimmen die Eltern einer zur Abwendung von Gefährdungen des Kindeswohls erforderlichen Leistung nicht zu und sind sie weder bereit noch in der Lage, an ihrer Realisierung mitzuwirken, kann die Leistung durch die Kindes- und Erwachsenenbehörden angeordnet werden. Die Kompetenz zur Anordnung geeigneter und erforderlicher Leistungen liegt ausschliesslich bei den Kindes- und Erwachsenenschutzbehörden (KESB). Zusätzlich oder alternativ zu Leistungen kann die KESB ausserdem Kindesschutzmassnahmen anordnen: Mahnungen, Weisungen, Erziehungsaufsicht und weitere Massnahmen (Art. 307 ZGB), Beistandschaft (Art. 308 ZGB), Aufhebung des Aufenthaltsbestimmungsrechts (Art. 310 ZGB) und die Entziehung der elterlichen Sorge (Art. 311, 312 ZGB). Zusammenfassend lässt sich sagen: Kindeswohlabklärungen dienen der Vorbereitung von Entscheiden über angemessene Antworten auf Lebenssituationen von Kindern und Familien, in denen zum Schutz des Kindeswohls Unterstützungsleistungen sowie gegebenenfalls Eingriffe in die elterliche Autonomie erforderlich sind. In anderen Worten: Kindeswohlabklärungen zielen auf die begründete Empfehlung von Leistungen und/oder Kindesschutzmassnahmen:

Ergebnisse von Kindeswohlabklärungen: Leistungen und/oder Kindesschutzmassnahmen

Vereinbarte Leistungen	Leistungen, die im Einvernehmen mit den Eltern vereinbart und unter Mitwirkung der Eltern und des Kindes umgesetzt werden (vereinbarte Leistungen). Dabei kommen primär Leistungen der Kinder- und Jugendhilfe infrage und hier mit grosser Häufigkeit Leistungen aus dem Spektrum der ergänzenden Hilfen zu Erziehung (Heimerziehung, Familienpflege, Sozialpädagogische Familienbegleitung, Sozialpädagogische Tagesstrukturen). Mitunter werden als Ergebnis von Abklärungen auch Empfehlungen zu Leistungen aus anderen Versorgungssystemen ausgesprochen (Gesundheits-, Bildungs-, Sozialsystem).
Angeordnete Leistungen	Leistungen, die durch eine Kindes- und Erwachsenenschutzbehörde angeordnet werden, bzw. eine behördliche Weisung zur Inanspruchnahme einer Leistung auf der Grundlage von Art. 307 ZGB. Das Spektrum an Leistungen ist dabei prinzipiell offen («Geeignete Massnahmen», Art. 307 ZGB). In der Praxis handelt es sich überwiegend um die oben bereits genannten Leistungen.
Kindesschutzmassnahmen nach ZGB	Kindesschutzmassnahmen: Beistandschaft (Art. 308 ZGB), Aufhebung des Aufenthaltsbestimmungsrechts (Art. 310 ZGB), Entziehung der elterlichen Sorge (Art. 311, 312 ZGB) bzw. weitere Kindesschutzmassnahmen nach ZGB

1.2 Ziele und Aufbau des Prozessmanuals

Das «Prozessmanual. Dialogisch-systemische Kindeswohlabklärung» ist mit dem Ziel konzipiert worden, Fachpersonen in unterschiedlichen Abklärungskontexten bei der Umsetzung von Abklärungsaufgaben Orientierung zu bieten und sie anzuleiten.

Es soll abklärende Fachpersonen dabei unterstützen,

- elementare Versorgungs-, Pflege-, Entwicklungs-, Bindungs- und Kommunikationsbedürfnisse gefährdeter und/oder misshandelter Kinder innerhalb und ausserhalb familialer Settings sicherzustellen,
- auf der Basis differenzierter und begründeter Einschätzungen darauf zu schliessen, welche Leistungen und/oder Kindesschutzmassnahmen erforderlich und geeignet sind, um Gefährdungen des Wohls von Kindern abzuwenden und deren Wohl bestmöglich und nachhaltig zu fördern,
- Fehleinschätzungen zu verringern und unverhältnismässige Eingriffe in die Familienautonomie ebenso zu vermeiden wie unnötige, ungeeignete, aber gleichwohl kostenintensive Leistungen.

Es kann zudem dazu herangezogen werden, um zwischen abklärenden Diensten und KESB Schnittstellen, Fragen der Zusammenarbeit und der Arbeitsteilung zu klären und Standards für Abklärungen im Kindesschutz miteinander zu erarbeiten und zu vereinbaren.

Das Prozessmanual ist eine forschungsbasierte und in der Praxis erprobte Wegleitung, die eine umfassende praxisbezogene Orientierung für das konkrete Vorgehen in Abklärungsprozessen im Kindesschutz bieten will. Dazu werden verschiedene für die Abklärung von Kindeswohlgefährdungen relevante Schlüsselprozesse definiert. Diese Schlüsselprozesse beziehen sich auf generische Komponenten von Abklärungsprozessen, die in je unterschiedlichen Gewichtungen und mit je unterschiedlichen Anforderungen in Abklärungsprozessen vorkommen können – unabhängig davon, ob sie im Kontext des Leistungsauftrags von Kinder- und Jugendhilfediensten, Sozialdiensten oder anderen Fachdiensten nach kantonalem Recht durchgeführt werden oder im Kontext des zivilgesetzlichen (behördlichen) Kindesschutzes durch oder im Auftrag einer Kindes- und Erwachsenenschutzbehörde (KESB).

Schlüsselprozesse zur dialogisch-systemischen Kindeswohlabklärung

Ersteinschätzung
Hinweise auf Gefährdungen des Kindeswohls entgegennehmen und einschätzen

▼

Kindeswohleinschätzung
Zur Einschätzung des Grads der Sicherheit und Grundversorgung des Kindes mit dem Kind, seiner Familie und weiteren Fachpersonen Kontakt aufnehmen

▼

Sofortmassnahmen
Sofortmassnahmen für das gefährdete Kind und seine Familie besprechen, organisieren und einleiten

▼

Kernabklärung
Die Gewährleistung des Kindeswohls mit dem Kind, seiner Familie und weiteren fachlichen Partnern wahrnehmen, erkunden und verstehen

▼

Bedarfsklärung
Handlungsempfehlungen und einen Plan zur Förderung und Sicherung des Kindeswohls mit dem Kind, seiner Familie und weiteren fachlichen Personen entwickeln

▼

Ergebnisklärung
Ergebnisse der Abklärung dem Kind und seiner Familie aufzeigen und ihnen die Möglichkeit zur Stellungnahme geben

Die Schlüsselprozesse werden aus Gründen der Trennschärfe und Übersichtlichkeit in einer linearen Reihenfolge vorgestellt. Um der Einmaligkeit und Komplexität von Kindesschutzfällen in der Abklärungspraxis gerecht zu werden, können sich die einzelnen Schlüsselprozesse in der Umsetzung teilweise stärker überschneiden oder andere Abfolgen erfordern; auch kann es nötig werden, Schlüsselprozesse aufgrund dynamischer Entwicklungen zu wiederholen. Mit der sequenziellen Darstellung der sechs Schlüsselprozesse wird somit keine starre Reihenfolge postuliert, auch wenn viele Abklärungen im Kindesschutz mit einer Ersteinschätzung beginnen.

Das Prozessmanual verfolgt den Anspruch, der Sicherung des Kindeswohls bereits während der Durchführung von Abklärungen zu dienen, und will die Zusammenarbeit zwischen KESB, Kinder- und Jugenddiensten, Sozialdiensten und anderen im Kindesschutz tätigen Organisationen unterstützen.

Das Prozessmanual enthält

- Grundsätze und Methoden zur Gestaltung des Kontakts mit Kindern, Jugendlichen und Eltern,
- Empfehlungen zu Methoden und Instrumenten,
- Argumentationshilfen zur Begründung von Leistungen der Kinder- und Jugendhilfe und zur Ableitung von Empfehlungen für die Anordnung oder den Verzicht auf zivilrechtliche Kindesschutzmassnahmen,
- Checklisten, Planungs- und Entscheidungshilfen,
- Anregungen und Hinweise zur Dokumentation von Abklärungen und zur Erstellung von Abklärungsberichten.

In *Kapitel 2* werden die Grundlagen und Prinzipien dialogisch-systemischer Kindeswohlabklärung erläutert. Daraus werden fünf Grundsätze professionellen Handelns in Kindeswohlabklärungen in Form von Praxisprinzipien hergeleitet. Im Hauptteil des Prozessmanuals werden Aufgaben und Funktionen, Herausforderungen und Empfehlungen zur Gestaltung einer Kindeswohlabklärung entlang der sechs Schlüsselprozesse umfassend beschrieben. Am Ende jedes Schlüsselprozesses finden sich Hinweise auf Methoden und Instrumente. Diese werden jeweils nur einmal genannt, obwohl einige auch in anderen Schlüsselprozessen sinnvoll verwendet werden können.

Neben konkreten Empfehlungen zur Prozessgestaltung von Kindeswohlabklärungen enthält das Prozessmanual auch Überlegungen zur Zusammenarbeit zwischen abklärenden Diensten und KESB während und nach der Durchführung von Abklärungen *(Kapitel 5)* und zur Dokumentation *(Kapitel 6)*. Es wird abgerundet durch ein Glossar *(Kapitel 7)* und ein Stichwortverzeichnis.

1.3 Adressatinnen und Adressaten des Prozessmanuals

Das «Prozessmanual. Dialogisch-systemische Kindeswohlabklärung» richtet sich an erfahrene Fachpersonen. Es soll Fachpersonen in Kindes- und Erwachsenenschutzbehörden (KESB), die für die Abklärung von Kindeswohlgefährdungen zuständig sind, ebenso unterstützen wie abklärende Fachpersonen in Fachdiensten (Sozialdienste, Kinder- und Jugenddienste). Es soll ihnen dabei helfen, unter Einbezug des Kindes, seiner Eltern, weiterer Familienmitglieder und fachlicher Partner zu klären, welche freiwilligen Leistungen und/oder zivilrechtlichen Kindesschutzmassnahmen zum Schutz des Kindes oder Jugendlichen vor Gefährdungen seines Wohls ergriffen bzw. der KESB empfohlen werden sollen. Als formale Mindestqualifikation für Fachpersonen, die Abklärungen im Kindesschutz im Sinne dieses Prozessmanuals durchführen, betrachten wir einen Bachelorabschluss in Sozialer Arbeit – oder einer verwandten und für die Aufgaben des Kindesschutzes relevanten Disziplin/Profession – plus eine qualifizierende Zusatzausbildung, die spezifische Kompetenzen und Wissensbestände für Kindesschutz, Kindeswohlabklärungen oder Beratung bzw. Gesprächsführung in Handlungsfeldern der Sozialen Arbeit vermittelt. Multiprofessionelle Zusammenarbeit bei Abklärungsaufgaben sowie in spezialisierten Abklärungsteams hat sich in verschiedenen Kindesschutzsystemen und -organisationen bewährt.

1.4 Grenzen und Leistungsvermögen des Prozessmanuals

Das Prozessmanual basiert auf der Annahme, dass Abklärungen von Kindeswohlgefährdungen in kontingenten – also ungewissen, mehrdeutigen und widersprüchlichen – Praxiskontexten realisiert werden, die nicht vollständig beeinflussbar, steuerbar und vorhersehbar sind *(vgl. Alberth/Bode/Bühler-Niederberger 2010; Biesel/Wolff 2014, S. 21ff.)*. Abklärungen können daher nicht in der Form eines One-best-way-Verfahrens angeleitet werden. Dies würde eine Abklärungspraxis unterstützen, die der Komplexität und Einzigartigkeit der Lebenssituationen von Kindern und Jugendlichen nicht gerecht wird. Die in den Schlüsselprozessen aufgegriffenen Aufgaben- und Funktionsbeschreibungen, die fachlichen Herausforderungen sowie die vor diesem Hintergrund abgeleiteten Empfehlungen zur Prozessgestaltung stellen insofern den Versuch dar, Fachpersonen bei der Bewältigung von Abklärungsaufgaben Orientierung zu bieten und sie anzuleiten.

Es liegt in der Verantwortung der abklärenden Fachpersonen, die für den konkreten Abklärungsprozess jeweils geltenden verfahrensrechtlichen Vorgaben zu berücksichtigen, wenn sie die Empfehlungen und Vorschläge des Prozessmanuals nutzen. Das Prozessmanual rechnet mit Fachpersonen, die seine Vorschläge und Empfehlungen bewusst und selektiv nutzen. Dazu gehört es auch, dass sie sich darüber im Klaren sind, ob sie eine Abklärung durchführen, die von einer KESB angeordnet worden ist und bei der die Verfahrensvorschriften des ZGB gelten, oder ob sie eine Abklärung durchführen, die Teil des Leistungsauftrags eines kantonalen oder kommunalen Fachdienstes ist (Kinder- und Jugendhilfedienst; Sozialdienst) und somit die jeweiligen Verfahrensvorschriften und Rahmensetzungen der kantonalen oder kommunalen Ebene gelten.

Die Wirksamkeit des Prozessmanuals hängt stark davon ab, wie es Fachpersonen und ihren Organisationen gelingt, die darin enthaltenen Vorschläge auf bereits vorhandene (inter-)organisationale Strukturen, Abläufe und Prozesse zu übertragen und in der Gestalt von Kooperationsvereinbarungen, Arbeitsanweisungen und Richtlinien zu implementieren. Desgleichen wird es erforderlich sein, für Umfeldbedingungen zu sorgen, die ein Handeln im dialogisch-systemischen Sinne möglich machen *(vgl. Kapitel 2)*.

Das Prozessmanual ist nicht dafür konzipiert worden, die professionelle Autonomie von Fachpersonen mit Abklärungsaufgaben im Kindesschutz zu beschneiden. Es kann und soll die reflektierte Erfahrung von Fachpersonen nicht ersetzen. Es ist kein Kochbuch, in dem man Patentrezepte finden kann. Es enthält zwar Empfehlungen zur Prozessgestaltung, an denen man sich orientieren kann. Ihnen sollte aber nicht einfach unreflektiert und bedingungslos gefolgt werden. Vielmehr sollen sie unter Berücksichtigung des jeweiligen Abklärungsauftrags und des tatsächlichen Verlaufs des Abklärungsprozesses reflektiert angewendet werden. Sie sollen primär Orientierung bieten, zum Nachdenken anregen, dazu beitragen, dass Wichtiges nicht vergessen wird, und Handlungsoptionen aufzeigen, die möglicherweise aus dem Blick geraten sind. Sie sollen eine Erinnerungsstütze sein, der Vor- und Nachbereitung von Abklärungen im Kindesschutz dienen und professionelles Handeln unter Ungewissheitsbedingungen unterstützen.

Damit das Prozessmanual sachgerecht genutzt und in der Praxis umgesetzt werden kann, müssen folgende Bedingungen und Voraussetzungen erfüllt sein:

1 Fachlichkeit

Abklärungen im Kindesschutz werden von kompetenten und erfahrenen Fachpersonen durchgeführt (vgl. oben). Diese suchen aktiv den Austausch mit anderen Fachpersonen und Professionen innerhalb und ausserhalb ihrer Organisation – sei dies in Form kollegialer Beratungen, der Arbeit in Tandems, von Fallreviews, spezialisierten Abklärungen etc.

2 Ausstattung

Abklärende Fachpersonen sind auf Organisationen angewiesen, in denen genügend Ressourcen und Kompetenzen für die Gestaltung von Kindeswohlabklärungen vorhanden sind. Ausstattung, Strukturen und Abläufe, aber auch die Kultur einer Organisation können dialogisch-systemische Vorgehensweisen bei Kindeswohlabklärungen nachhaltig fördern – aber auch behindern. Die praktische Umsetzung der konzeptionellen und praktischen Vorschläge des Prozessmanuals hängt entscheidend von den infrastrukturellen Bedingungen wie auch von Kulturen der Zusammenarbeit und der Qualität der Kommunikation unter Fachpersonen innerhalb und ausserhalb abklärender Dienste ab.

3 Partizipation

Abklärende Fachpersonen pflegen eine Abklärungspraxis, in welcher der Kontakt und die Begegnung mit dem Kind, seinen Eltern, weiteren Familienmitgliedern sowie fachlichen Partnern aktiv gestaltet werden. Das dem Prozessmanual zugrunde liegende dialogisch-systemische Verständnis von Abklärungen im Kindesschutz basiert auf der Annahme, dass abklärende Fachpersonen nur zu begründeten Einschätzungen darüber gelangen können, was zur Sicherung und Förderung des Kindeswohls getan werden muss, wenn sie das Kind, seine Eltern, weitere Familienmitglieder sowie fachliche Partner an der Gestaltung des Abklärungsprozesses aktiv beteiligen und an ihren Überlegungen teilhaben lassen. Konkret sollen sie gemeinsam mit dem Kind, seinen Eltern, weiteren Familienmitgliedern sowie fachlichen Partnern zu einem Verständnis darüber gelangen, wie es zur Gefährdung des Kindeswohls gekommen ist und was getan werden kann, um diese abzuwenden. Hierfür sollten sie dialogisch, beteiligungsfördernd und aushandlungsorientiert vorgehen.

4 Reflexivität

Abklärende Fachpersonen reflektieren und überprüfen ihre Vorgehens- und Arbeitsweisen, ihre Eindrücke und Gefühle, ihre Vermutungen und Hypothesen fortlaufend. Hierfür nutzen sie unterschiedliche Reflexionsgefässe unter Beteiligung von Kolleg/innen sowie fachlichen Partnern, um neue Sichtweisen zu erhalten, Hypothesen zu korrigieren und auf Fehlinterpretationen aufmerksam gemacht zu werden. Sie sind offen für Kritik und offen für ein Lernen aus Fehlern; sie haben Interesse an alternativen Deutungen und Wahrnehmungen und sind dazu in der Lage, bereits geplante Vorgehensweisen und antizipierte Entscheidungen wieder infrage zu stellen, wenn neue Gesichtspunkte dies erfordern.

▸

5 Verantwortung

Das Prozessmanual unterstützt abklärende Fachpersonen dabei, auf der Grundlage gesammelter Informationen und Eindrücke zu begründeten Einschätzungen darüber zu gelangen, welche Schritte notwendig sind, um das Kindeswohl zu sichern und zu fördern. Eine Bedingung für eine gelingende Anwendung des Prozessmanuals ist, dass geklärt und den abklärenden Fachpersonen während ihres Handelns im Abklärungsprozess stets präsent ist, wer in welchen Schlüsselprozessen wann und warum für die Realisierung welcher Abklärungsaufgaben verantwortlich bzw. zuständig ist und dass diesbezüglich aktiv die Verständigung mit anderen beteiligten Behörden und Diensten gesucht wird.

6 Dokumentation

Fachpersonen dokumentieren die Informationen, die sie im Abklärungsprozess in Erfahrung bringen bzw. einholen, zeitnah. Dabei unterscheiden sie zwischen eigenen Beobachtungen, Informationen des Kindes und der Familie, Informationen von Dritten, Interpretationen und Bewertungen. Sie gehen mit personenbezogenen Informationen sorgfältig und respektvoll um und dokumentieren nur solche Informationen und Einschätzungen, die für die Abklärungsaufgabe relevant sind. Dokumentationen sollen sicherstellen, dass Einschätzungen und Empfehlungen nicht willkürlich oder einseitig, sondern fundiert, nachvollziehbar und plausibel zustande kommen. Dazu ist es auch sinnvoll, festzuhalten, welche Informationen auf welchen Quellen basieren, zu welchen Schlussfolgerungen sie geführt und zu welchen Entscheidungen sie bei der Planung des Vorgehens veranlasst haben.

2
Grundlagen und Praxisprinzipien

2.1 Grundlagen dialogisch-systemischer Kindeswohlabklärung

Von abklärenden Fachpersonen wird erwartet, dass sie zu zuverlässigen Einschätzungen des Kindeswohls und im Fall einer Kindeswohlgefährdung zu klaren Empfehlungen hinsichtlich angemessener Antworten kommen. Sie sollen gewissermassen Sicherheit und möglichst viel Eindeutigkeit herstellen – und dies in einem Feld, in das Ungewissheit und Unsicherheit unauflöslich eingeschrieben sind *(vgl. Alberth et al. 2010)*. Ungewissheit ist für jede Abklärungspraxis im Kindesschutz kennzeichnend; zum einen, weil eine Gefährdung des Kindeswohls keine «beobachtbare Sache» ist, sondern die Bewertung eines komplexen Geschehens, das eingebettet ist in Eltern-Kind-Beziehungen und Familienbeziehungen; zum anderen, weil der Gegenstand der Beurteilung sich nicht in Handlungen oder Unterlassungen erschöpft, sondern deren in der Zukunft liegende Auswirkungen auf das Kind einschliesst *(vgl. Kinderschutz-Zentrum Berlin 2009, S. 28ff.)*. Gleichwohl bleibt die Aufgabe bestehen, auf der Grundlage von Beobachtungen, Informationen und Deutungen plausible und nachvollziehbare Einschätzungen darüber vorzulegen, inwieweit das Wohl eines Kindes gesichert ist – und wie es nachhaltig gesichert werden kann.

Auf diese komplexen und widersprüchlichen Handlungsanforderungen gilt es, konzeptionelle Antworten zu finden, die abklärenden Fachpersonen Orientierung bieten, indem sie Zielsetzungen und Vorgehensweisen in einen plausiblen Zusammenhang bringen. Das «Prozessmanual. Dialogisch-systemische Kindeswohlabklärung» steht in der Tradition solcher Konzeptualisierungen von Abklärungspraxis im Kindesschutz. Es versteht sich als zeitgemässer Entwurf, der die von Forschung und Praxis gleichermassen vorgetragene Kritik an früheren Konzeptualisierungen aufnimmt. Es grenzt sich von einem alten investigativen und bestrafenden Kindesschutz ebenso ab wie von einem prozeduralistisch oder technologisch verkürzten *(Department for Education 2011; Gilbert/Parton/Skivenes 2011a)*. Das «Prozessmanual. Dialogisch-systemische Kindeswohlabklärung» ist vor dem Hintergrund aktueller Entwicklungen in der internationalen Fachdiskussion, die der Beziehung, der Kommunikation und der Zusammenarbeit im Kindesschutz neue und erweiterte Bedeutung zuweisen, entwickelt worden *(Calder/Archer 2016; Department for Education 2011; Featherstone/White/Morris 2014)*. Solch neuere Ansätze plädieren darüber hinaus für eine stärker an der Eltern-Kind-Beziehung ansetzende Kindesschutzpraxis und grenzen sich von Abklärungspraxen ab, die sich entweder auf die Eltern oder auf das Kind konzentrieren *(Barlow/Scott 2010)*. Eine wichtige Grundannahme des im Prozessmanual verankerten Konzepts dialogisch-systemischer

Kindeswohlabklärung ist, dass Qualität und Wirksamkeit im Kindesschutz zu einem erheblichen Teil durch die Qualität der Zusammenarbeit bestimmt werden und zwar insbesondere durch

- die Zusammenarbeit zwischen Fachpersonen, Eltern und Kindern sowie
- die Zusammenarbeit zwischen Fachpersonen und verschiedenen im Kindesschutz tätigen Organisationen *(vgl. Amt für Soziale Dienste Bremen 2009; Jugendamt der Stadt Dormagen 2011).*

Vor diesem Hintergrund nehmen Prämissen und Konzepte des Dialogs, des systemischen Arbeitens, der wachsamen Sorge und des diagnostischen Fallverstehens im Prozessmanual Schlüsselpositionen ein.

Kindeswohlabklärung als dialogischer Prozess

Im Konzept der dialogisch-systemischen Kindeswohlabklärung wird unter einem Dialog eine Interaktionsform verstanden, die nicht als gegeben vorausgesetzt werden kann *(vgl. Bohm 1998; Isaacs 2002)*. Ein Dialog entsteht in Gesprächen, die geprägt sind von gegenseitiger Wertschätzung und Respekt. Vereinfacht gesprochen soll der Dialog einen offenen Austausch zwischen abklärenden Fachpersonen sowie Eltern und Kindern begünstigen, wobei der gemeinsame Gegenstand und Referenzpunkt das Wohl des Kindes ist. Der Dialog wird hier als Möglichkeit betrachtet, auch kontroverse und konfliktreiche Themen offen zu bearbeiten, mit denen bei Abklärungsprozessen im Kindesschutz zu rechnen ist. Eine dialogische (Gesprächs-)Haltung unterstützt einen Prozess, in dem abklärende Fachpersonen sowie Eltern und Kinder sich trauen, offen anzusprechen, was sie wahrnehmen, denken und fühlen. Sie will die offene und konstruktive Thematisierung unterschiedlicher Ansichten und Meinungen ermöglichen. Der Dialog will zwischenmenschliche Begegnungen anregen, die auf Augenhöhe stattfinden und wechselseitiges Verstehen ermöglichen. In einem Dialog werden Differenzen als gegeben angenommen. Die eigenen und die Annahmen der anderen werden hinterfragt, ohne die andere Seite anzugreifen oder zu widerlegen. Er ist darauf angelegt, gemeinsame Denkprozesse anzuregen und zu ermöglichen *(vgl. Isaacs 2002, S. 44ff.).*

Fachpersonen, die sich in der Abklärungspraxis am Dialog orientieren und versuchen, dessen Potenziale auszuschöpfen, wenden sich Kindern und Eltern zu, hören ihnen zu und interessieren sich für ihre Sichtweisen auf die Alltags-, Beziehungs- und Erziehungspraxis. Sie suchen aktiv das Gespräch mit ihnen und schaffen Gelegenheiten, die dazu geeignet sind, unterschiedliche Erlebens- und Sichtweisen, Bedürfnisse, Wünsche, Interessen und Motive der Beteiligten zur Sprache zu bringen. Sie gestalten Settings, die es möglich machen, unterschiedliche Wissensformen und Perspektiven (das Erleben des Kindes, die Erfahrungen und Glaubenssysteme der Eltern, das Fachwissen der Fachpersonen) und unterschiedliche Urteilsformen (subjektive Urteile, fachliche Urteile, normative Leitorientierungen, im Recht verankerte Normen) zu thematisieren und aufeinander zu beziehen. Sie gehen vorurteilsfrei, ergebnisoffen und risikoreflektiert vor, nehmen Differenzen und Meinungsverschiedenheiten wahr und gehen mit diesen produktiv um. Sie legen Rollen- und Machtunterschiede sowie Abhängigkeiten, Ängste und Sorgen offen, erkennen sie an und machen sie zum Bestandteil ihrer Arbeit. Sie ermöglichen Beteiligung und fordern diese ein und erhöhen damit die Chancen für Begegnung, Beziehung und Veränderung.

Dialogische Haltung

Das Konzept dialogisch-systemischer Kindeswohlabklärung plädiert für eine Gestaltung von Arbeitsbeziehungen auf Augenhöhe. Augenhöhe wird dabei verstanden als bildhafter Ausdruck für eine wertschätzende und von Respekt getragene Arbeitsbeziehung. Es ist Ausdruck einer dialogischen Haltung, wenn abklärende Fachpersonen normative Positionen in Bezug auf gewaltsame, verletzende und schädigende Erziehungspraxen und Beziehungsstile im Eltern-Kind-Verhältnis klar aufzeigen. Kommunikation auf Augenhöhe bedeutet in diesem Zusammenhang, dass über Grenzen des Tolerierbaren mit Respekt gegenüber der Person und Klarheit in der Sache gesprochen wird (wobei die Aufrichtigkeit und Transparenz als Ausdruck des Respekts gegenüber der Person verstanden werden kann). Mit dem Plädoyer für den Dialog wird also nicht einer Haltung das Wort geredet, die alles zur Disposition stellt und alles zum Gegenstand von Verhandlungen macht. Wenn abklärende Fachpersonen zu der Einschätzung kommen, dass das Wohl eines Kindes gefährdet ist, sagen sie dies den Eltern. Sie legen offen, auf welchen Beobachtungen ihre Einschätzung beruht, und erklären ihnen, inwiefern bestimmte Merkmale der kindlichen Lebenssituation für das Kind eine Beeinträchtigung oder Schädigung bedeuten. Sie laden sie dazu ein, gemeinsam mit den Fachpersonen über Hintergründe und Bedingungen der kindeswohlgefährdenden Zustände oder Ereignisse zu sprechen. Sie machen ihnen Mut, gemeinsam mit ihnen Schritte zur Veränderung zu überlegen, und unterstützen sie dabei. Sie erkennen an, dass es niemandem leichtfällt, Routinen oder Verhaltensweisen zu verändern. Sie erläutern den Eltern auch, welche Konsequenzen es haben kann, wenn sie sich gegen die Möglichkeit entscheiden, an den notwendigen Verbesserungen der Lebenssituation des Kindes mitzuwirken. Sie informieren Kinder und Eltern über ihre Rechte wie auch über die Kompetenzen und Handlungsmöglichkeiten von Fachdiensten und Kindes- und Erwachsenenschutzbehörden. Sie informieren in einer verständlichen

Sprache über die Voraussetzungen zur Beschränkung elterlicher Rechte und erörtern mit den Eltern deren Handlungsmöglichkeiten im Rahmen der durch das Recht definierten Grenzen (Restriktionen).

Fachpersonen, die in ihrer Abklärungspraxis versuchen, die Potenziale des Dialogs zu nutzen, stehen dabei vor der Aufgabe, Kommunikationsformen zu finden, die dem Kind und den Eltern entsprechen. Auch wenn beim Dialog zunächst an bestimmte kultivierte Formen des Sprechens gedacht wird – eine am Dialog orientierte Abklärungspraxis ist nicht ausschliesslich auf die geschliffene Sprache verwiesen; sie wird andere, auch nicht sprachgebundene Formen nutzen, gerade dort, wo es darum geht, die Sichtweisen von Kindern einzubeziehen *(vgl. Biesel 2013)*. Abklärende Fachpersonen, die den Dialog als besondere Form sozialer Interaktion gewinnbringend nutzen wollen, achten deshalb darauf, dass sie in einer Sprache sprechen, die möglichst verständlich, alltagsnah und respektvoll ist.

Kindeswohlabklärung als systemische Intervention

Wichtige Grundlagen, Haltungen und methodische Zugänge bezieht das «Prozessmanual. Dialogisch-systemische Kindeswohlabklärung» auch aus dem systemischen Ansatz. Dabei handelt es sich weniger um eine klar abgrenzbare Theorie oder Handlungslehre, sondern eher um eine Tradition von Konzepten und Handlungsmodellen, die von gemeinsamen Grundannahmen ausgehen und Antworten auf grundsätzliche Herausforderungen in Beratung und Therapie zu geben versuchen *(Levold/Wirsching 2014, S. 9ff.)*. Sie sind inzwischen vielfach auch auf Aufgabenstellungen in der Sozialen Arbeit und der Pädagogik übertragen worden, bei denen es – ähnlich wie bei Beratung und Therapie – ebenfalls um das Anstossen von Reflexionen und das Ermöglichen von Veränderungen geht. Wichtige Grundannahmen des systemischen Ansatzes sind *(vgl. Schlippe/Schweitzer 2012; Schmidt 2010; Simon 2014)*:

- Menschen konstruieren ihre (sozialen) Wirklichkeiten selbst, indem sie Beobachtungen und Unterscheidungen vornehmen, das Beobachtete mit Bezeichnungen (Begriffen) versehen und dadurch einordnen.
- Auf diese Weise stellen sie subjektiven Sinn her; sie erklären sich die Welt, nehmen Bewertungen vor und lassen sich von diesen Erklärungen und Bewertungen leiten.
- Wie Menschen denken, empfinden und handeln, wird vor allem durch ihre Aufmerksamkeits-, Deutungs- und Bewertungsmuster bestimmt.
- Was für einen Menschen wirklich ist, was er fühlt, denkt und tut, hängt von seinem Standpunkt und seinen Wirklichkeitskonstruktionen ab.
- Was für einen anderen Menschen Realität ist und Bedeutung hat, was sein Denken und Handeln anleitet, lässt sich nur in der Kommunikation mit diesem her-

ausfinden und klären; in solchen kommunikativen Austauschprozessen können sich die Beteiligten ihre individuellen Aufmerksamkeits-, Deutungs- und Bewertungsmuster wechselseitig zugänglich machen.
- Wo Menschen kontinuierlich in solche kommunikativen Austauschprozesse einbezogen sind (Familien, Gruppen), kommt es zur Herausbildung von Überzeugungen, Handlungsstilen, Regeln und Erwartungen (Selbstorganisation, Kontexte).
- Diese können als System wahrgenommen werden, die sich von einer Umwelt unterscheiden.
- Systeme stehen in einer dynamischen Spannung von Bewahren und Verändern.
- Menschen können andere Menschen und Systeme nicht gezielt verändern, sondern ihnen allenfalls Anregungen geben und ihnen Gelegenheiten bereitstellen, sich selbst zu verändern und zu entwickeln.

Systemische Haltung

So abstrakt diese Grundannahmen klingen mögen – für die Abklärungspraxis im Kindesschutz bietet der systemische Ansatz Denkmodelle, die die Orientierung in anspruchsvollen Praxissituationen erleichtern, sowie bewährte methodische Konzepte und Werkzeuge *(vgl. Schwing/Fryszer 2010)*. Diese können insbesondere zur Anbahnung und Gestaltung von Kontakten, zur Gesprächsführung und Prozessgestaltung mit Gewinn herangezogen werden. Der vielleicht entscheidende Beitrag des systemischen Ansatzes liegt jedoch in der Haltung und im professionellen Rollenverständnis, die aus den oben skizzierten Grundannahmen resultieren:

- Fachpersonen, die dem systemischen Ansatz verpflichtet sind, erkennen die Eigendynamik von Systemen (z. B. der Familie) an. Sie interessieren sich für die Komplexität und Wechselwirkungen innerhalb eines Familiensystems und in den Beziehungen zwischen dem Familiensystem und seinen Umwelten. Deshalb begegnen sie den Sichtweisen aller Beteiligten mit Neugier und interessieren sich dafür, wie diese die Wirklichkeit sehen und was für sie wichtig ist. Sie sind sich darüber im Klaren, dass Eltern und Kinder nicht losgelöst voneinander existieren, sondern in miteinander zusammenhängenden und voneinander abhängenden, sich gegenseitig beeinflussenden und nur schwer zu verändernden Systemzusammenhängen *(vgl. Biesel/Wolff 2014, S. 17ff.)*. Sie wissen, dass kindeswohlgefährdende Handlungen und/oder Unterlassungen in Familien nicht auf einfache Ursachen zurückzuführen sind. Sie interessieren sich deshalb nicht allein für konkrete Vorkommnisse oder Handlungsweisen, die ein Gefährdungspotenzial aufweisen, sondern auch für die Kontextbedingungen, um von hier aus mit den Beteiligten Ansatzpunkte für Veränderungen zu erarbeiten. Sie gehen von der Annahme aus, dass Eltern mehrheitlich ein gutes Leben für ihre Kinder wollen. Deshalb thematisieren sie kindeswohlgefährdende Zustände und Ereignisse (so lange keine Fakten dagegen sprechen) unter der Hypothese, dass diese eher als Ausdruck von Momenten des Scheiterns in der Elternrolle zu verstehen sind denn als Ausfluss bewusster destruktiver Absichten oder Ausdruck individueller Pathologien. Sie ziehen in Betracht, dass Kindeswohlgefährdungen Ausdruck unbewältigter mehrgenerationaler, lebensgeschichtlicher Ereignisse und Erfahrungen sein können, die es im Kontakt und im Austausch mit Eltern und Kindern zu entziffern und zu deuten gilt *(Blum-Maurice/Pfitzner 2014)*.[1] Sie versuchen deshalb, nicht nur Eltern und Kinder an der Abklärung zu beteiligen, sondern das gesamte Familiensystem (auch die Ursprungsfamilien der Eltern), um kindeswohlgefährdende Beziehungs-, Konflikt- und Kommunikationsmuster bearbeiten zu können. Ihnen ist bewusst, dass sie Handlungsweisen und Haltungen von Eltern und Kindern nicht gezielt ändern können. Sie erkennen die Ambivalenz von Bewahren und Verändern als notwendiges Element von Veränderungen an und wissen, dass Menschen Sicherheit brauchen, um das Wagnis von Veränderungen einzugehen. Sie wissen, dass Widerstände und Rückfälle Teil aller Veränderungsprozesse sind, und versuchen, möglichst produktiv mit diesen umzugehen *(vgl. Grabbe 2011)*.

- Fachpersonen, die dem systemischen Ansatz verpflichtet sind, gestalten Abklärungsprozesse unter dem übergreifenden Ziel, Klärungen in Familien herbeizuführen und Veränderungen im Interesse des Kindeswohls zu ermöglichen. Sie sind sich darüber im Klaren, dass Abklärungen Ko-Produktionen sind und der aktiven Mitwirkung von Eltern und Kindern bedürfen. Sie reflektieren deshalb die Auswirkungen, die eine Abklärung auf Eltern und Kinder hat, und sind besonders sensibel für das Risiko, im Prozess der Abklärung in Familien «hineingezogen» zu werden. Sie fokussieren nicht nur auf Defizite und Probleme von Eltern und Kindern, sondern auch auf deren vorhandene bzw. verschüttete Stärken, Ressourcen und Lösungspotenziale. Es ist ihnen bewusst, dass Fragen des Kindeswohls untrennbar mit Fragen der sozialen Teilhabe von Eltern und Kindern verknüpft sind, und orientieren ihre Vorgehensweisen und Interventionen an der Maxime, Teilhabe und Verwirklichungschancen von Kindern und Eltern bestmöglich zu sichern und zu fördern *(vgl. Hosemann/Geiling 2013, S. 29ff.)*

1 Die empirische Evidenz zu transgenerationaler Weitergabe von Kindesmisshandlung wird aktuell zumindest für einige Formen der Kindesmisshandlung wieder vermehrt kritisch hinterfragt (Widom/Czaja/DuMont 2015).

Kindeswohlabklärung als wachsames Sorgen

Fachpersonen, die Abklärungen im Kindesschutz durchführen, übernehmen einen wichtigen Teil staatlicher Schutzpflichten gegenüber Kindern *(vgl. Rosch/Hauri 2016b)*. Sie klären, ob Voraussetzungen vorliegen, die ein (staatliches) Eingreifen zur Sicherung des Kindeswohls erforderlich machen. Sie erarbeiten fallspezifische Antworten auf die Fragen, welche Leistungen erforderlich und geeignet sind, um das Kindeswohl zu sichern und zu fördern und ob zivilrechtliche Kindesschutzmassnahmen notwendig sind. Fachpersonen, die Abklärungen nach dem «Prozessmanual. Dialogisch-systemische Kindeswohlabklärung» vornehmen, werden diese Schutzfunktion, ihre Rolle und ihren Auftrag (z. B. im Rahmen der Zusammenarbeit zwischen Behörden und abklärendem Dienst) gegenüber den Eltern in einer für diese verständlichen Sprache klar zum Ausdruck bringen. Gleichzeitig werden sie alles dafür tun, die Eltern zur Zusammenarbeit im Interesse des Kindeswohls zu gewinnen.

Die Wahrnehmung, dass ein Kind oder ein/e Jugendliche/r vor Gefährdungen ihres/seines Wohls geschützt werden muss, darf nicht zum Abbruch der Arbeitsbeziehung mit den Eltern führen. Vielmehr sind Fachpersonen im Kindesschutz darauf verwiesen, eine möglichst tragfähige Arbeitsbeziehung zu den Eltern aufzubauen, um Veränderungen im Familiensystem anstossen zu können. Wenn diese keine Aussicht auf Erfolg haben und Eingriffe in Elternrechte zum Schutz des Kindes mittels zivilrechtlicher Kindesschutzmassnahmen erforderlich sind, zögern sie nicht, diese einzuleiten. In der Wahrnehmung des Schutzauftrags und durch das professionsethische Postulat der Aufrichtigkeit sind abklärende Fachpersonen dazu verpflichtet, Eingriffsschwellen und die normativen Positionen, die sie begründen, gegenüber den Eltern möglichst klar zu kommunizieren.

Eine Haltung, die den Schutzauftrag mit der Verpflichtung auf den Vorrang «freiwilliger», den Eltern angebotener und mit ihnen vereinbarter Leistungen verbindet und deshalb Kontakte und Gespräche im Rahmen eines Abklärungsprozesses am Ziel, eine möglichst tragfähige Arbeitsbeziehung herzustellen, orientiert, entspricht sowohl den im Recht verankerten Prinzipien der Subsidiarität, Komplementarität und Proportionalität *(vgl. Rosch/Hauri 2016, S. 411f.)* als auch anerkannten Theorien und Konzepten der Sozialen Arbeit *(Dewe/Otto 2010; Thiersch 2014)*. Sie entspricht darüber hinaus zukunftsweisenden Kindesschutzmodellen, mit denen versucht wird, das Wohl von Kindern, Eltern/Familien und dem Gemeinwesen gleichermassen im Blick zu haben und mit Angeboten, Leistungen und Massnahmen in ihrem Wohl gefährdete Kinder und Jugendliche nicht nur zu schützen, sondern sie und ihre Eltern zu fördern und in ihrer Entwicklung partnerschaftlich zu begleiten *(Gilbert/Parton/Skivenes 2011b; Jugendamt der Stadt Dormagen 2011; Wolff et al. 2013, S. 27)*.

Das «Prozessmanual. Dialogisch-systemische Kindeswohlabklärung» will Haltungen und Handlungsweisen stärken, die es Fachpersonen ermöglichen, die Gleichzeitigkeit von Schutzauftrag und Hilfevorrang in den anspruchsvollen Alltagssituationen der Abklärungspraxis kohärent und wirkungsvoll umzusetzen. Nützliche Orientierungen dazu können aus dem Konzept der wachsamen Sorge *(vgl. Omer 2015)* bezogen werden. Das Konzept ist zwar für ratsuchende Eltern entwickelt worden, kann aber auch von Fachpersonen, die Abklärungen im Kindesschutz durchführen, mit Gewinn herangezogen werden. Es basiert auf der Annahme, dass Eltern eine Haltung wachsamer Sorge einnehmen sollten, um am Leben ihrer Kinder aktiv und respektvoll teilhaben zu können. Es geht davon aus, dass Eltern von ihren Kindern als Autoritäten wahrgenommen werden, wenn diese spüren, dass die Eltern bedingungslos für sie da sind und ihre Autorität nicht durch Strafen, Gewalt und Abwendung aufrechtzuerhalten suchen. Diese Form von Autorität durch Beziehung *(vgl. Omer/von Schlippe 2015)* kann als Modell für die Gestaltung der Beziehung zwischen abklärenden Fachpersonen und den Familienmitgliedern dienen: Auch Fachpersonen dürfen bei der Durchführung von Abklärungen nicht «mit der Brechstange» vorgehen, mit Drohungen, Ablehnungen und Abwertungen reagieren. Sie sind darauf angewiesen, von den Eltern und Kindern als Autoritäten wahr- und ernst genommen zu werden. So ist es zwar einerseits zwingend erforderlich, dass der Zugang zur Familie in der Absicht, abzuklären, ob Hinweise auf Gefährdungen des Kindeswohls begründet sind, durch das Recht gestützt ist. Eine durch das Recht gesicherte Legitimität eines Abklärungsprozesses ist eine unabdingbare Voraussetzung, sie garantiert aber keineswegs schon sein Gelingen. Abklärende Fachpersonen müssen von Eltern und Kindern aber auch als Vertrauenspersonen wahrgenommen werden, als Autoritäten, die mit Eltern und Kindern anerkennend, verantwortungsbewusst und respektvoll zusammenarbeiten – auch wenn sie Probleme, Versorgungsdefizite und Gefährdungslagen sehen. Autorität in dem hier verstandenen Sinn kann insofern nicht erworben werden, wenn Fachpersonen Eltern und Kinder im Rahmen von Abklärungen nur zum Objekt von Befragungen und Untersuchungen machen.

Formen wachsamer Sorge

Abklärungen im Kindesschutz im dialogisch-systemischen Sinn erfordern offene und flexible Herangehensweisen, die den Fachpersonen unterschiedliche Formen einer wachsamen Sorge ermöglichen – vom offenen Dialog bis zum eindeutigen Markieren von Grenzen (vgl. Omer 2015, S. 14ff.):

- Abklärende Fachpersonen lassen sich offen und neugierig auf die Lebenssituation von Eltern und Kindern ein und bringen ihnen Interesse entgegen. Sie nehmen Anteil an ihren Sorgen, Ängsten, Nöten, Hoffnungen und Träumen, ohne dabei ihren Abklärungsauftrag aus den Augen zu verlieren. Abklärende Fachpersonen legen ihren Auftrag, zu klären, ob das Wohl des Kindes gewährleistet ist, offen. Sie kommen mit Eltern und Kindern ins Gespräch über das Zusammenleben in der Familie, die Eltern-Kind-Beziehung und die Lebenssituation des Kindes. Sie zeigen Präsenz und Aufmerksamkeit (offene Aufmerksamkeit).
- Nehmen abklärende Fachpersonen Anzeichen einer Gefährdung oder Beeinträchtigung des Kindeswohls wahr, reden sie mit den Eltern und den Kindern darüber und versuchen, mit diesen herauszufinden, was Ursachen und Hintergründe vergangener und eventuell drohender kindeswohlgefährdender Zustände und Ereignisse sind (fokussierte Aufmerksamkeit).
- Bei Hinweisen, die darauf schliessen lassen, dass die Grundversorgung und die Sicherheit des Kindes oder der/des Jugendlichen nicht gewährleistet sind und somit eine manifeste Gefährdung des Kindeswohls besteht, sprechen sie dies klar und verständlich gegenüber den Eltern an. Wenn es notwendig ist, greifen sie aktiv ein und leiten Sofortmassnahmen zum Schutz des Kindes oder der/des Jugendlichen ein. In diesem Fall erläutern sie ihnen die Gründe ihres Handelns (Sofortmassnahmen zum Schutz des Kindes oder der/des Jugendlichen).[2]

2 Auch wenn es erforderlich ist, Sofortmassnahmen zum Schutz des Kindes oder der/des Jugendlichen einzuleiten, bedeutet dies nicht, dass abklärende Fachpersonen auf den Dialog verzichten. Es ist zweckmässig, wenn sie mit den Eltern und Kindern im Kontakt bleiben, um mit ihnen infrage kommende Leistungen der Kinder- und Jugendhilfe und/oder zivilrechtlichen Kindesschutzmassnahmen zu erörtern (siehe Schlüsselprozess Sofortmassnahmen).

Fachpersonen, die sich bei ihrer Abklärungspraxis am «Prozessmanual. Dialogisch-systemische Kindeswohlabklärung» orientieren, nehmen einen Schutzauftrag wahr. Sie sind sich der Risiken und Gefahren bewusst, denen Kinder in Familien ausgesetzt sein können *(vgl. Wolff 2007)*, und versuchen so lange wie möglich, den Dialog mit Eltern und Kindern bei der Gestaltung von Abklärungsprozessen im Kindesschutz zu suchen und Settings des sozialen Miteinanders zu entwerfen, die Eltern und Kinder dazu ermutigen, sich offen auf Abklärungsprozesse einzulassen. Sie scheuen aber auch nicht davor zurück, Sofortmassnahmen zum Schutz in ihrem Wohl akut gefährdeter Kinder und Jugendlicher einzuleiten.

Kindeswohlabklärung als diagnostisches Fallverstehen

Das «Prozessmanual. Dialogisch-systemische Kindeswohlabklärung» ist so aufgebaut, dass mit ihm Ansätze und Methoden des diagnostischen Fallverstehens *(Heiner 2011)* genutzt und auf das Handlungsfeld des Kindesschutzes übertragen werden können. In der Verbindung von «Diagnostik» und «Fallverstehen» kommt der Versuch zum Ausdruck, zwei Konzeptionen der Entscheide vorbereitender Abklärung miteinander zu verbinden, die sich in der Sozialen Arbeit lange Zeit unversöhnlich gegenüberstanden: den klassifikatorischen und den rekonstruktiven Ansatz. Der klassifikatorische Ansatz setzt auf standardisierte Erhebungs- und Auswertungsinstrumente und strebt eine möglichst eindeutige Zuordnung eines Falls unter allgemein anerkannte Kategorien an. Der rekonstruktive Ansatz setzt auf das Gespräch und den Dialog, will die subjektiven Wahrnehmungs- und Erlebensweisen von Eltern und Kindern und ihre biografische Einbettung erschliessen und sie in die Prozesse der Erarbeitung von Problembeschreibungen und darauf bezogenen Problemlösungen einbeziehen *(vgl. Heiner 2011, S. 237)*.

Im Kindesschutz haben Verfahren und Instrumente, die dem klassifikatorischen Ansatz verpflichtet sind, (insbesondere in den englischsprachigen Ländern) über viele Jahre eine wichtige, bisweilen auch dominante Rolle gespielt. Dies gilt in besonderem Masse für Verfahren und Instrumente der Risiko- und Kindeswohleinschätzung. Dabei lassen sich zwei Typen unterscheiden: Konsensbasierte Verfahren und Instrumente operieren auf der Basis wissenschaftlichen Wissens und Erfahrungswissens zu den Risiken und Hintergründen von Vernachlässigung und Misshandlung und bereiten diese in Checklisten oder Diagnosebögen auf. Actuarialistische Verfahren und Instrumente stützen sich auf empirische Studien, die Zusammenhänge zwischen Vernachlässigung und/oder Misshandlung einerseits und bestimmten Merkmalen bzw. Ereignissen andererseits gezeigt haben (Risikofaktoren). Solche Risikoinventare ermöglichen ein statistisch begründetes Urteil darüber, wie hoch die Wahrscheinlichkeit kindeswohlgefährdender Ereignisse in der

Zukunft ist (niedriges, mittleres, hohes Risiko). Empirische Studien haben gezeigt, dass actuarialistische Verfahren und Instrumente eine deutlich bessere Voraussagevalidität erzielen als konsensbasierte Verfahren *(Baird/Wagner 2000; Bastian 2012, S. 253)*. Gleichzeitig wurde zunehmend deutlich, dass Verfahren und Instrumente der Risiko- und Kindeswohleinschätzung konstruktionsbedingte, immanente Grenzen aufweisen. Eine sichere Vorhersage in Bezug auf den Einzelfall ermöglichen auch die besten Risikoinventare nicht *(Goldbeck 2008)*. Aufgrund ihrer Konzentration auf einzelne, empirisch begründete Risikoindikatoren ist ihr Nutzen zur Erfassung der Komplexität von Lebenslagen begrenzt. Schliesslich geben Risikoinstrumente kaum Hinweise darauf, welche Interventionen oder Leistungen notwendig und geeignet sind, um in einem individuellen Fall das Kindeswohl sofort und nachhaltig zu sichern. Dazu müssen weitere und andere Informationen und Gesichtspunkte in die Urteilsbildung aufgenommen werden, die nur im Rahmen einer vertieften Auseinandersetzung mit den Gegebenheiten des konkreten Falls gewonnen werden können *(Schrapper 2008b; Schrapper 2008a)*. Weil Handlungen und Unterlassungen, die das Wohl von Kindern gefährden können, typischerweise mit den Wertvorstellungen, Bedeutungszuschreibungen und Erlebensweisen der beteiligten Akteure verbunden sind (z. B. Bilder guter Elternschaft, Erwartungen an das Kind, Erwartungen an die Wirksamkeit bestimmter Erziehungsmethoden), können sie nur in einem kommunikativen Prozess zugänglich werden und in das Gesamtbild einfliessen.

Für die Klärung der zuletzt angesprochenen Fragen sind Abklärungen im Kindesschutz zwingend auf Vorgehensweisen aus dem rekonstruktiven Ansatz angewiesen. Dies bedeutet jedoch nicht, dass wissenschaftsbasierte Verfahren und Instrumente zur Sicherheits- und Risikoeinschätzung bei Abklärungen im Kindesschutz überflüssig wären. Sie können die Wahrnehmung gezielt auf solche Aspekte lenken, die sich nach vorliegendem Wissen als bedeutsam erwiesen haben, und können dabei helfen, kindeswohlgefährdende Zustände, Handlungen und/oder Unterlassungen differenziert und wissenschaftsbasiert wahrzunehmen, zu beschreiben und zu dokumentieren. Damit erweitern sie die Informationsbasis für die im Kontext von Kindeswohlabklärungen vorzunehmenden Einschätzungen und leisten einen spezifischen Beitrag zu einem Gesamtbild *(vgl. Schone 2012, S. 271)*.

Klassifikation – im Sinne einer Einordnung des Einzelfalls in allgemeine Kategorien – ist auch aus anderen Gründen unverzichtbar. Der Abklärungsprozess mündet in der Regel in einen Bericht mit Empfehlungen über die Notwendigkeit und Angemessenheit von Leistungen und/oder zivilrechtlichen Kindesschutzmassnahmen. Typischerweise geht es dabei um die schlüssige Verknüpfung von anerkannten Bedarfslagen mit bekannten Leistungsarten – oder von Merkmalen einer Lebenssituation mit den rechtlich gerahmten Voraussetzungen für zivilrechtliche Massnahmen. Klassifikationen als «diskursabkürzende» Einordnung von Zuständen sind diesem Kontext unverzichtbar.

Fachpersonen, die Kindeswohlabklärungen durchführen, sind insofern auf beide Ansätze angewiesen: auf rekonstruktive und auf klassifikatorische. Sie müssen einerseits Informationen über Beobachtbares zusammentragen und auswerten. Zugleich müssen sie im Gespräch und im Austausch die Sinn- und Lebenszusammenhänge von Eltern und Kindern erschliessen (Bilder guter Elternschaft, Erwartungen an das Kind, intergenerationale Aufträge; das Familienleben aus der Sicht des Kindes; soziale und materielle Problemlagen und Nöte), um zu begründeten Diagnosen kommen zu können. Sie müssen bei der Durchführung von Abklärungen im Kindesschutz demnach sowohl Verfahren und Instrumente zur Risiko- und Kindeswohleinschätzung als auch Methoden des Fallverstehens und der sozialen Diagnostik verwenden *(Schrapper 2008b)*.

Abklärende Fachpersonen müssen bei der Durchführung von Kindeswohlabklärungen im dialogisch-systemischen Sinn zwei gegensätzliche Positionen miteinander in Einklang bringen: Sie müssen einerseits verstehend auf Eltern und Kinder zugehen und mit ihnen den Dialog suchen. Andererseits müssen sie unter Verwendung von Verfahren und Instrumenten der Sicherheits- und Risikoeinschätzung auf Distanz zu Eltern und Kindern gehen *(vgl. Schrapper 2012, S. 199)*. Das «Prozessmanual. Dialogisch-systemische Kindeswohlabklärung» will Fachpersonen dabei unterstützen, diese gegenläufigen Anforderungen in eine Balance zu bringen. Es unterstützt sie einerseits dabei, unterschiedliche Abklärungsinstrumente und -verfahren reflektiert, im Sinne ihrer spezifischen Leistungsfähigkeit – und vor dem Hintergrund dessen, was in einem vorliegenden Fall klärungsbedürftig ist – einzusetzen. Andererseits unterstützt es sie dabei, mit Eltern und Kindern in den Dialog zu kommen, um möglichst viel Wissen über die Einbettung und Hintergründe von Erziehungs- und Beziehungsstilen in einer Familie hervorzubringen und dies mit den Familienmitgliedern zu teilen. Es unterstützt Fachpersonen bei einem strukturierten und reflektierten Vorgehen, welches dazu dient,

- systematisch Informationen über einen Fall von Kindeswohlabklärung zu sammeln und zu ordnen,
- mit unterschiedlichen Perspektiven auf den Fall zu blicken und
- Hypothesen über den Fall zu formulieren, zu prüfen und gegebenenfalls wieder zu verwerfen und durch plausiblere zu ersetzen *(vgl. Schrapper 2012)*.

Die vier Standards diagnostischen Fallverstehens

Das Prozessmanual orientiert sich dabei an vier grundlegenden Standards diagnostischen Fallverstehens, die für das gleichrangige Zusammenspiel rekonstruktiver und klassifikatorischer Vorgehensweisen von Heiner *(2011, S. 246f.)* entwickelt wurden. Die (1) Partizipative Orientierung will Fachpersonen dazu anleiten, «dialogisch, aushandlungsorientiert und beteiligungsfördernd» *(Heiner 2011, S. 246)* vorzugehen und auch divergierende Ansichten offen anzusprechen; die (2) Sozialökologische Orientierung will gewährleisten, dass Fachpersonen das soziale Umfeld, die relevanten Infrastrukturen und Institutionen (inklusive Rolle und Auftrag der Fachpersonen), die materiellen Lebensbedingungen wie auch die situative Einbettung der Handlungsweisen der Klient/innen systematisch einbeziehen; die (3) Multiperspektivische Orientierung soll dazu dienen, eine möglichst komplexe Sicht von Problemlagen und Ressourcen zu erarbeiten, wobei biografische Dimensionen ebenso bedeutsam sein können wie beispielsweise die Wechselwirkungen von Handlungen verschiedener Familienmitglieder; die (4) Reflexive Orientierung bezieht sich auf das Vorgehen der Fachpersonen im Prozess des diagnostischen Fallverstehens; sie soll gewährleisten, dass Einschätzungen und Befunde systematisch überprüft und wenn nötig korrigiert werden. Die reflexive Orientierung umfasst darüber hinaus die fortlaufende, selbstkritische Reflexion des Vorgehens im diagnostischen Prozess.

Fachpersonen, die Kindeswohlabklärungen nach dem «Prozessmanual. Dialogisch-systemische Kindeswohlabklärung» durchführen, gehen achtsam und fehleroffen vor. Sie gestalten Abklärungsprozesse respektvoll, aushandlungsorientiert und beteiligungsfördernd. Sie haben ein multifaktorielles, mehrgenerationales und interaktionsbezogenes Problemverständnis. Ihre Arbeitsweise ist partizipativ, multiperspektivisch und reflexiv. Ihr Anliegen ist es, in der Begegnung und im Austausch mit Eltern und Kindern sowie weiteren Fachpersonen vor dem Hintergrund eines dialogisch-systemischen Erkenntnis- und Interventionsmodells herauszufinden, was das Problem bzw. der Fall ist. Ihr Anliegen ist es, mit Eltern und Kindern sowie weiteren Fachpersonen wahrzunehmen, zu erkunden und zu verstehen, was Ursachen und Folgen von kindeswohlgefährdenden Situationen sind oder waren, um auf dieser Basis einen gemeinsamen Plan zur Förderung und Sicherung des Kindeswohls zu entwickeln und zu realisieren. Für sie sind Einschätzdimensionen von Relevanz, denen sie in verschiedenen Schlüsselprozessen dialogisch-systemischer Kindeswohlabklärung unter Verwendung von Verfahren und Instrumenten der Risiko- und Kindeswohleinschätzung sowie Methoden des Fallverstehens und der sozialen Diagnostik Aufmerksamkeit schenken:

▶

2.2 Schlüsselprozesse dialogisch-systemischer Kindeswohlabklärung im Überblick

Schlüsselprozess Ersteinschätzung

Hinweise auf Gefährdungen des Kindeswohls entgegennehmen und einschätzen. Klären, welche weiteren Informationen erforderlich sind. Klären, ob und in welcher Frist eine Kontaktaufnahme erforderlich ist, um eine Kindeswohlgefährdung auszuschliessen.

Gegenstand der Beurteilung

Glaubhaftigkeit und Dringlichkeit von Hinweisen auf eine Kindeswohlgefährdung

Einschätzdimensionen

- Informationsgehalt der Meldung
- Schweregrad der vermuteten, geschilderten, beobachteten Gefährdung des Kindeswohls
- Glaubhaftigkeit und Kooperationsbereitschaft der meldenden Person

Methoden

- Erkundungsgespräche
- Recherche: Weitere Informationen zum Fall einholen und bewerten (Gespräche, Akten usw.)
- Kollegiale Beratung

Instrumente

- Meldebogen (DJI)

Schlüsselprozess Kindeswohleinschätzung

Bei Hinweisen auf eine Kindeswohlgefährdung klären, ob Sicherheit und Grundversorgung des Kindes gewährleistet sind. Falls nicht, ob Sofortmassnahmen zum Schutz des Kindes erforderlich sind.

Gegenstand der Beurteilung

Grad der Gewährleistung der Grundversorgung und Sicherheit des Kindes

Einschätzdimensionen

- Erscheinungsbild und Entwicklungsstand des Kindes (und seiner Geschwister)
- Erscheinungsbild, Personenmerkmale, Lebenssituation und Erziehungspraxis der Eltern (Alter, Gesundheit, Erwerbstätigkeit, Einkommen, Aufenthalt; Haltung der Eltern zum Kind, Sichtweisen der Eltern in Bezug auf das Kind, Aufsicht, Versorgung und Entwicklungsförderung)
- Lebensumstände des Kindes und seiner Familie (materielle Absicherung; Unterkunft; Wohnverhältnisse, Nachbarschaft, soziale Integration; Betreuungssituation in der Familie; Integration und Sicherheit in ausserfamiliärer Kinderbetreuung, Kindergarten, Schule)

Methoden

- Einzelgespräche mit Eltern, Verwandten und Bekannten
- Gespräche mit Kindern und Jugendlichen
- Elterngespräche
- Gespräche mit Fachpersonen
- Familiengespräche
- Das Drei-Häuser-Modell
- Das Feen-Zauberer-Tool
- Hausbesuche
- Mapping (Falllandkarte)
- Recherche: weitere Informationen zum Fall einholen und bewerten (Gespräche, Akten usw.)
- Kollegiale Beratung

Instrumente

- Überprüfung des sofortigen Handlungsbedarfs (Berner und Luzerner Abklärungsinstrument zum Kindesschutz)
- Prüfbogen «Sofortreaktion bei Meldung einer Kindeswohlgefährdung» (DJI)
- Prüfbogen «Einschätzung der Sicherheit des Kindes» (DJI)

Schlüsselprozess Sofortmassnahmen

Art, Umfang und rechtlichen Rahmen von Sofortmassnahmen zum Schutz des Kindes klären und diese einleiten.

Gegenstand der Beurteilung

Art und Umsetzung einer Sofortmassnahme

Einschätzdimensionen

- Notwendigkeit und Geeignetheit einer Sofortmassnahme
- Voraussichtlicher Zeitrahmen der Sofortmassnahme
- Kooperationsbereitschaft der Eltern während und nach der Einleitung von Sofortmassnahmen

Methoden

- Gespräche mit Fachpersonen
- Einzelgespräche mit Eltern, Verwandten und Bekannten
- Gespräche mit Kindern und Jugendlichen
- Elterngespräche
- Familiengespräche
- Kollegiale Beratung
- Notfallkonferenz

Schlüsselprozess Kernabklärung

Im Kontakt mit Kind und Eltern Status und Umstände der Gewährleistung des Kindeswohls differenziert beschreiben, allfällige Gefährdungslagen sowie gefährdende Zustände, Ereignisse und Praxen identifizieren und deren Hintergründe, Kontextbedingungen und (wahrscheinliche) Wirkungen klären.

Gegenstand der Beurteilung

Grad der Gewährleistung der Grundbedürfnisse und Rechte des Kindes

Einschätzdimensionen

- Bedürfnisse und Belastungen des Kindes
- Bedürfnisse und Belastungen der Eltern
- Qualität elterlichen Erziehungshandelns
- Qualität der elterlichen Paarbeziehung
- Qualität der Eltern-Kind-Beziehungen
- Entwicklungsgeschichte und Funktionsweise der Familie
- Ressourcen und Stärken des Kindes
- Ressourcen und Stärken der Eltern
- Mitwirkungsbereitschaft der Eltern

Methoden

- Krisen- und Ereignisweg der Familie
- Zeitstrahl
- Genogrammarbeit
- Familienlandkarte
- Netzwerk-/Umweltkarte
- Kinder-Ressourcenkarte
- Eltern-Ressourcenkarte
- Kinderfotoanalyse
- Familien-Helfer-Map
- Familienfotoanalyse
- Entwicklungsgeschichte meines Kindes
- Buch der Stärken meines Kindes
- Hausbesuche
- Einzelgespräche mit Eltern, Verwandten und Bekannten
- Gespräche mit Kindern und Jugendlichen
- Elterngespräche
- Familiengespräche
- Gespräche mit Fachpersonen
- Kollegiale Beratung

Instrumente

- Situationsanalyse (Berner und Luzerner Abklärungsinstrument zum Kindesschutz)
- Prüfbogen «Einschätzung des Förderungsbedarfs des Kindes» (DJI)
- Prüfbogen «Einschätzung der Ressourcen des Kindes» (DJI)
- Prüfbögen «Erziehungsfähigkeit der Eltern» (DJI)
- Prüfbögen «Einschätzung der Veränderungsfähigkeit der Eltern» (DJI)

Schlüsselprozess Bedarfsklärung

Im Kontakt mit dem Kind und den Eltern klären, welche Unterstützungsleistungen und/oder zivilrechtlichen Kindesschutzmassnahmen notwendig und geeignet sind, um das Kindeswohl zu sichern und zu fördern. Auf dieser Basis Handlungsempfehlungen und einen Plan zur Sicherung und Förderung des Kindeswohls erarbeiten.

Gegenstand der Beurteilung

Angemessenheit und Notwendigkeit von Leistungen und/oder Anordnungen

Einschätzdimensionen

- Unterstützungsbedarf
- Notwendigkeit und Geeignetheit von Leistungen und/oder zivilrechtlichen Kindesschutzmassnahmen
- Ziele, Dauer, Umfang und angestrebte Wirkungen von Leistungen und/oder zivilrechtlichen Kindesschutzmassnahmen

Methoden

- Einzelgespräche mit Eltern, Verwandten und Bekannten
- Gespräche mit Kindern und Jugendlichen
- Elterngespräche
- Familiengespräche
- Gespräche mit Fachpersonen
- Kollegiale Fallreview
- Hilfeplankonferenz
- Bedarfsklärungsgespräche
- Hilfeplangespräche

Instrumente

- Gesamteinschätzung (Berner und Luzerner Abklärungsinstrument zum Kindesschutz)
- Prüfbogen «Einschätzung des Misshandlungs- und Vernachlässigungsrisikos» (DJI)
- Bewahrungs- und Veränderungskalender
- Ressourcenbaum
- Ressourcentreppe
- Ressourcenkarte
- Netzwerkkarte
- Unterstützungskarte

Schlüsselprozess Ergebnisklärung

Eltern und Kind die Ergebnisse der Kernabklärung und/oder Bedarfsklärung vorstellen. Ihnen Gelegenheit geben, Zustimmung, Ablehnung sowie Alternativvorschläge vorzutragen. Ihre Bereitschaft zur Mitwirkung bei den empfohlenen Leistungen und/oder zivilrechtlichen Kindesschutzmassnahmen klären.

Gegenstand der Beurteilung

Akzeptanz der Abklärungsergebnisse und Empfehlungen bei Eltern und Kind

Einschätzdimensionen

- Mass der Übereinstimmung des Kindes und der Eltern mit den Inhalten und Ergebnissen des Abklärungsberichts und den darin empfohlenen Leistungen und/oder zivilrechtlichen Kindesschutzmassnahmen
- Bereitschaft des Kindes und seiner Eltern, bei der Umsetzung der im Abklärungsbericht empfohlenen Leistungen und/oder zivilrechtlichen Kindesschutzmassnahmen mitzuwirken

Methoden

- Einzelgespräche mit Eltern
- Gespräche mit Kindern und Jugendlichen
- Elterngespräche
- Familiengespräche
- Ampel-Feedback-Workshop

Instrumente

- Abklärungsberichtsvorlage
- Wenn Einvernehmen über empfohlene Leistungen besteht: z. B. Antrag auf Leistungen; Indikationsbogen
- Im Fall von Anordnungsbedarf: Antrag (vgl. Berner und Luzerner Abklärungsinstrument zum Kindesschutz)

2.3 Praxisprinzipien dialogisch-systemischer Kindeswohlabklärung

Praxisprinzip 1
Bei allem, was wir tun, achten wir darauf, dass Sicherheit, Grundversorgung und Rechte des Kindes gewährleistet sind

Praxisprinzip 2
Wir begegnen Kindern und Eltern mit Anerkennung und Respekt

Praxisprinzip 3
Wir arbeiten mit Fachpersonen verschiedener Professionen im Interesse des Kindeswohls partnerschaftlich zusammen

Praxisprinzip 4
Wir sorgen dafür, dass wir unsere Abklärungsaufgaben kompetent und selbstbewusst wahrnehmen können

Praxisprinzip 5
Wir streben danach, die Ressourcen, Potenziale und Widerstände von Eltern und Kindern produktiv zu nutzen

Für die Arbeit mit dem «Prozessmanual. Dialogisch-systemische Kindeswohlabklärung» sind fünf Praxisprinzipien handlungsleitend. Sie sind mit Fachpersonen erarbeitet worden, die an der Entwicklung und Erprobung des Prozessmanuals beteiligt waren. Sie spiegeln Haltungen wider, die für die Gestaltung von Abklärungsprozessen von Bedeutung sind. Eine dialogische Haltung stellt sich nicht von selbst ein, sondern bedarf der bewussten Entscheidung und Gestaltung. Insbesondere wenn es um Fragen des Wohls von Kindern und Jugendlichen geht, ist ein dialogisches Vorgehen strukturell gefährdet, gibt es Tendenzen, ganz auf den Dialog zu verzichten. Auch systemische Prinzipien werden nicht selten im Namen des Kindesschutzes über Bord geworfen und zugunsten bevormundender und kontrollierender Ansätze aufgegeben *(vgl. Conen 2014)*. Die Praxisprinzipien sollen Fachpersonen eine Stütze sein. Sie sollen ihnen dabei helfen, dem Aufgeben im Kindesschutz zu widerstehen *(vgl. Maihorn/Nowotny 2015)*. Sie sollen ihnen aufzeigen, worauf es bei der Abklärung von Kindeswohlfragen ankommt und welcher

Haltungen es bedarf, um dem Wohl von Kindern und Jugendlichen gerecht werden zu können. Sie sollen aber auch Organisationen des Kindesschutzes hilfreich sein und diesen einen Auseinandersetzung über ihr strategisches Profil ermöglichen, insbesondere dann, wenn sie daran interessiert sind, das «Prozessmanual. Dialogisch-systemische Kindeswohlabklärung» einzuführen.

Praxisprinzip 1

Bei allem, was wir tun, achten wir darauf, dass Sicherheit, Grundversorgung und Rechte des Kindes gewährleistet sind

Die Sicherheit und Grundversorgung von Kindern und Jugendlichen hat für abklärende Fachpersonen oberste Priorität. Ihr Handeln ist darauf ausgerichtet, dass die Rechte von Kindern und Jugendlichen beachtet und deren Grundbedürfnisse befriedigt werden. Sie unterstützen Eltern dabei, Veränderungen im Interesse des Kindeswohls vorzunehmen. Sie regen sie dazu an, zu verstehen, was zur Förderung und Sicherung des Kindeswohls notwendig ist. Sie ermutigen sie dazu, Unterstützung zu suchen und anzunehmen, sofern diese erforderlich ist. Sie sind sich bewusst, dass die Entwicklung von Kindern am besten gelingt, wenn verlässliche und feinfühlige Bezugspersonen sich um ihr Wohl sorgen. Sie erkennen an, dass primär Eltern für ihre Kinder verantwortlich sind, auch dann, wenn sie dieser Aufgabe (teilweise oder zeitweise) nicht gerecht werden und ihre Kinder im Interesse des Kindeswohls vorübergehend oder dauerhaft fremdplatziert werden müssen. Sie achten und wahren die Integrität familialer Beziehungen. Sie tragen durch ihr Handeln dazu bei, entwicklungsfördernde Bindungen zwischen dem Kind und seiner Familie aufrechtzuerhalten, zu entwickeln oder wiederherzustellen. Sie bemühen sich darum, diejenigen materiellen, sozialen, bildungsbezogenen und gesundheitsbezogenen Leistungen und/oder zivilrechtlichen Kindesschutzmassnahmen zu empfehlen, die am besten dazu geeignet sind, das Kindeswohl zu fördern und zu sichern und Eltern in ihrer Rolle zu stärken: als Personen, die an erster Stelle mit der Aufgabe betraut sind, ihr Kind zu schützen und zu fördern.

Praxisprinzip 2

Wir begegnen Kindern und Eltern mit Anerkennung und Respekt

Abklärende Fachpersonen behandeln Kinder und Eltern als Partner. Sie begegnen ihnen mit Anerkennung und Respekt und streben danach, mit ihnen auf Augenhöhe zusammenzuarbeiten. Sie stellen sich ihren Gefühlen und reflektieren diese. Sie gehen mit Eltern, die im Verdacht stehen, das Wohl ihrer Kinder zu gefährden, empathisch um. Im direkten Kontakt begegnen sie ihnen mit Verständnis und Authentizität. Sie versuchen, zu ihnen – ebenso wie zu ihren Kindern – eine vertrauensvolle Arbeitsbeziehung herzustellen. Sie teilen mit Eltern und Kindern ihre Informationen und Kenntnisse. Sie legen offen, was Anlass, Auftrag und Ziel ihres Handelns ist. Sie machen Eltern und Kindern gegenüber transparent, was ihnen und anderen Anlass zur Sorge bereitet. Sie zeigen auf, welcher Voraussetzungen es bedarf, damit das Kindeswohl jetzt und in Zukunft gewährleistet ist. Sie sorgen mithilfe flexibler und der jeweiligen Situation angemessener Arbeitsformen dafür, dass sich Eltern und Kinder ohne Angst und Schuldgefühle aktiv am Prozess der Abklärung des Kindeswohls beteiligen können. Sie ermutigen Kinder und Eltern dazu und unterstützen sie dabei, zu erzählen, was sie denken, fühlen, brauchen und wollen. Sie hören ihnen zu und tragen Sorge dafür, dass die Erlebensweisen, Wünsche und Interessen von Kindern und Eltern in die Prozesse der Klärung und Entscheidungsfindung einfliessen und bestmöglich berücksichtigt werden. Sie informieren Eltern und Kinder über ihre Rechte und darüber, wie sie ihre Rechte geltend machen können. Sie erkennen das Recht auf informationelle Selbstbestimmung als Grundlage für vertrauensvolle Arbeitsbeziehungen an und gehen mit personenbezogenen Informationen über Kinder und Eltern sorgfältig und respektvoll um.

Praxisprinzip 3

Wir arbeiten mit Fachpersonen verschiedener Professionen im Interesse des Kindeswohls partnerschaftlich zusammen

Multiprofessionelle Zusammenarbeit ist für die Gestaltung von Abklärungsprozessen im Kindesschutz wichtig, aber nicht selbstverständlich. Abklärende Fachpersonen bemühen sich deshalb darum, mit Fachpersonen verschiedener Professionen im Interesse des Kindeswohls partnerschaftlich zusammenzuarbeiten. Sie sind aufmerksam dafür, welche anderen Partner mit dem Kind und seiner Familie zusammenarbeiten. Sie klären, ob und inwieweit Austausch und Zusammenarbeit mit weiteren Partnern das Wissen erweitern, Einschätzungen bereichern und die Zielerreichung begünstigen können. Sie sorgen dafür, dass für Austausch und Zusammenarbeit mit weiteren Partnern eine Legitimation besteht: durch die Zustimmung der Eltern (bei Abklärungen im Auftrag eines Fachdienstes) oder durch entsprechende Legitimation in einem konkreten Abklärungsauftrag (bei Abklärungen im Behördenauftrag). Sie sind in Bezug auf Austausch und Kooperationen gegenüber Eltern und Kind transparent. Sie treffen mit Partnern klare Vereinbarungen und sind in diesen Vereinbarungen verbindlich. Sie informieren die fachlichen Partner über den Ausgang des Abklärungsprozesses. Im Austausch sorgen sie dafür, dass ihre Kooperationspartner darüber informiert sind, was Aufgabe und Funktion ihrer Tätigkeit ist. Sie legen Absichten, Aufträge und Zuständigkeiten offen. Falls es zur Sicherung des Kindeswohls erforderlich und zweckmässig ist, laden sie zu Fallbesprechungen ein und tauschen sich mit Partnern über Hypothesen und

Lösungsideen aus. Sie tragen auf diese Weise dazu bei, diejenigen Leistungen und/oder zivilrechtlichen Kindesschutzmassnahmen zu finden, bei denen begründet davon ausgegangen werden kann, dass sie notwendig und am besten dazu geeignet sind, das Kindeswohl zu fördern und zu sichern. Sie bitten Kooperationspartner um Rückmeldungen, falls diese mit Ablauf und Ausgang eines Abklärungsprozesses unzufrieden sind.

Praxisprinzip 4

Wir sorgen dafür, dass wir unsere Abklärungsaufgaben kompetent und selbstbewusst wahrnehmen können

Abklärende Fachpersonen sind darum bemüht, stets über ausreichend Erfahrung und Expertise im Kindesschutz zu verfügen. Sie nehmen ihre Abklärungsaufgaben selbstbewusst war, verzweifeln nicht an ihrer anspruchsvollen Aufgabe und sorgen sich um ihr Wohl: Sie sorgen für sich selbst und ihre emotionale Balance, um in der anspruchsvollen Aufgabe die erforderliche Präsenz und Aufmerksamkeit zu haben. Sie studieren regelmässig Fachmedien und nehmen an Fort- und Weiterbildungen teil, die sie dabei unterstützen, ihr Wissen über kindesschutzspezifische Themen zu aktualisieren, zu erweitern und zu vertiefen (z. B. Kinderrechte, Grundbedürfnisse von Kindern; Ursachen, Formen und Folgen von Gefährdungen des Kindeswohls; Umgang mit Klient/innen im Pflichtkontext; Umgang mit psychisch kranken und drogenabhängigen Eltern, mit Phänomenen häuslicher Gewalt, sexueller Ausbeutung und hoch strittiger Elternschaft). Sie reflektieren ihre Arbeitsweisen im Rahmen regelmässiger Intervisionen und Supervisionen. Sie sind daran interessiert, aus Fehlern und Erfolgen zu lernen. Sie lassen Zweifel zu, kennen ihre Grenzen und holen sich Unterstützung, wenn sie unsicher sind. Wenn sie von Eltern beleidigt oder bedroht werden und ihre Kompetenzen nicht ausreichen, um Abklärungen im Interesse des Kindeswohls fortzuführen oder sie das Gefühl haben, selbst in akuter Gefahr zu sein, brechen sie nach Rücksprache mit ihren Leitungen die Abklärung ab und versuchen nach Möglichkeit, besser geeignete Fachpersonen ausfindig zu machen. Sie arbeiten in Organisationen, in denen Rahmenbedingungen vorherrschend sind, die Abklärungen im Interesse des Kindeswohls ermöglichen.

Praxisprinzip 5

Wir streben danach, die Ressourcen, Potenziale und Widerstände von Eltern und Kindern produktiv zu nutzen

Abklärende Fachpersonen nutzen die Ressourcen, Potenziale und Widerstände von Eltern und Kindern. Sie versuchen, deren Entwicklungsmöglichkeiten zu fördern und zu erweitern. Sie wollen durch ihr Handeln dazu beizutragen, dem Wohl von Kindern und deren Eltern gleichermassen zu dienen, wissen aber, dass bei allem, was sie tun, die Sicherheit und Grundversorgung von Kindern oberste Priorität hat. Sie nehmen die Gefühle von Kindern und Eltern ernst, auch deren Widerstände, und versuchen, mit ihnen gemeinsam zu erkunden, welchen Sinn und welche Funktion diese haben. Sie widmen sich den Loyalitätskonflikten, Schuldgefühlen, Sorgen, Ängsten und Hoffnungen von Eltern und Kindern. Sie streben an, gemeinsam mit ihnen herauszufinden, in welcher Lebenslage sie sich befinden und welche Optionen bestehen, damit es ihnen in Zukunft wieder besser gehen kann. Sie unterstützen Kinder und ihre Eltern dabei, bislang übersehene oder ungenutzte Ressourcen zu erschliessen, die ihnen dabei helfen, ihre Potenziale zu nutzen. Sie ermutigen Eltern dazu, sich und ihr Leben im Interesse des Kindeswohls zu verändern, und bieten ihnen dazu Unterstützung an. Sie versuchen, ihnen Hoffnung zu geben und ihnen dabei zu helfen, sich und ihr Leben im Interesse des Kindeswohls zu verändern. Sie trauen ihnen prinzipiell zu, für das Wohl ihrer Kinder zu sorgen. Sie zeigen ihnen auf, welche Rechte und Grundbedürfnisse ihre Kinder haben, über welche Kompetenzen und Fähigkeiten sie verfügen und auf welche Leistungen sie zurückgreifen können, um das Kindeswohl zu gewährleisten. Sie verdeutlichen ihnen, welche Eingriffe in Elternrechte der Staat im Fall einer Kindeswohlgefährdung vornehmen kann, sofern sie nötige Veränderungen im Interesse des Kindeswohls nicht von sich aus vornehmen können oder wollen.

3
Kindeswohlabklärung als dialogisch-systemischer Prozess

3.1 Schlüsselprozess Ersteinschätzung

Hinweise auf Gefährdungen des Kindeswohls entgegennehmen und einschätzen

3.1.1 Aufgabe und Funktion

Im Mittelpunkt dieses Abschnitts steht der Umgang mit Hinweisen auf Gefährdungen des Kindeswohls. Die Ersteinschätzung dient der Identifizierung von Anhaltspunkten, die auf eine Gefährdung des Kindeswohls hinweisen bzw. diese ausschliessen. Ziel ist es, eine begründete Entscheidung darüber zu treffen, ob und wie auf die gemeldeten Hinweise einzutreten ist und ob, wann und wie mit den betroffenen Kindern, ihren Eltern sowie weiteren Fachpersonen zur weiteren Einschätzung des Kindeswohls Kontakt aufgenommen werden muss.

Einschätzdimensionen und einzuschätzende Sachverhalte

Einschätzdimensionen	Einzuschätzende Sachverhalte
Informationsgehalt der Hinweise	Ist der Informationsgehalt der Hinweise ausreichend, um eine verlässliche Einschätzung vorzunehmen?
Schweregrad der vermuteten, geschilderten, beobachteten Gefährdung des Kindeswohls	Als wie hoch kann aufgrund der vorliegenden Informationen der Schweregrad der vermuteten Kindeswohlgefährdung eingeschätzt werden?
Glaubhaftigkeit der Hinweise	Inwiefern sind die Hinweise auf die vermutete Kindeswohlgefährdung plausibel und stichhaltig?
Kooperationsbereitschaft der Person, die auf eine Kindeswohlgefährdung hinweist	Inwiefern ist die Hinweise gebende Person bereit, weitere Auskunft zu erteilen? Ist sie gegebenenfalls offen für eine weitere Zusammenarbeit?

Was ist zu klären?

- **Ist eine Kontaktaufnahme mit den Kindern und deren Eltern zur Einschätzung des Kindeswohls erforderlich?**
- **Wann bzw. wie schnell muss mit den Kindern und deren Eltern zur Einschätzung des Kindeswohls Kontakt aufgenommen werden?**

Welche Methoden können herangezogen werden?

- **Erkundungsgespräch**
- **Recherche: Weitere Informationen zum Fall einholen und bewerten (Gespräche, Akten usw.)**
- **Kollegiale Beratung**

Welche Instrumente können herangezogen werden?

- **Meldebogen (DJI)**

3.1.2 Fachliche Herausforderungen

Umgang mit widersprüchlichen Informationen: Der Informationsgehalt von Hinweisen auf Kindeswohlgefährdungen ist oft unzureichend und/oder widersprüchlich. Eine unzureichende Informationsbasis kann gegeben sein, weil die meldende Person nicht dazu bereit oder in der Lage ist, weitere Auskünfte zu geben, oder sich nicht traut, die Vernachlässigung und/oder Misshandlung von Kindern offen anzusprechen. Es gibt auch immer wieder Situationen, in denen Widersprüche nicht ausgeräumt werden können. Häufig bleibt unklar, ob tatsächlich eine Kindeswohlgefährdung vorliegt, ob nur vermutet wird oder selbst gesehen/miterlebt wurde, dass Kinder (wiederholt) misshandelt und/oder vernachlässigt wurden. Jedenfalls stellt sich bei der Entgegennahme und Bearbeitung von Hinweisen auf Kindeswohlgefährdungen immer wieder die Frage, ob die Informationen ausreichend sind, um einschätzen zu können, in welchem Ausmass das Wohl von Kindern gefährdet ist und welche Informationen man benötigt, um einschätzen und begründen zu können, ob, wann, wie und wo weitere Abklärungen vorgenommen werden sollen.

Umgang mit Personen, die Gefährdungen des Kindeswohls melden: Hinweise auf Kindeswohlgefährdungen werden von unterschiedlichen Personen(gruppen) mit unterschiedlichem (fachlichem) Hintergrund gegeben. Für den richtigen Umgang mit diesen Personen braucht es Einfühlungsvermögen und ein Repertoire an unterschiedlichen Umgangsformen. Oft sehen sich Personen, die mit einem Fachdienst oder einer Behörde Kontakt aufnehmen, um Hinweise auf eine Gefährdung des Kindeswohls zu geben, enormen emotionalen Belastungen ausgesetzt. Sie machen sich Sorgen um die Kinder, befürchten, zu lange zugewartet zu haben, oder sind verunsichert bezüglich möglicher Folgen, die mit ihren Hinweisen auf eine mögliche Kindeswohlgefährdung verbunden sein können. Oft verbinden sie die Kontaktaufnahme mit einem Fachdienst oder einer Behörde mit konkreten Erwartungen an das weitere Vorgehen, schildern Notsituationen, die mehrere Anhaltspunkte für eine akute Kindeswohlgefährdung beinhalten, oder reagieren aggressiv, wenn ihren Erwartungen nicht sofort entsprochen wird. In solchen Situationen wird für die (zuständigen) Fachpersonen ein enormer Zeit- und Handlungsdruck erzeugt. Darüber hinaus können Hinweise auf Kindeswohlgefährdungen auch bei der Person, die diese entgegennimmt, emotionale Betroffenheit, Angst oder Unsicherheit auslösen.

Grenzen bei der Interpretation von Hinweisen auf Gefährdung des Kindeswohls: Schlussfolgerungen über Gefährdungen des Kindeswohls auf der Basis von Hinweisen Dritter sind höchst fehleranfällig und können im besten Falle die Qualität begründeter Annahmen erreichen. Sowohl die Personen, die eine Vernachlässigung und/oder Misshandlung eines Kindes vermuten oder beobachtet haben, wie auch die Personen, die ihre Hinweise entgegennehmen, können dazu tendieren, Informationen über- oder unterzubewerten.

3.1.3 Empfehlungen zur Prozessgestaltung

Im Schlüsselprozess Ersteinschätzung sind vier Teilaufgaben relevant:

1. **Entgegennahme von Hinweisen auf Gefährdung des Kindeswohls**
2. **Einbezug von meldenden Personen zur Klärung von Sachverhalten**
3. **Einholen weiterer Informationen zur Klärung von Sachverhalten**
4. **Entscheid über das weitere Vorgehen**

1 Zu Unterschieden im Umgang mit Hinweisen auf Gefährdungen des Kindeswohls in Fachdiensten (Kinder- und Jugendhilfediensten, Sozialdiensten) und Kindes- und Erwachsenenschutzbehörden (KESB)

Hinweise auf Gefährdungen des Kindeswohls können bei kantonalen/kommunalen Fachdiensten (Kinder- und Jugendhilfediensten, Sozialdiensten) und bei Kindes- und Erwachsenenschutzbehörden eingehen (oder von diesen selbst wahrgenommen werden).[3] Weil für Fachdienste und Behörden unterschiedliche Leistungsaufträge, Zuständigkeiten und Kompetenzen bestehen, stellt sich die Ersteinschätzung eingehender Hinweise für Fachdienste und Kindes- und Erwachsenenschutzbehörden jeweils unterschiedlich dar.

Bei Fachdiensten gehen nicht nur Hinweise auf Gefährdungen des Kindeswohls ein, sondern auch Hinweise auf Unterstützungsbedarfe und von Eltern oder Kindern vorgetragene Anliegen. Ein Fachdienst wird auf eine Meldung, die einen Unterstützungsbedarf oder ein Anliegen (ohne eine manifeste Gefährdung des Kindeswohls) anzeigt, anders eintreten als auf eine Meldung, bei der eine manifeste Gefährdung des Kindeswohls vermutet werden kann. Ist Letzteres der Fall, entscheidet der Fachdienst im Schlüsselprozess Ersteinschätzung, ob er im Rahmen seines eigenen Leistungsauftrags abklärt oder ob er den Fall mit einer Gefährdungsmeldung an die Kindes- und Erwachsenenschutzbehörde (KESB) weitergibt. Ausschlaggebend ist, (a) ob davon ausgegangen werden kann, dass der Fachdienst im Rahmen seines Leistungsauftrags und Handlungsrepertoires für Abhilfe sorgen und der vermuteten Gefährdung des Kindeswohls (sollte sich diese im weiteren Kontakt mit der Familie bestätigen) selbst begegnen kann und (b) ob davon ausgegangen werden kann, dass die Eltern bei der Abklärung und allfälligen Abwendung der vermuteten Kindeswohlgefährdung mitwirken. Sind (a) und (b) nicht erfüllt, ist eine Gefährdungsmeldung an die KESB angezeigt. Für einen Fachdienst können sich Hinweise auf Gefährdungen des Kindeswohls auch in einem laufenden Unterstützungsprozess ergeben. Arbeitet ein Fachdienst mit einer Familie zur Förderung und Sicherung des Kindeswohls zusammen, ist eine Meldung an die KESB angezeigt, wenn

3 Hinweise auf Gefährdungen von Kindern können von allen Fachpersonen und Einrichtungen, die Leistungen für Kinder erbringen, wahrgenommen werden. Generell empfiehlt es sich, dass solche Einrichtungen fachlich abgestützte Konzepte zum Umgang mit Gefährdungshinweisen erarbeiten (Brunner 2013; Hauri/Zingaro 2013; Lips 2011).

- Eltern oder andere primäre Bezugspersonen die Grundbedürfnisse des Kindes nicht mehr hinreichend befriedigen können, die zu einem früheren Zeitpunkt vereinbarten Leistungen verweigern und die Zusammenarbeit aufkündigen;
- Eltern oder andere primäre Bezugspersonen nicht gewillt oder in der Lage dazu sind, die Grundversorgung und Sicherheit der Kinder zu gewährleisten, und die Kinder akut davon bedroht sind, vernachlässigt und/oder misshandelt zu werden.
- Zeigt die Fallgeschichte in der Vergangenheit mehrere Gefährdungsmeldungen, muss von einem erhöhten Risiko ausgegangen werden; in diesem Fall sollte eine erneute Gefährdungsmeldung besonders gründlich geprüft werden.

Für eine Kindes- und Erwachsenenschutzbehörde (KESB) steht zum Zeitpunkt des Eingehens von Hinweisen auf Gefährdungen des Kindeswohls die Frage im Mittelpunkt, ob sie zuständig ist, ob sie die Meldung als Gefährdungsmeldung im Sinne von Art. 443 ZGB interpretiert und ein Kindesschutzverfahren eröffnet oder ob sie den Fall zur weiteren Bearbeitung an einen Fachdienst weitergibt. Eröffnet die KESB ein Kindesschutzverfahren, entscheidet sie darüber, wer die Abklärung durchführt und welche Themen und Sachverhalte im Abklärungsprozess zu berücksichtigen sind. Sie führt die Abklärung selbst durch oder delegiert sie an einen internen oder externen Abklärungsdienst. In vielen Kantonen ist es üblich, dass Kindes- und Erwachsenenschutzbehörden Kinder- und Jugendhilfedienste sowie Sozialdienste mit der Durchführung von Abklärungen beauftragen.

Die folgenden Ausführungen zum Schlüsselprozess Ersteinschätzung beziehen sich auf Fälle, die bei Eingang als Hinweise auf Gefährdungen des Kindeswohls verstanden werden, und auf entsprechende Abklärungsprozesse – unabhängig davon, ob sie im Rahmen des Leistungsauftrags von Kinder- und Jugendhilfediensten und Sozialdiensten (einvernehmliche Abklärung) oder im Behördenauftrag (angeordnete Abklärung) durchgeführt werden. Der Umgang mit Hinweisen, die einen Unterstützungsbedarf ohne manifeste Gefährdung des Kindeswohls indizieren, wird in diesem Abschnitt nicht behandelt. Vorschläge dazu finden sich im Schlüsselprozess Bedarfsklärung.

2 Einbezug von meldenden Personen zur Klärung von Sachverhalten

Fachdienste und Kindes- und Erwachsenenschutzbehörden (KESB) können von verschiedenen Personen(gruppen) Hinweise auf Gefährdungen des Kindeswohls erhalten: Selbstmeldende, Meldende aus dem familiären Umfeld von Kindern und ihren Eltern, Fremdmeldende oder Meldende aus Institutionen. Diese gilt es zur weiteren Sachverhaltsklärung in den Prozess der Ersteinschätzung einzubeziehen, wobei die abklärenden Fachpersonen das Verhältnis der meldenden Person zu den Kindern und deren Eltern berücksichtigen müssen.

- **Selbstmeldende** sind Personen aus der Kernfamilie, also Mutter, Vater, Kind oder Geschwister. Meldende Personen aus der Kernfamilie haben häufig genaue Kenntnisse darüber, was zur Gefährdung des Kindeswohls beiträgt. Zum Teil sind sie selbst für die Vernachlässigung und/oder Misshandlung eines Kindes verantwortlich oder aber sie werden selbst vernachlässigt und/oder misshandelt. Es kann auch sein, dass sie Situationen ausgesetzt waren, in denen sie Zeug/innen der Vernachlässigung und/oder Misshandlung von Kindern wurden. Nicht von ungefähr sind sie hohen emotionalen Belastungen ausgesetzt, wenn sie sich dazu entschliessen, Unterstützung von aussen zu suchen. Ihre Hinweise auf Gefährdungen des Kindeswohls fallen deshalb auch nicht selten vage aus und sind von Widersprüchlichkeiten geprägt. Trotzdem müssen sie als (evtl. verdeckte) Hilferufe ernst und wahrgenommen werden. Selbstmeldende sollten in ihrer Entscheidung, Unterstützung zu suchen, bestätigt und bestärkt werden. Ihnen sollte Beratung angeboten und es sollte ihnen aufgezeigt werden, welche Optionen bestehen, um das Wohl der Kinder zu fördern und zu sichern. Auch kann es vorkommen, dass sich Personen an Fachdienste wenden und angeben, dass sie selbst Kinder misshandelt haben. In solchen Fällen ist darauf zu achten, dass neben der Gewährleistung von Hilfe und Unterstützung für die Kinder auch der meldenden Person Unterstützung angeboten wird *(vgl. Lillig 2006b, S. 1; Münder/Mutke/Schone 2000, S. 163ff.)*.

- **Meldende aus dem familiären Umfeld von Kindern und deren Eltern** sind Personen aus dem engeren Familiensystem wie Grosseltern, Tanten/Onkel, geschiedene Ehepartner/innen usw. Sie können durch ihr Verhalten zur Gefährdung des Kindeswohls selbst beigetragen haben. Auch kann es sein, dass sie Situationen miterlebt haben, in denen Kinder misshandelt wurden. Aufgrund der verwandtschaftlichen Beziehung verfügen diese Meldenden oftmals über unmittelbares Wissen über das Misshandlungs- und/oder Vernachlässigungsgeschehen. Sie können relativ genau einschätzen, welche Umstände zur Gefährdung des Kindeswohls geführt haben. Mit ihnen muss behutsam umgegangen werden, da sie emotional sehr betroffen sein können. Es kann von Vorteil sein, sie in die

Beratungsarbeit einzubeziehen, da sie oftmals Teil konfliktreicher familiärer Beziehungskonstellationen sind. Es kann aber auch von Nachteil sein, wenn es misslingt, die in der Familie vorherrschenden Konflikte zu lösen, und diese den weiteren Prozess der Kindeswohlabklärung dominieren.

- **Fremdmeldende** sind Privatpersonen, die nicht zwingend in einem regelmässigen direkten Kontakt zur Familie stehen (z. B. Nachbarn, Freund/innen von Kindern, Bezugspersonen aus Sport- und Freizeitangeboten). Bei Privatpersonen, die in einer Beziehung zu den Betroffenen stehen, ist davon auszugehen, dass mit der Meldung Ängste, Sorgen, Schuldgefühle und Ambivalenzen verbunden sind. Mit ihnen sollte verfahren werden wie mit Meldenden aus dem familiären Umfeld des Kindes und dessen Eltern.

- **Meldende aus Institutionen** sind Personen, die in einem beruflichen Kontakt mit Kindern und/oder deren Eltern stehen (z. B. Krankenhaus, Arztpraxis, Kinder- und Jugendheim, Beratungsstelle, Schule, familien- und schulergänzende Betreuungseinrichtungen). Sofern diese Personen schon länger in Kontakt mit den Kindern und/oder deren Eltern stehen und zu diesen eine Beziehung aufgebaut haben, kann es hilfreich sein, mit ihnen im weiteren Fallverlauf zusammenzuarbeiten. Dies bedeutet insbesondere, sie den Erstkontakt zur Familie herstellen zu lassen, indem sie die Familie ermutigen, sich selbst an den betreffenden Kinder- und Jugenddienst, Sozialdienst etc. zu wenden, oder mit diesen einen Termin für ein gemeinsames Erstgespräch initiieren *(vgl. Münder et al. 2000, S. 171f.)*.

Die übermittelten Hinweise auf eine mögliche Kindeswohlgefährdung unterscheiden sich oft sehr stark hinsichtlich des Informationsgehalts oder der Detaillierung der Beschreibungen. Zur besseren Einschätzung des Kindeswohls erfordern sie in der Regel eine persönliche Kontaktaufnahme mit der meldenden Person. Häufige mündliche Formen der Gefährdungsmeldung sind Anrufe oder das persönliche Erscheinen, bei dem betroffene Kinder teilweise auch gleich mitgebracht werden. Anrufe und persönliches Erscheinen ermöglichen es, den Sachverhalt im Austausch mit der meldenden Person und/oder den betroffenen Kindern direkt zu ergründen. Bei einer schriftlichen Meldung empfiehlt es sich generell, mit der meldenden Person in persönlichen Kontakt zu treten, um die Ernsthaftigkeit der Meldung bemessen, allfällige Ängste und Bedenken der Meldenden aufgreifen und/oder eine umfassendere Beschreibung der Beobachtungen und Wahrnehmungen einholen zu können. Es kann sinnvoll sein, dass die Fachperson festhält, ob eine Meldung auf eigenen Beobachtungen der meldenden Person oder auf Vermutungen und Hörensagen beruht *(Kindler et al. 2006)*. Können meldende Personen am Telefon nicht gut formulieren und bleiben die Meldungen diffus, kann es helfen, sie zu einem persönlichen Gespräch in die Institution einzuladen, um in einem geschützten Rahmen beruhigend auf sie einzuwirken. Trotzdem gibt es Situationen, in denen eine unzureichende Informationsbasis vorliegt, die meldende Person nicht für Nachfragen erreicht werden kann, keine Kontaktdaten der meldenden Person vorliegen etc. Fachpersonen müssen bei der Entgegennahme und Bearbeitung von Meldungen über Kindeswohlgefährdungen ihre eigenen Grenzen kennen und damit rechnen, dass es auf Basis unzureichender Informationsbasis oder Schilderungen Dritter zu Über- oder Unterbewertungen der Informationen kommen kann. Sonst laufen sie Gefahr, Fehlurteile zu bilden.

Grundsätzlich sollten alle Personen, die Hinweise auf Gefährdungen des Kindeswohls melden, ernst genommen werden. Ihre Hinweise müssen schriftlich aufgenommen und ihre Sorge um die Kinder und/oder die Suche nach Unterstützung entsprechend gewürdigt werden. Der meldenden Person sollte die Aufnahme der Meldung beim persönlichen (Telefon-)Gespräch oder schriftlich bestätigt werden. Sie sollte im Rahmen der Datenschutzrichtlinien transparent über die rechtlichen Bestimmungen, über die nächsten Schritte, deren zeitlichen Horizont und mögliche Auswirkungen informiert werden.

Rechte der meldenden Person

- **Anonymität:** Die KESB kann einer meldenden Person keine Anonymität garantieren, weil die an einem Verfahren beteiligten Personen ein verfahrensrechtliches Akteneinsichtsrecht haben (Art. 449b ZGB). Will die meldende Person anonym bleiben, muss sie dies geltend machen und begründen. Eine Entscheidung darüber, ob die meldende Person anonym bleibt, bemisst sich an einer Interessenabwägung. Oft steht die Wahrung der Anonymität der meldenden Person dem Kindeswohl und einer gelingenden Abklärung im Weg. Die Wahrung der Anonymität kann angezeigt sein, wenn der meldenden Person Nachteile daraus erwachsen oder wenn die Anonymität wesentlich zum Wohl der möglicherweise gefährdeten Kinder beiträgt (vgl. Fassbind 2016c, S. 131ff.). Zum Umgang mit der Anonymität von Personen, die bei Fachdiensten (Kinder- und Jugendhilfediensten, Sozialdiensten) Hinweise auf Gefährdungen des Kindeswohls geben, gelten kantonales Verwaltungsverfahrensrecht und die darin enthaltenen Bestimmungen zur Akteneinsicht. Die grundlegenden bundesrechtlichen Bestimmungen zur Akteneinsicht sind in Art. 29 BV (Allgemeine Verfahrensgarantien) und 26ff. VwVG (Akteneinsicht) niedergelegt.

- **Schweigepflicht:** Gemäss dem auf Art. 28 ZGB (Persönlichkeitsschutz) und Art. 13 Abs. 1 und 2 BV (Schutz des Rechts auf informationelle Selbstbestimmung) sowie dem auf eidgenössischen und kantonalen Datenschutzgesetzen abgestützten Grundsatz der Verschwiegenheit sind Fachpersonen im Kindesschutz nicht berechtigt, ohne Einwilligung der Betroffenen Daten über ebendiese an Dritte weiterzugeben. Entsprechend dürfen meldende Personen über das allgemeine Vorgehen nach Gefährdungsmeldungen, zeitliche Fristen, rechtliche Bestimmungen und mögliche Auswirkungen informiert werden, nicht aber über Inhalte und Abklärungsergebnisse des gemeldeten Falles bzw. über Daten der Betroffenen. Für Kindesschutzverfahren vor der KESB gelten die Bestimmungen zur Verschwiegenheitspflicht (Art. 451 ZGB).[4]
- **Akteneinsicht:** Bei Kindesschutzverfahren der KESB haben alle am Verfahren Beteiligten Anspruch auf Akteneinsicht (Art. 449b Abs. 1 ZGB); einer meldenden Person steht somit nur dann Akteneinsicht zu, wenn sie gleichzeitig eine am Verfahren beteiligte Person ist. Akteneinsicht bei Fachdiensten (Kinder- und Jugendhilfediensten, Sozialdiensten) ist durch das kantonale Verwaltungsverfahrensrecht geregelt; das leitende Prinzip ist das gleiche.

Die Haltung, die den Umgang mit der meldenden Person auszeichnet, sollte die einer wertfreien und zweckorientierten Sammlung von Informationen sein. Damit geht auch einher, dass Rollen, Erwartungen und Zuständigkeiten geklärt werden müssen. Die Rolle der bearbeitenden Fachperson ist es, die Hinweise entgegenzunehmen und unterstützend auf verunsicherte Meldende einzugehen. Sie muss Schilderungen von Beobachtungen einerseits und Deutungen, Vermutungen oder Befürchtungen andererseits unterscheiden.

4 Zur Schweigepflicht von Ärzten: «In vielen Schweizer Kantonen haben Angehörige der Gesundheitsberufe das Recht, aber nicht die Pflicht, den zuständigen Behörden (Vormundschaftsbehörde und/oder Polizei) Wahrnehmungen zu melden, die auf ein Verbrechen oder Vergehen gegen Leib und Leben, die öffentliche Gesundheit oder die sexuelle Integrität hinweisen. Eine solche Meldung kann ohne Entbindung vom Berufsgeheimnis erfolgen, d. h. weder der Patient noch die vorgesetzte Gesundheitsbehörde muss um Einwilligung angefragt werden. Dies bedeutet also, dass Ärzt/innen auf Grund der vorliegenden Situation selber entscheiden können, ob sie die Behörden einschalten wollen oder nicht. Es empfiehlt sich sehr, einen solchen Entscheid, der für das weitere Schicksal des Kindes eine fundamentale Weichenstellung darstellt, niemals allein zu fällen, sondern sich von einer Fachgruppe beraten zu lassen» (Lips 2011).

Hinweise zur Einschätzung der Glaubwürdigkeit einer Meldung (vgl. Lillig 2006b, S. 3)

Die Glaubwürdigkeit von Meldungen über Gefährdungen des Kindeswohls sollte hinterfragt werden, wenn

- sich Informationen als widersprüchlich und/oder ungenau erweisen,
- die meldende Person nicht bereit ist, ihren Namen, ihre Adresse, Telefonnummer usw. bekannt zu geben,
- die meldende Person nicht bereit ist, Auskunft darüber zu geben, wie ihre Beziehung zu den Kindern bzw. deren Eltern ist oder welche Motive sie zur Meldung bewogen haben.

3 Gewinnen weiterer Informationen zur Klärung von Sachverhalten

Nach dem Einbezug der meldenden Person zur weiteren Sachverhaltsklärung resp. insbesondere dann, wenn die meldende Person zur weiteren Sachverhaltsklärung nicht erreicht oder gewonnen werden konnte, kann es sinnvoll oder erforderlich sein, weitere Informationen über das betroffene Kind und seine Familie bzw. eine mögliche Kindeswohlgefährdung zu gewinnen. In jedem Fall sollte geprüft werden, ob in der eigenen Organisation Akten über die Betroffenen bestehen. Eine Aktensichtung kann Aufschluss darüber geben, ob in der betroffenen Familie bereits einmal Kindeswohlgefährdungen festgestellt worden sind, ob zu früheren Zeitpunkten Hinweise auf Gefährdungen eingegangen sind oder Problem- und Unterstützungslagen bestanden haben oder bestehen, die die Entstehung einer Kindeswohlgefährdung begünstigen könnten. Im Kontakt mit Privat- und Fachpersonen sind die geltenden gesetzlichen Bestimmungen zum Datenschutz (insb. Persönlichkeitsrecht) zu berücksichtigen. Das Einziehen von Erkundigungen bei Dritten ohne Einwilligung der betroffenen Personen verbietet sich aus datenschutzrechtlichen und berufsethischen Gründen.

4 Entscheid über das weitere Vorgehen

Nach den Sachverhaltsklärungen muss eingeschätzt werden, ob und wann eine Kindeswohleinschätzung (SP Kindeswohleinschätzung) durchzuführen ist. Es wird empfohlen, diese Einschätzung nicht alleine, sondern gemeinsam mit einer oder mehreren Fachpersonen – z. B. in Form des Vier-Augen-Prinzips oder einer kollegialen Beratung – vorzunehmen.

Umstände und Sachverhalte, die die Wahrscheinlichkeit des Vorliegens von Gefährdungen des Kindeswohls erhöhen und die Dringlichkeit einer Kindeswohleinschätzung anzeigen (vgl. Lillig 2006a, S. 1f.)

- Wenn Hinweise auf schwere Verletzungen bei Säuglingen oder Kleinkindern geschildert werden oder Verhaltensweisen berichtet werden, die zu schweren Verletzungen oder Gesundheitsgefährdungen führen können (ein Kind erhält z. B. nicht ausreichend Flüssigkeit oder wird nicht ausreichend ernährt; ein Kind wurde die Treppe hinuntergestossen; ein Kind wurde mit einem Messer oder einer Schusswaffe bedroht; ein Kind wurde ausgesperrt, war mehrfach längere Phasen unbeaufsichtigt usw.)
- Wenn die betroffenen Kinder besonders verletzlich sind aufgrund ihres Alters, einer Erkrankung, Behinderung oder der Nähe zu Personen mit einer vermuteten erhöhten Gewaltbereitschaft
- Wenn es Hinweise gibt, dass das Verhalten der Sorgeverantwortlichen unberechenbar und möglicherweise schwer verletzend ist, z. B. aufgrund von Intoxikation, akuter psychischer Erkrankung oder besonders ausgeprägter Erregungsbereitschaft
- Wenn bekannt ist, dass Kinder von einem Sorgeverantwortlichen in der Vergangenheit bereits erheblich gefährdet oder geschädigt wurden
- Wenn die Familie bzw. Sorgepersonen die Kinder verlassen könnten
- Wenn es keine Person gibt, die die Kinder aktuell schützen kann
- Wenn die Kinder sich selbst oder andere Personen erheblich gefährden

Konkretisieren sich die Hinweise auf eine (akute) Gefährdung des Kindeswohls, gilt es zu ermitteln, wie dringend eine Kindeswohleinschätzung vorgenommen werden muss. Durchzuführen ist eine Kindeswohleinschätzung

- **sofort,** wenn eine akute Kindeswohlgefährdung zu vermuten ist, d. h.
  - wenn davon ausgegangen werden muss, dass ein Kind misshandelt wird oder unterversorgt ist,
  - wenn davon ausgegangen werden muss, dass ein Kind von der unmittelbaren Gefahr bedroht ist, misshandelt zu werden oder durch Unterversorgung erheblichen Schaden zu nehmen,
  - wenn schwerwiegende Hinweise auf erhebliche Gefährdungslagen bestehen und zu wenige aussagekräftige Informationen vorliegen, um eine akute Kindeswohlgefährdung auszuschliessen; ▸

- **innerhalb einer Woche,** wenn die vorliegenden Informationen auf Gefährdungen hinweisen, die einer zeitnahen Bearbeitung bedürfen;
- **nach mehr als einer Woche,** wenn Anhaltspunkte auf Gefährdungen des Kindeswohls festgestellt wurden, aber keine dringende Gefahr besteht, dass das Kind in der Zeit bis zur Durchführung der Kindeswohleinschätzung von der unmittelbaren Gefahr bedroht ist, misshandelt zu werden oder durch Unterversorgung erheblichen Schaden zu nehmen *(vgl. Lillig 2006b, S. 4).*

In Fällen besonders besorgniserregender Schilderungen meldender Personen, also bei Anhaltspunkten, die darauf hinweisen, dass Kinder aktuell oder wiederholt schwer vernachlässigt und/oder misshandelt werden oder ihre Eltern ihrer Fürsorgepflicht aufgrund massiver Partnerschaftskonflikte, psychischer Erkrankungen oder wegen missbräuchlichen und/oder übermässigen Alkohol- und Drogenkonsums nur mangelhaft nachkommen, ist die weitere Abklärung besonders dringlich. Partnerschaftsgewalt, psychische Erkrankungen oder Suchterkrankungen eines Elternteils oder anderer relevanter Bezugspersonen sind Anzeichen für familiale Dynamiken, in denen Gefährdungslagen häufiger vorkommen. Vor allem bei Kindern, die noch nicht im (vor-)schulpflichtigen Alter sind und nicht regelmässig eine Spielgruppe oder eine Kindertagesstätte besuchen, sollte umgehend Kontakt mit der Familie aufgenommen und die Familie sehr bald aufgesucht werden. Je jünger Kinder sind, umso verletzlicher sind sie und umso mehr sind sie auf den Schutz, die Pflege und die Fürsorge ihrer Eltern oder anderer unmittelbarer Bezugspersonen angewiesen.

Weitere Fragen, die dabei helfen, auf die Dringlichkeit des weiteren Vorgehens zu schliessen (vgl. Lillig 2006b, S. 4)

- Was geschieht den Kindern jetzt?
- Wie sicher sind die Kinder jetzt?
- Was könnte geschehen, wenn [...] nichts zum Schutz der Kinder unternommen wird?
- Wie wahrscheinlich ist dies vor dem Hintergrund der bislang erhaltenen Informationen?

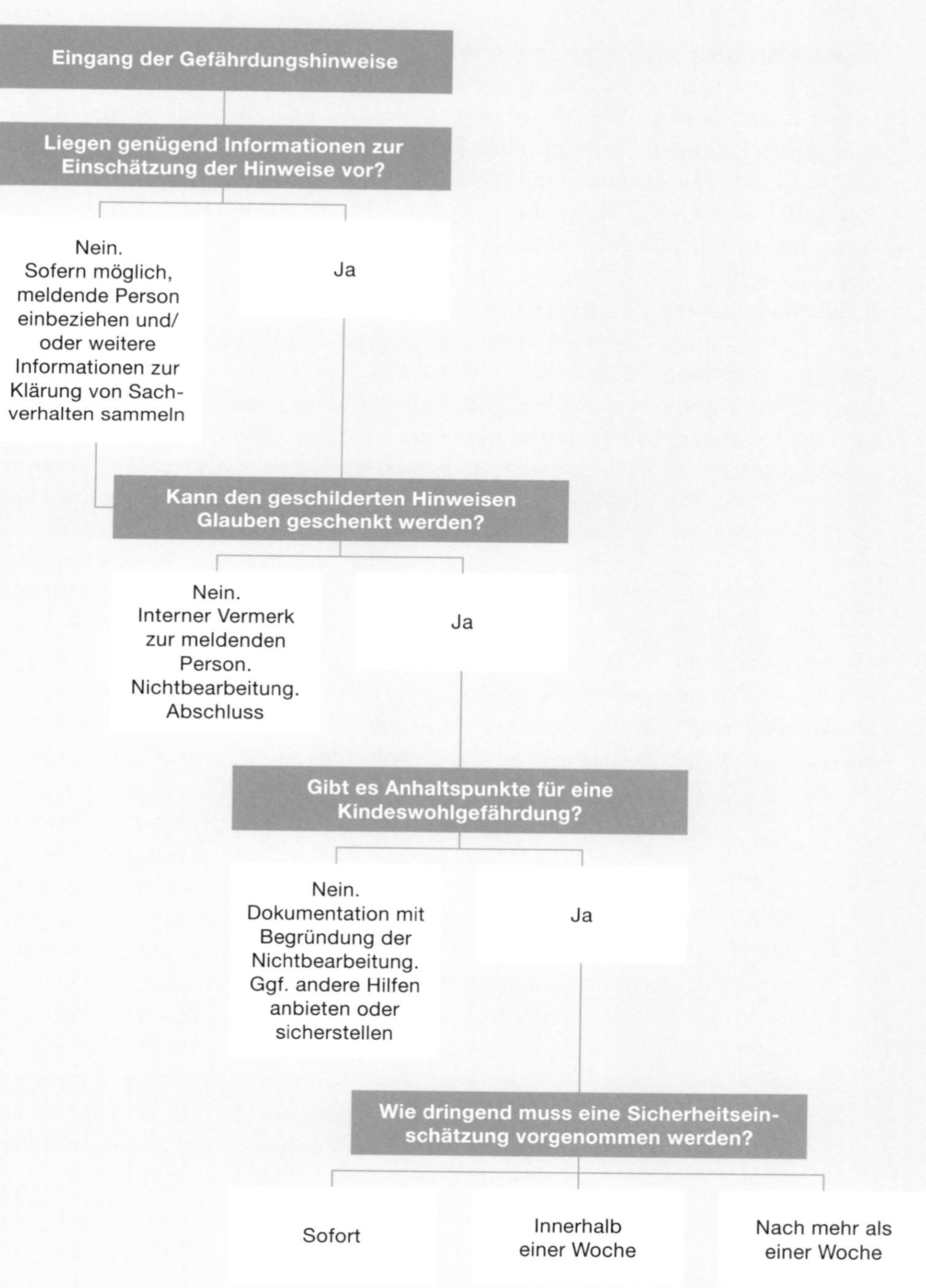
Eingang der Gefährdungshinweise
Liegen genügend Informationen zur Einschätzung der Hinweise vor?
Nein. Sofern möglich, meldende Person einbeziehen und/ oder weitere Informationen zur Klärung von Sachverhalten sammeln
Ja
Kann den geschilderten Hinweisen Glauben geschenkt werden?
Nein. Interner Vermerk zur meldenden Person. Nichtbearbeitung. Abschluss
Ja
Gibt es Anhaltspunkte für eine Kindeswohlgefährdung?
Nein. Dokumentation mit Begründung der Nichtbearbeitung. Ggf. andere Hilfen anbieten oder sicherstellen
Ja
Wie dringend muss eine Sicherheitseinschätzung vorgenommen werden?
Sofort
Innerhalb einer Woche
Nach mehr als einer Woche

Werkzeugkasten Ausgewählte Methoden und Instrumente

Erkundungsgespräch

Fragestellung	Beschreibung
Was kennzeichnet die Methode?	Erkundungsgespräche sind Erstgespräche mit Klient/innen Sozialer Arbeit – in diesem Fall meldenden Personen – zur Situationserfassung.
Welche Zielsetzung kann mit der Methode verfolgt werden?	Erkundungsgespräche können einerseits dazu genutzt werden, Informationen zu und von den Klient/innen (Vorgeschichte, Umfeld, Sichtweisen, Wünsche) zu gewinnen und ein gegenseitiges Kennenlernen für eine längere Arbeitsbeziehung zu initiieren. Andererseits können dieser Methode wichtige Hinweise für den Umgang mit meldenden Personen, für die Erfassung der gemeldeten Situation sowie der Sichtweisen und Anliegen der meldenden Person entnommen werden.
Wie kann man die Methode einsetzen?	Fachpersonen sollten für Erkundungsgespräche Fragenkataloge und Leitfäden für die Gesprächsführung bereithalten bzw. verinnerlichen. Als Erstes sollten die Anliegen der meldenden Person ergründet werden und ihnen mit offenen Fragen die Möglichkeit gegeben werden, zu erzählen, warum sie sich melden. Ihre Berichte werden offen und wertfrei aufgenommen. In einem zweiten Schritt sollen mittels leitfadengestützter Rückfragen die Beobachtungen, Erfahrungen und Deutungen der meldenden Person, Daten zum Kind und seiner Familie, das Befinden und der Unterstützungsbedarf der meldenden Person sowie deren weitere Kooperationsbereitschaft behutsam exploriert werden. Die Gesprächsinhalte werden von der Fachperson möglichst umfassend in einem Meldebogen dokumentiert.

Wie viel Zeit benötigt man für die Verwendung der Methode?	Vorbereitung (sofern möglich): ca. 30–60 Minuten Durchführung: ca. 20–60 Minuten Nachbereitung: ca. 30–60 Minuten
Welche räumlichen Bedingungen müssen für die Verwendung der Methode gegeben sein?	Sowohl bei telefonischen als auch bei Face-to-face-Gesprächen ist es unabdingbar, dass die Fachperson ungestört mit der meldenden Person bzw. den Personen sprechen kann. Das bedeutet, dass Telefonate in einem geschlossenen Raum mit Möglichkeit zur Dokumentation der Gesprächsinhalte geführt werden können und dass für Face-to-face-Kontakte Räumlichkeiten für eine Besprechung mit den meldenden Personen in einer angenehmen Atmosphäre zur Verfügung stehen sollten.
Welche weiterführende Literatur kann zum besseren Verständnis der Methode genutzt werden?	• Hochuli Freund, Ursula/Stotz, Walter (2011). Kooperative Prozessgestaltung in der Sozialen Arbeit. Ein methodenintegratives Lehrbuch. Stuttgart. S. 168–169. • Kähler, Harro Dietich/Gregusch, Petra (2015). Erstgespräche in der fallbezogenen Sozialen Arbeit. 6., überarb. u. erw. Aufl. Freiburg im Breisgau. • Widulle, Wolfgang (2007). Gesprächsführung in der Sozialen Arbeit. Ein Lern- und Arbeitsbuch. 2., überarb. Aufl. Rubigen. (Hinweise zum «Klärungsgespräch», Kap. 4 und 5).

Aktenstudium

Fragestellung	Beschreibung
Was kennzeichnet die Methode?	Das Aktenstudium ist eine reflektierte und fokussierte Erfassung von Informationen aus schriftlichen Unterlagen.
Welche Zielsetzung kann mit der Methode verfolgt werden?	Das Aktenstudium ist eine Form der Situationserfassung, bei der aus Berichten, Gutachten, Protokollen, Hilfeplänen etc. Daten über Verlaufsgeschichten in Organisationen, vergangene sowie aktuelle Probleme und Hilfeleistungen gewonnen werden können.
Wie kann man die Methode einsetzen?	Das Aktenstudium umfasst eine intensive, fragengeleitete Lektüre der Unterlagen und das schriftliche Festhalten der wichtigsten Informationen. Dies geschieht im Wissen darum, dass es sich bei Akten um subjektive, die Realität nur selektiv wiedergebende Dokumente handelt. In ihnen enthaltene Bewertungen und Diagnosen sind als Einschätzungen zu einem bestimmten Zeitpunkt zu betrachten, die veränderbar sind. Das Aktenstudium dient insofern der Hypothesenbildung, nicht aber der abschliessenden Urteilsbildung oder Situationseinschätzung.
Wie viel Zeit benötigt man für die Verwendung der Methode?	Der zeitliche Aufwand hängt vom Umfang und Gehalt der Akte(n) ab. Die Sichtung von Hinweisen auf mögliche Kindeswohlgefährdungen kann zwischen einer bis vier, bei sehr umfangreichen Akten auch mehr Stunden dauern.

Welche räumlichen Bedingungen müssen für die Verwendung der Methode gegeben sein?	Für die Konsultation digitaler Akten muss ein Arbeitsplatz mit Computer, entsprechender Software und Drucker vorhanden sein. Für das Studium analoger Akten empfiehlt sich ein grosser Tisch, auf dem die Akten ausgelegt werden können. Das Aktenstudium erfordert meist eine ruhige Arbeitsumgebung.
Welche weiterführende Literatur kann zum besseren Verständnis der Methode genutzt werden?	• Hochuli Freund, Ursula/Stotz, Walter (2011). Kooperative Prozessgestaltung in der Sozialen Arbeit. Ein methodenintegratives Lehrbuch. Stuttgart. S. 168–169.

Meldebogen des Deutschen Jugendinstituts (DJI)

Fragestellung	Beschreibung
Was kennzeichnet das Instrument?	Der Meldebogen ist eine standardisierte Vorlage zur Erfassung von Gefährdungsmeldungen im Kindesschutz.
Welche Zielsetzung kann mit dem Instrument verfolgt werden?	Der Meldebogen dient der differenzierten Dokumentation einer Gefährdungsmeldung. Er strukturiert die Sammlung relevanter Informationen und unterstützt das aktenfähige Notieren der erhaltenen Informationen.
Wie kann man das Instrument einsetzen?	Der Meldebogen ist beizuziehen, sobald eine Gefährdungsmeldung eingeht, sei dies im telefonischen oder im Face-to-face-Kontakt. Während des Gesprächs mit der meldenden Person werden Notizen und Daten digital oder analog in den Meldebogen eingetragen. Bei den Schilderungen der meldenden Person soll unterschieden werden zwischen Beobachtungen von Ereignissen einerseits und Deutungen, Vermutungen oder Befürchtungen andererseits. Der Meldebogen kann auch als Gesprächsleitfaden genutzt oder mit einem solchen ergänzt werden, der dabei unterstützt, die relevanten Informationen möglichst umfassend zu erfragen.
Wie viel Zeit benötigt man für die Verwendung des Instruments?	ca. 40–80 Minuten
Welche räumlichen Bedingungen müssen für die Verwendung des Instruments gegeben sein?	Sowohl bei telefonischen als auch bei Face-to-face-Gesprächen ist es unabdingbar, dass die Fachperson ungestört mit der meldenden Person bzw. den Personen sprechen und den Meldebogen ausfüllen kann. Das bedeutet, dass Telefonate in einem abgeschlossenen Raum mit Möglichkeit zur Dokumentation der Gesprächsinhalte geführt werden können und dass für Face-to-face-Kontakte Räumlichkeiten für eine Besprechung mit zwei bis drei Personen in einer angenehmen Atmosphäre zur Verfügung stehen sollen.

Welche weiterführende Literatur kann zum besseren Verständnis des Instruments genutzt werden?	Der Meldebogen des DJI ist zu finden in: • Kindler, Heinz/Lillig, Susanna/Blüml, Herbert/Meysen, Thomas/Werner, Annegret (2006). Handbuch Kindeswohlgefährdung nach § 1666 BGB und Allgemeiner Sozialer Dienst (ASD). München. Kapitel A-3. • Lillig, Susanna (2006a). Wie ist mit der Neu-Meldung einer Kindeswohlgefährdung umzugehen? In: Kindler, Heinz/Lillig, Susanna/Blüml, Herbert/Meysen, Thomas/Werner, Annegret (Hg.). Handbuch Kindeswohlgefährdung nach § 1666 BGB und Allgemeiner Sozialer Dienst (ASD). München. Kapitel 47. • Lillig, Susanna (2006b). Wie kann eine erste Kindeswohleinschätzung vorgenommen werden? In: Kindler, Heinz/Lillig, Susanna/Blüml, Herbert/Meysen, Thomas/Werner, Annegret (Hg.). Handbuch Kindeswohlgefährdung nach § 1666 BGB und Allgemeiner Sozialer Dienst (ASD). München. Kapitel 48.

Checkliste

Prüffragen	Ja	Nein	Erläuterung
Wurden die entgegengenommenen Hinweise auf Gefährdungen dokumentiert?	☐	☐	
Lagen genügend Informationen vor, um die Hinweise auf Gefährdungen einzuschätzen?	☐	☐	Wenn nein: Was wurde unternommen?
Wurde eine Sachverhaltsklärung durchgeführt?	☐	☐	Wenn ja: Wurde ein/e weitere/r Kolleg/in in die Sachverhaltsklärung einbezogen?
Wurde der Schweregrad der vermuteten, geschilderten, beobachteten Gefährdung des Kindeswohls eingeschätzt?	☐	☐	
Wurde die Glaubhaftigkeit der Hinweise eingeschätzt?	☐	☐	
Wurde die Kooperationsbereitschaft der meldenden Person eingeschätzt?	☐	☐	
Wurde die meldende Person in die weitere Sachverhaltsklärung einbezogen?	☐	☐	Wenn nein, warum nicht?

Prüffragen	Ja	Nein	Erläuterung
Wurden Anhaltspunkte für eine Kindeswohlgefährdung gefunden?	☐	☐	Wenn nein: Begründung für Nichtbearbeitung dokumentieren
Was ist das Ergebnis der Ersteinschätzung?			☐ Anhaltspunkte für akute Kindeswohlgefährdung sind bestätigt = SP Kindeswohleinschätzung Wann soll die Kindeswohleinschätzung vorgenommen werden? ☐ sofort ☐ innerhalb einer Woche ☐ nach mehr als einer Woche ☐ Hinweise auf Kindeswohlgefährdung sind bestätigt; keine Anzeichen einer akuten Gefahr für die Sicherheit und Unversehrtheit des Kindes = SP Kernabklärung ☐ Hinweise auf eine Kindeswohlgefährdung sind nicht bestätigt; es besteht Unterstützungsbedarf = SP Bedarfsklärung ☐ Hinweise auf eine Kindeswohlgefährdung sind nicht bestätigt; es besteht kein Unterstützungsbedarf = Fallabschluss

Notizen

Notizen

3.2 Schlüsselprozess Kindeswohleinschätzung

Zur Einschätzung des Grads der Sicherheit und Grundversorgung des Kindes mit dem Kind, seiner Familie und weiteren Fachpersonen Kontakt aufnehmen

3.2.1 Aufgabe und Funktion

Bei Anhaltspunkten, die auf eine Kindeswohlgefährdung hinweisen, wird eine Kindeswohleinschätzung vorgenommen. Diese hat zum Ziel, zu einer begründeten Entscheidung darüber zu gelangen, ob und inwieweit die Sicherheit und Grundversorgung des Kindes durch Eltern oder andere Bezugspersonen gewährleistet sind, um darauf aufbauend den weiteren Abklärungsprozess planen und durchführen zu können. Insbesondere wird geklärt, ob Sofortmassnahmen zum Schutz des Kindes eingeleitet werden müssen. Diese Einschätzung bezieht sich primär auf die Gegenwart und schliesst die nahe Zukunft ein. Eine Risikoeinschätzung ist Bestandteil der Kindeswohleinschätzung.

Einschätzdimensionen und einzuschätzende Sachverhalte

Einschätzdimensionen	Einzuschätzende Sachverhalte
Erscheinungsbild und Entwicklungsstand des Kindes (und seiner Geschwister)	Äussere Erscheinung, motorische Entwicklung, Sehvermögen, Hörvermögen, Sprachentwicklung, geistige Entwicklung, soziale Entwicklung, emotionale Entwicklung, psychosoziales Verhalten, Gesundheit, besondere Symptome
Erscheinungsbild, Personenmerkmale, Lebenssituation und Erziehungspraxis der Eltern	Alter, Gesundheit, Erwerbstätigkeit, Einkommen, Aufenthalt; Haltung der Eltern zum Kind; Sichtweisen der Eltern in Bezug auf das Kind, Aufsicht, Versorgung und Entwicklungsförderung
Lebensumstände des Kindes und seiner Familie	Materielle Absicherung; Unterkunft, Wohnverhältnisse, Nachbarschaft, soziale Integration; Betreuungssituation in der Familie; Integration und Sicherheit in ausserfamiliärer Kinderbetreuung, Kindergarten, Schule

Was ist zu klären?
- Ist eine Sofortmassnahme zum Schutz des Kindes erforderlich (SP Sofortmassnahmen)?
- Sind weitere Abklärungen erforderlich (SP Kernabklärung, SP Bedarfsklärung)?
- Kann die Abklärung beendet werden (Fallabschluss)?

Welche Methoden können herangezogen werden?
- Einzelgespräche mit Eltern, Verwandten und Bekannten
- Gespräche mit Kindern und Jugendlichen
- Elterngespräche
- Gespräche mit Fachpersonen
- Familiengespräche
- Das Drei-Häuser-Modell
- Das Feen-Zauberer-Tool
- Hausbesuche
- Mapping (Falllandkarte)
- Recherche: weitere Informationen zum Fall einholen und bewerten (Gespräche, Akten usw.)
- Kollegiale Beratung

Welche Instrumente können herangezogen werden?
- Überprüfung des sofortigen Handlungsbedarfs: Berner und Luzerner Abklärungsinstrument zum Kindesschutz (vgl. Hauri et al. 2016, S. 594f.) mit den dazu gehörenden Ankerbeispielen (Hauri et al. 2015)
- Prüfbogen «Sofortreaktion bei Meldung einer Kindeswohlgefährdung» (vgl. Kindler et al. 2006, S. A-11f.)
- Prüfbogen «Einschätzung der Sicherheit des Kindes» (vgl. Kindler et al. 2006, S. A-13f.)

3.2.2 Fachliche Herausforderungen

Gefahr von Fehleinschätzungen und unverhältnismässigen Eingriffen in die Privatsphäre von Kindern und Eltern: Für Kinder und Eltern kann es eine irritierende Erfahrung sein, von abklärenden Fachpersonen «eingeschätzt» zu werden. Sie können sich beobachtet und ausgefragt fühlen und die Kindeswohleinschätzung als erheblichen Eingriff in ihre Privatsphäre erleben. Abklärende Fachpersonen legen darum offen, welche Sachverhalte sie gemeinsam mit Kindern und Eltern einzuschätzen haben. Sie teilen ihnen mit, welche Methoden und Instrumente sie nutzen werden, um beurteilen zu können, ob und inwieweit die Grundversorgung und die Sicherheit des Kindes durch seine Eltern oder andere primäre Bezugspersonen gewährleistet sind. Zugleich verdeutlichen sie Kindern und Eltern, dass sie auf deren aktive Mitarbeit angewiesen sind, um die Gefahr von Fehleinschätzungen zu verringern. Sie informieren sie auch über den rechtlichen Rahmen der Abklärung. Führen die Fachpersonen die Abklärung im Auftrag einer KESB durch, weisen sie die Eltern darauf hin, dass sie zur Mitwirkung verpflichtet sind (Art. 448 ZGB).

Misstrauen und Angst des Kindes und seiner Eltern: Die Eltern oder andere wichtige Bezugspersonen des Kindes werden in aller Regel davon überrascht sein, dass die Vermutung besteht, dass sie das Wohl ihres Kindes gefährden, oder der Verdacht besteht, dass sie ihr Kind vernachlässigen oder misshandeln. Entsprechend werden ihre Reaktionen vermutlich ausfallen. Sie werden wütend oder verängstigt sein und alles dafür tun, den Verdacht von sich abzuwenden. Schliesslich haben sie Angst, die KESB könnte ihnen ihr Kind wegnehmen. Sie werden daher Fachpersonen, die für die Kindeswohleinschätzung zuständig sind, nicht mit offenen Armen empfangen, sondern ihnen deutlich machen, dass sie unfreiwillig und unbegründet zu Klient/innen des Kindesschutzes geworden sind. In einer solchen Situation, in der sich Eltern oder andere wichtige Bezugspersonen des Kindes verdächtigt und angeklagt fühlen, ist es nicht leicht, eine vertrauensvolle Arbeitsbeziehung aufzubauen. Sie ist aber erforderlich, will man herausfinden, ob es dem Kind und seiner Familie gut geht und ob Sofortmassnahmen zum Schutz des Kindes notwendig sind. Auch das Kind kann mit Misstrauen und Angst gegenüber abklärenden Fachpersonen reagieren, da es nur begrenzt verstehen und überblicken kann, weshalb der Verdacht besteht, dass sein Wohl gefährdet ist. Unter Umständen hat es Angst davor, von seinen Eltern (und seinen Geschwistern) getrennt und seiner Familie entrissen zu werden.

Schuldgefühle und Loyalitätskonflikte des Kindes und Versagensängste seiner Eltern: Kinder wollen aus gut nachvollziehbaren Gründen ihre Eltern nicht in Schwierigkeiten bringen. Sie möchten nicht von ihren Eltern oder anderen wichtigen Bezugspersonen getrennt werden oder schuld daran sein, dass diese in Konflikt mit dem Gesetz geraten. Insofern ist es herausfordernd, Kinder dazu zu ermutigen, über sich und ihr Leben zu sprechen – über das, was sie bewegt, beschäftigt und verletzt. Denn sie befinden sich oftmals in Loyalitätskonflikten. Sie wollen zwar, dass sich ihr Leben und das Leben ihrer Eltern zum Besseren wenden. Zugleich wollen sie aber auch nicht dafür verantwortlich sein, wenn ihre Eltern oder andere primäre Bezugspersonen Probleme mit der KESB oder der Polizei bekommen. Jedenfalls wollen sie nicht Entscheidungen und Handlungen auslösen, deren Tragweite sie nicht einschätzen können und bei denen sie befürchten, ihren Einfluss nicht mehr geltend machen zu können. Gleiches gilt auch für ihre Eltern, die ihr Ansehen nicht verlieren und ein positives Selbstbild aufrechterhalten möchten und die möglicherweise Angst davor haben, trotz Einmischung und Unterstützung den Erwartungen an ihre Wahrnehmung der Elternrolle nicht zu entsprechen.

Emotionale Beteiligung der abklärenden Fachpersonen: Fachpersonen, die Kindeswohleinschätzungen vornehmen, können gegenüber Eltern oder anderen wichtigen Bezugspersonen des Kindes ablehnende Gefühle und Aggressionen entwickeln. Vor allem spielen solche Gefühle eine Rolle, wenn die Fachpersonen von schweren Verletzungen erfahren oder Kindern gegenübertreten, die in schlechter gesundheitlicher Verfassung sind. In manchen Fällen entwickeln sie Mitleid mit dem Kind, wollen es retten und verkennen, dass Gefährdungen des Kindeswohls oft multifaktoriell bedingt sind und meist nicht durch absichtliches Handeln der Eltern hervorgerufen werden. Möglicherweise erleben sie den starken Wunsch, die Eltern zu bestrafen, sie von den Kindern fernzuhalten und alles dafür zu tun, dass es dem Kind wieder gut geht. Solche starken ablehnenden Gefühle können dazu führen, dass Fachpersonen im Prozess der Kindeswohleinschätzung auf Begegnung und Dialog verzichten und Eltern erhebliche Widerstände entgegenbringen.

Des Weiteren können biografische Erfahrungen der abklärenden Fachpersonen zu einer gefühlsgesteuerten und verzerrten Wahrnehmung von Verletzungen des Kindeswohls führen. Aber auch die Angst davor, etwas zu übersehen, Gefährdungen des Kindeswohls irrtümlich unter- oder überzubewerten oder im Kontakt mit der Familie selbst in Gefahr zu geraten, kann die Begegnung und den Dialog im Prozess der Kindeswohleinschätzung erschweren. Umso wichtiger ist es, dass sich abklärende Fachpersonen ihren Gefühlen stellen und ihr Unverständnis, ihre Wut und zum Teil auch ihre Ängste reflektieren, um den Aufbau und die Gestaltung einer vertrauensvollen Arbeitsbeziehung zum Kind und seiner Familie nicht zu gefährden.

3.2.3 Empfehlungen zur Prozessgestaltung

Im Schlüsselprozess Kindeswohleinschätzung sind fünf Teilaufgaben relevant:

1 **(Erst-)Kontaktaufnahme per Telefon oder per Brief mit dem Kind und seinen Eltern**
2 **Vorbereitung von Gesprächen mit dem Kind und den Eltern**
3 **Durchführung von Gesprächen mit dem Kind und den Eltern**
4 **Organisation und Koordination anderer Formen der Kindeswohleinschätzung**
5 **Bündelung und Bewertung der Ergebnisse der Kindeswohleinschätzung**

Wann und wie abklärende Fachpersonen Kontakt zum Kind und seiner Familie aufnehmen, hängt vom Inhalt der Meldung und vom Ergebnis der Ersteinschätzung ab *(vgl. Schlüsselprozess Ersteinschätzung).* Um abzuklären, ob das Wohl eines Kindes gefährdet ist, bedarf es aber in jedem Fall eines Zugangs zur Lebenswelt des Kindes und seiner Familie. Damit verbunden ist das Ziel, eine bessere Einschätzung des Erscheinungsbildes und des Entwicklungsstandes des Kindes (und seiner Geschwister) vornehmen zu können. Auch geht es darum, Informationen über das Erscheinungsbild und über Personenmerkmale der Eltern sowie über die Lebensumstände des Kindes und seiner Familie zu gewinnen. Ziel ist es, herauszufinden, inwieweit die Grundversorgung und die Sicherheit des Kindes durch seine Eltern oder andere primäre Bezugspersonen gewährleistet sind. Es geht darum, einzuschätzen, ob es dem Kind und seiner Familie gegenwärtig gut geht und welche Sofortmassnahmen unter Umständen notwendig sind, um den Schutz des Kindes innerhalb oder ausserhalb seiner Familie zu gewährleisten *(vgl. Schlüsselprozess Sofortmassnahmen).* Damit im Zusammenhang steht die Frage, ob hierfür auch der Einbezug der KESB notwendig ist, sofern diese nicht selbst den Abklärungsauftrag erteilt hat. In vielen Fällen dient es bereits dem Schutz des Kindes, wenn seine Eltern oder andere wichtige Bezugspersonen darüber informiert sind, dass weitere Abklärungen mit oder ohne Auftrag der KESB vorgenommen werden, um aufzuklären, ob und unter Heranziehung welcher Leistungen und/oder zivilrechtlicher Kindesschutzmassnahmen das Kindeswohl dauerhaft gefördert und gesichert werden muss bzw. kann *(vgl. Schlüsselprozesse Kernabklärung und Bedarfsklärung).*

1 (Erst-)Kontaktaufnahme per Telefon oder per Brief

Nachdem die Dringlichkeit der weiteren Bearbeitung festgelegt wurde *(vgl. Schlüsselprozess Ersteinschätzung)*, ist zu klären, wo und wie die Kontaktaufnahme mit dem Kind und seinen Eltern stattfindet. Dies hängt wesentlich von der Einschätzung der aktuell vermuteten Art und Schwere der Kindeswohlgefährdung und Dringlichkeit der Durchführung einer Kindeswohleinschätzung ab. Wichtig ist ein Bewusstsein dafür, dass der Erstkontakt mit dem Kind und seinen Eltern die Türen für die weitere Zusammenarbeit öffnen, aber auch schliessen kann. Die abklärenden Fachpersonen sollten deshalb im Team kollegial beraten oder unter Einbezug der Leitung klären, wie der Erstkontakt am besten gestaltet werden kann, damit die Zusammenarbeit mit der Familie in einem möglichst konstruktiven Klima stattfinden kann. Ziel des Erstkontaktes ist es, die Betroffenen über den Anlass und die Umstände, die zu dieser Einladung geführt haben (z. B. das Vorliegen von Hinweisen auf eine Kindeswohlgefährdung), persönlich zu informieren und gemeinsam mit ihnen festzulegen, wo, wie und wann ein erstes Treffen stattfinden und wer daran beteiligt sein soll. Dies bedeutet auch, darüber zu entscheiden, ob, wie und zu welchem Zeitpunkt die meldende Person in die Kindeswohleinschätzung einbezogen werden kann oder soll. In seltenen Fällen kann es erforderlich sein, zunächst das Kind direkt selbst aufzusuchen, etwa wenn für die Kontaktaufnahme eine hohe Dringlichkeit besteht und die Eltern/Sorgeberechtigten (telefonisch) nicht erreichbar sind.

Ein telefonischer Kontakt ermöglicht es, zeitnah mit dem Kind und seinen Eltern in Kontakt zu treten sowie Fragen und Ängste der Betroffenen direkt aufzugreifen und auszuräumen. Darüber hinaus können Telefonate eingesetzt werden, wenn einzelne Familienmitglieder alleine (an)gesprochen werden möchten (z. B. in Fällen hoch strittiger Elternschaft, häuslicher Gewalt oder sexueller Misshandlung). Telefonische Kontaktaufnahmen werden jedoch häufig dadurch erschwert, dass

- ein Festnetzanschluss fehlt oder die Handynummern vielfach gewechselt werden,
- die sprachliche Verständigung nicht oder nur schwer möglich ist,
- jeweils nur eine Person erreicht wird und nicht alle Betroffenen,
- nicht kontrollierbar ist, in welcher Situation die betroffenen Personen erreicht werden (Ablenkung, zeitliche Verfügbarkeit, Anwesenheit anderer etc.).

Abklärende Fachpersonen sollten, sofern sie über die Telefonnummer der Familie verfügen, zunächst versuchen, den Eltern am Telefon zu erklären, dass sie planen, entweder die Wohnung der Familie aufzusuchen oder sie zu sich in die Institution einzuladen, um in Erfahrung zu bringen, ob und gegebenenfalls wie man sie im Interesse der Förderung und Sicherung des Kindeswohls am besten unterstützen kann.

Am Telefon kann mit den Eltern geklärt werden,

- wo sie mit dem Kind leben,
- welche weiteren Personen zum Haushalt der Familie gehören,
- wer nach Ansicht der Eltern während des Besuchs in Betreuungs- und Bildungseinrichtungen des Kindes und im Haushalt der Familie oder beim Gespräch am Arbeitsplatz der abklärenden Fachpersonen anwesend sein soll
- und wie man am besten zu Betreuungs- und Bildungseinrichtungen des Kindes, zum Haus oder zur Wohnung der Familie oder zum Arbeitsplatz der abklärenden Fachpersonen gelangt.

Per brieflichen Kontakt können demgegenüber potenziell mehr Personen der betroffenen Familie erreicht werden. Im Brief wird darüber informiert, dass Aussenstehende und auch die abklärenden Fachpersonen sich Sorgen um das Wohl des Kindes machen. Es wird um telefonische Kontaktaufnahme mit den abklärenden Fachpersonen innerhalb eines bestimmten Zeitraumes gebeten resp. ein Hausbesuch angekündigt, um die Situation und den Sachverhalt gemeinsam mit dem Kind und seinen Eltern klären zu können. Im Brief sollte ein Terminvorschlag unterbreitet und darauf verwiesen werden, dass die Eltern telefonisch gern einen Alternativtermin vereinbaren können.

Melden sich die Betroffenen nicht bei den abklärenden Fachpersonen, erscheinen wiederholt nicht zu vereinbarten Terminen resp. sind zu vereinbarten Terminen nicht zu Hause anzutreffen, kann gegebenenfalls über die meldende Person oder Kontakte zum Umfeld des Kindes und dessen Familie ein Zugang gefunden und mehr Verbindlichkeit hergestellt werden. Unter Umständen ist ein unangekündigter Hausbesuch angezeigt. Scheitern die Versuche zur Kontaktaufnahme wiederholt und ist es den Fachpersonen nicht möglich, eine Einschätzung zur Sicherheit und Grundversorgung des Kindes vorzunehmen, sollten sich die Fachpersonen an die KESB wenden. Handelt es sich um eine Abklärung im Auftrag der KESB, können die Fachpersonen mit dieser über das weitere Vorgehen beraten. Handelt es sich um eine Abklärung im Rahmen des Leistungsauftrags eines Fachdienstes, sollten die Fachpersonen den Fall mit einer Gefährdungsmeldung nach Art. 443 ZGB an die KESB übergeben, da diese mit weitergehenden Befugnissen ausgestattet ist und machtvollere Mittel einsetzen kann, um eine erforderliche Kindeswohleinschätzung durchzusetzen.

In Fällen, die eine Kindeswohleinschätzung innerhalb einer Woche oder eines weiteren Zeitraumes vorsehen – wenn also nicht von einer (akuten) Kindeswohlgefährdung auszugehen ist –, scheint es sinnvoll, das Kind und seine Familie für ein Erstgespräch in die Einrichtung der abklärenden Fachpersonen einzuladen. Die Einrichtung sollte über ruhige Räume und Betreuungs- sowie Spielmöglichkeiten für das Kind verfügen, damit mit dem Kind und seiner Familie in Ruhe über den Sachverhalt gesprochen werden kann und sofern erforderlich auch Gespräche mit den Eltern(teilen) sowie dem Kind (separat) durchgeführt werden können.

In jedem Fall sollten das Kind (altersentsprechend), die Eltern oder andere relevante Bezugspersonen des Kindes darüber informiert werden, was Anlass des Treffens ist und warum sich Aussenstehende und die abklärenden Fachpersonen Sorgen um das Wohl des Kindes machen. Die Fachpersonen erläutern, wer sie sind, von welcher Einrichtung sie kommen und dass sie den Auftrag haben, abzuklären, ob die Grundversorgung und die Sicherheit des Kindes gewährleistet sind und ob die Familie Unterstützung im Interesse des Kindeswohls benötigt. In Fällen, in denen die Abklärung nicht von der KESB veranlasst wurde, sollte den Eltern erläutert werden, warum sich die abklärenden Fachpersonen Sorgen um das Wohl des Kindes machen. Weiter sollten sie ihnen mitteilen, dass sie abklären möchten, ob das Kind und die Eltern Unterstützung benötigen, und sie im Interesse des Kindeswohls dazu verpflichtet sind, sich an die KESB zu wenden, wenn mit den Eltern kein Weg gefunden werden kann, die Grundversorgung und Sicherheit des Kindes zu gewährleisten.

2 Vorbereitung von Gesprächen mit dem Kind und den Eltern

Im Vorfeld von Besuchen in Betreuungs- und Bildungseinrichtungen des Kindes, im Haushalt der Familie oder am Arbeitsplatz der abklärenden Fachpersonen sollten diese darüber nachdenken, wie sie das Gespräch mit dem Kind, seinen Eltern bzw. seiner Familie methodisch gestalten wollen. Sie sollten reflektieren, welchen Eindruck ihr Besuch auf das Umfeld des Kindes und seine Familie macht und wie man dafür Sorge tragen kann, dass das Kind und seine Eltern nicht öffentlich diskriminiert oder beschämt werden. Weiter müssen die abklärenden Fachpersonen in Erfahrung bringen, in welchem Quartier und in welcher Nachbarschaft die Familie lebt, welche Betreuungs- und Bildungseinrichtungen das Kind besucht und wer alles zum Haushalt der Familie gehört.

Weiter müssen sie entscheiden, zu welcher Tageszeit sie die Betreuungs- und Bildungseinrichtung des Kindes oder den Haushalt der Familie aufsuchen wollen bzw. sie das Kind und seine Eltern zu sich an ihren Arbeitsplatz einladen wollen. Auch müssen sie entscheiden, mit welchen Fachpersonen anderer Professionen oder Dienste sie das Gespräch suchen bzw. ob sie auf alle oder nur auf bestimmte Familienmitglieder treffen wollen.

Reflexionsfragen zur Vorbereitung von Gesprächen mit dem Kind und den Eltern

- Wie können wir am besten auf das Kind, seine Eltern und weitere Familienmitglieder zugehen?
- Ist es sinnvoll, die Familie zu zweit zu besuchen?
- Ist es notwendig, Fachpersonen aus Betreuungs- und Bildungseinrichtungen des Kindes in den Prozess der Kindeswohleinschätzung einzubinden? Wenn ja: Was können/dürfen wir ihnen mitteilen? Was möchten wir von ihnen wissen?
- Ist es notwendig, ein/e Dolmetscher/in zur Durchführung der Gespräche mit dem Kind, seinen Eltern und weiteren Familienmitgliedern beizuziehen?
- Welche Unterlagen und Dokumente benötigen wir während des Besuchs in einer Institution des Kindes oder im Haushalt der Familie (Imagebroschüren, Informationsmaterialien, Visitenkarten, Dienstausweise, Checklisten, Einschätzbögen etc.)?
- Wie gehen wir im Notfall vor? Welche Unterstützung benötigen wir u. U., um das Kind auch gegen den Willen seiner Eltern in Sicherheit bringen zu können (z. B. Transportmöglichkeiten, Unterstützung durch Polizei etc.) (vgl. Schlüsselprozess Sofortmassnahmen)?

Auch sollten die abklärenden Fachpersonen reflektieren, welchen Gefahren sie unter Umständen im Haushalt der Familie ausgesetzt sein könnten. Bei Abklärungssituationen, bei denen davon ausgegangen werden kann, dass sich in der Familie gewaltbekannte und -bereite Personen aufhalten empfiehlt es sich, im Team oder unter Einbezug der Leitung zu beraten, ob es notwendig ist, die Polizei mit in den Haushalt der Familie zu nehmen bzw. darüber in Kenntnis zu setzen, dass man eine Familie zur Kindeswohleinschätzung aufsucht.

Hinweise zur Gewährleistung der Sicherheit der abklärenden Fachpersonen bei Gesprächen im Haushalt der Familie
(vgl. National Association of Social Workers 2013, S. 16ff.)

- Abklärende Fachpersonen sollten von einem Besuch im Haushalt der Familie absehen, wenn sie sich dazu gesundheitlich nicht in der Lage fühlen.
- Auch sollten sie von einem Besuch im Haushalt der Familie absehen, wenn sie hochschwanger sind, sich gestresst oder massiv belastet fühlen und davon auszugehen ist, dass sie den Anforderungen des Besuchs emotional nicht gewachsen sind.
- Wenn in der Familie Personen leben, die bekannt dafür sind, dass sie aggressiv oder gewalttätig oder abhängig von Drogen und/oder Alkohol sind, sollten sie darüber nachdenken, ob sie während ihres Besuchs im Haushalt der Familie die Unterstützung der Polizei benötigen.[5] Gleiches gilt bei Fällen, in denen bekannt ist, dass die Eltern oder andere wichtige Bezugspersonen des Kindes akut psychisch erkrankt sind, sich aber nicht in ärztlicher Behandlung befinden.

3 **Durchführung von Gesprächen mit dem Kind und den Eltern**
Abklärende Fachpersonen können sich durch Gespräche mit dem Kind (ggf. auch seinen Geschwistern) und den Eltern ein Bild vom Kind und seinem Entwicklungsstand machen. Sie gewinnen einen unmittelbaren Eindruck von den Eltern und den Lebensumständen des Kindes und können einschätzen, inwieweit die Grundversorgung und die Sicherheit des Kindes durch die Eltern oder andere relevante Bezugspersonen gewährleistet sind. Ebenso können sie Voraussetzungen zum Aufbau und zur Gestaltung einer vertrauensvollen Arbeitsbeziehung schaffen, wenn es ihnen gelingt, den Kontakt so zu gestalten, dass das Kind und seine Familie sich auf eine Mitarbeit im Interesse des Kindeswohls einlassen (können). Diese Gespräche können in der Wohnung der Familie, in Bildungs- und Betreuungseinrichtungen des Kindes oder am Arbeitsplatz der Fachperson stattfinden.

5 Dabei ist zu berücksichtigen, dass die Polizei grundsätzlich im eigenen Ermessen entscheidet, wie sie mit einer allenfalls wahrgenommenen Gefahr umgeht.

Während der Gespräche sollten die abklärenden Fachpersonen darauf achten, dass sie mit dem Kind und seiner Familie ungestört sprechen können. Sie sollten vor allem beim Erstgespräch im Haushalt der Familie gegenüber dem Kind und seinen Eltern folgende Dinge ansprechen und darlegen:

Themen Erstgespräch mit dem Kind und den Eltern

- **Informationen zu den abklärenden Fachpersonen:** wer sie sind, für welche Institution sie arbeiten
- **Anlass des Gesprächs:** warum sie das Kind und seine Familie eingeladen haben bzw. das Kind aufsuchen
- **Anlässe zur Sorge:** weshalb andere und sie sich Sorgen um die Entwicklung des Kindes und seiner Familie machen
- **Einschätzdimensionen und einzuschätzende Sachverhalte:** was sie wissen und einschätzen müssen
- **Aufklärung über Rechte und Pflichten:** welche Rechte und Pflichten die Eltern oder andere relevante Bezugspersonen des Kindes, das Kind, die abklärenden Fachpersonen und die Kindes- und Erwachsenenschutzbehörde haben
- **Vorgehen bei Weigerung, am Prozess der Kindeswohleinschätzung mitzuwirken:** welche Schritte unter Umständen unternommen werden, wenn das Kind und seine Eltern ihre Mitwirkung an der Sachverhaltsaufklärung verweigern

Es wird empfohlen, dass die abklärenden Fachpersonen sich auf das Gespräch konzentrieren und ihre Beobachtungen und Schlussfolgerungen erst im Nachgang protokollieren. Sollten sie Notizen anfertigen, klären sie das Kind und seine Familie darüber auf, warum sie dies tun und wozu die Notizen dienen.

Die abklärenden Fachpersonen achten darauf, dass sie die Sichtweisen des Kindes und seiner Eltern sowie die Bereitschaft der Eltern, am Kindeswohlabklärungsprozess mitzuwirken, in Erfahrung bringen. Sie weisen die Eltern darauf hin, wenn sie Anhaltspunkte wahrnehmen, die darauf schliessen lassen, dass die Grundversorgung und die Sicherheit des Kindes beeinträchtigt sind. Anhaltspunkte für eine Unterversorgung oder andere konkrete Gefahren für das Kind werden von den abklärenden Fachpersonen klar und verständlich benannt und mit dem Kind und seinen Eltern besprochen. Dabei sollten abklärende Fachpersonen den Eltern jedoch keine Vorwürfe machen, sondern ihnen erklären, warum sie sich Sorgen um das Kind machen. Sie erläutern gegenüber den Eltern, inwieweit von ihnen wahrgenommene Merkmale der Lebenssituation des Kindes problematische Folgen für dessen Entwicklung haben können.

Im Verlauf des Gesprächs sollten die abklärenden Fachpersonen die Eltern fragen, ob sie dazu bereit sind, ihnen das Haus bzw. die Wohnung der Familie und den Schlafplatz des Kindes zu zeigen. Auf dieser Grundlage können sie sich einen weiteren Eindruck von den Lebensumständen des Kindes und seiner Familie machen.

Danach können sie erste Schlussfolgerungen darüber ziehen, ob die Grundversorgung und die Sicherheit des Kindes gewährleistet sind bzw. ob das Kind von Unterversorgung oder Misshandlung betroffen oder bedroht ist und sofort Schritte zu seinem Schutz eingeleitet werden müssen *(vgl. Schlüsselprozess Sofortmassnahmen).* Reichen die vorliegenden Informationen dazu nicht aus, beraten sie darüber, ob es sinnvoll ist, weitere Gespräche mit dem Kind und seiner Familie bzw. einzelnen Familienmitgliedern zu führen und in welchem Setting diese am besten stattfinden sollten oder ob es notwendig ist, weitere Informationen durch den Einbezug anderer (Fach-)Personen zu erhalten; sie beachten, dass sie für einen Einbezug weiterer (Fach-)Personen das Einverständnis der Eltern einholen müssen.

Anzeichen für einen sofortigen Handlungsbedarf
(nach Hauri et al. 2016, S. 594f. und Kindler et al. 2006)

- Das Kind ist sehr jung. Es ist noch nicht in der Lage zu sprechen und macht körperlich und psychisch einen besorgniserregenden Eindruck.
- Das Kind hat nicht plausibel erklärbare (Selbst-)Verletzungen, Krankheitssymptome, Hygienemängel etc.
- Es gibt deutliche Hinweise auf geschehene oder drohende Gewalthandlungen gegen das Kind.
- Es gibt deutliche Hinweise auf geschehene oder drohende sexuelle Übergriffe gegen das Kind.
- Dem Kind wird notwendige medizinische Versorgung und Behandlung verwehrt.
- Ein Elternteil fühlt sich in einer ausweglosen Situation und es besteht die Gefahr eines erweiterten Suizids oder der Tötung eines Kindes.

- Die Erziehungsfähigkeit der Eltern oder eines Elternteils ist wegen des Konsums von Alkohol oder Drogen, wegen einer akuten psychischen Störung oder wegen einer körperlichen Krankheit bzw. Verletzung stark eingeschränkt und die Betreuung des Kindes ist nicht gesichert.
- Die Eltern sind abwesend (Klinik, Reise, Flucht etc.) und das Kind ist ohne Aufsicht und Betreuung.
- Das Kind wird durch seine Eltern oder andere Bezugspersonen unzureichend betreut und beaufsichtigt.
- Die Eltern streiten sich häufig und tragen Konflikte gewaltsam aus (häusliche Gewalt).
- Das Kind fehlt fortgesetzt unentschuldigt in der Kindertagesstätte, im Kindergarten oder in der Schule.
- Das Kind ist von zu Hause weggelaufen und hält sich an einem unbekannten Ort auf.
- Dem Kind wird der Zutritt zur Wohnung verweigert.
- Es gibt deutliche Hinweise, dass sich das Kind selbst erheblichen Schaden zufügt.
- Die Eltern verweigern die Zusammenarbeit mit den abklärenden Fachpersonen trotz mehrmaliger Versuche der Kontaktaufnahme.
- Die Eltern verstecken ihr Kind, können nicht plausibel erklären, wo es sich befindet, oder es gibt deutliche Hinweise, dass das Kind an einen unbekannten Ort gebracht werden soll.
- Es ist bekannt, dass eine Person im Haushalt dem Kind in der Vergangenheit schweren Schaden zugefügt hat.
- Die Eltern erkennen die Rechte ihres Kindes nicht an und können seine Grundbedürfnisse nicht adäquat befriedigen.
- Es gibt deutliche Hinweise, dass die Eltern ihr Kind vernachlässigen, misshandeln oder es nicht ausreichend vor Gefährdungen durch Dritte schützen.

Zur Vertiefung siehe die Ankerbeispiele im Berner und Luzerner Abklärungsinstrument zum Kindesschutz (vgl. Hauri et al. 2015, S. 6–15)

Sind einer oder mehrere dieser Anhaltspunkte gegeben, muss darüber nachgedacht werden, wie mittels gezielter Leistungen und/oder zivilrechtlicher Kindesschutzmassnahmen die Grundversorgung und Sicherheit des Kindes gewährleistet werden kann *(vgl. Schlüsselprozess Sofortmassnahmen).*

Besteht kein sofortiger Handlungsbedarf zum Schutz des Kindes, vereinbaren die abklärenden Fachpersonen mit der Familie, wann, wo und wie sie mit dem Kind und den Eltern erneut ins Gespräch kommen, um den Prozess der Kindeswohleinschätzung fortzuführen und zu beenden.

Hinweise zur Beteiligung von Kindern und Jugendlichen im Kontext einer Kindeswohleinschätzung: Bei der Gestaltung von Gesprächen mit Kindern sollten die abklärenden Fachpersonen ein Setting gestalten, in dem das Kind sich verstanden und aufgehoben fühlt. Ideal ist ein Raum, in dem das Kind sich natürlich bewegen und verhalten kann, in dem es Spielzeug, Puppen, Kuscheltiere etc. gibt und die Möglichkeit besteht, dass das Kind sich zurückziehen kann. Die abklärenden Fachpersonen sollten das Kind während des Gesprächs nicht unter Druck setzen oder dazu drängen, etwas zu erzählen, was es ursprünglich nicht sagen wollte. Stattdessen sollten sie ihm erklären, dass seine Anliegen und Ansichten Gehör finden und dazu genutzt werden, damit es ihm und seiner Familie in Zukunft wieder besser geht.

Beschreibungen und Bewertungen von Familienalltag und Generationenbeziehungen sind immer subjektiv gefärbt; sie können durch Erwartungserwartungen und aktuelle Umstände, Ereignisse und Ängste beeinflusst sein. Bei der Deutung der Aussagen von Kindern und Jugendlichen ist in Betracht zu ziehen, dass sie in Loyalitätskonflikte verstrickt sein können. Die Interpretation von Aussagen von Kindern kann anspruchsvoll sein. Auch Jugendliche sehen sich oft solchen Konflikten ausgesetzt; nicht selten befinden sie sich zudem in Ablösungsprozessen und sind auf der Suche nach ihrem Platz in der Welt, was von riskanten Verhaltensweisen und massiven Selbstgefährdungen begleitet sein kann. Trotz dieser Herausforderungen sind das direkte Gespräch und die direkte Inaugenscheinnahme von Kindern und Jugendlichen im Kontext einer Kindeswohleinschätzung unverzichtbar. Dabei gilt: Je ungenauer die Informationen, umso bedeutender ist es, sich persönlich einen Eindruck vom Erscheinungsbild, dem Entwicklungsstand und dem Verhalten des Kindes oder des/der Jugendlichen zu machen. Mit einem urteilsfähigen Kind sollte nach Möglichkeit das direkte Gespräch gesucht werden. Die Fachpersonen informieren die Eltern darüber , was Zweck und Ziel des Gesprächs ist, und vermeiden es, hinter dem Rücken der Eltern über das Kind an Informationen über die Lebensumstände des Kindes und seiner Familie zu gelangen. Sollten die Eltern mit dem Gespräch nicht einverstanden sein, muss geprüft werden, ob das Gespräch unter Einbeziehung der KESB gegen den Willen der Eltern geführt werden kann.

Hinweise zum Umgang mit einem Verdacht auf sexuelle Misshandlung[6] im Kontext einer Kindeswohleinschätzung: Bei einem Verdacht auf sexuelle Misshandlung eines Kindes oder einer/s Jugendlichen *(Averdijk/Müller-Johnson/Eisner 2011)* sind im Kontext der Durchführung einer Kindeswohleinschätzung besondere Dinge zu beachten. Sexuelle Misshandlungen an Kindern oder Jugendlichen sind in der Regel nur schwer nachweisbar. Personen, die Kinder oder Jugendliche sexuell misshandeln, versuchen, ihre Handlungen zu vertuschen. Sie haben Angst vor strafrechtlicher Verfolgung und wollen unentdeckt bleiben. Sie setzen das Kind bzw. die/den Jugendlichen und das familiale Umfeld entsprechend unter Druck. Von einer hohen Wahrscheinlichkeit einer sexuellen Misshandlung kann dann ausgegangen werden,

- wenn die sexuellen Übergriffe von einer glaubwürdigen und urteilsfähigen Person beobachtet worden sind,[7]
- Foto- oder Videoaufnahmen von sexuellen Übergriffen existieren,
- das Kind, ohne dass es dazu aufgefordert worden ist, darüber berichtet, sexuell misshandelt worden zu sein,
- das Kind an Geschlechtskrankheiten leidet *(vgl. Kinderschutz-Zentrum Berlin 2009, S. 41; Unterstaller 2006, S. 3).*

Abklärende Fachpersonen erhalten nur in wenigen Fällen eindeutige Hinweise auf sexuelle Misshandlungen von Kindern oder Jugendlichen. Oft liegen ihnen nur sehr vage Informationen vor. Sie müssen deshalb darauf achten, dass sie mit ihren Vermutungen professionell umgehen. Professionell mit Vermutungen umzugehen, bedeutet,

- Verhaltensauffälligkeiten eines Kindes wahrzunehmen und in einen Kontext einzuordnen (aktuelle Situation, in der das Verhalten auffiel, die Besonderheiten des Kindes und seine familiäre Situation);
- die Äusserungen des Kindes genau zu hören und dabei zu wissen, dass auch die Äusserungen eines Kindes in einem Kontext stehen (wie ist die Äusserung entstanden – spontan oder auf Nachfrage?);
- zu wissen, wie Kinder sich in einem bestimmten Alter psycho-sexuell entwickeln; ▸

6 Der Begriff der sexuellen Misshandlung ist im Kindesschutz und der Kindesschutzliteratur (neben dem Begriff der sexuellen Gewalt) als Fachterminus verbreitet und wird deshalb auch hier verwendet. In der Logik des Strafrechts wäre es zutreffender, von sexuellen Handlungen an oder mit Kindern zu sprechen; diese sind nach Art. 187 StGB strafbar.

7 Ein minderjähriges Geschwister, das sexuelle Übergriffe beobachtet und berichtet, kann diesen ebenfalls ausgesetzt sein.

- zu prüfen, ob es andere Erklärungsmöglichkeiten für entsprechende Äusserungen bzw. auffällige Verhaltensweisen des Kindes gibt, indem Besonderheiten des Kindes, z. B. hinsichtlich seines Entwicklungsstands, der Familiendynamik (Familiengeschichte, der Geschichte des Elternpaares), der Familienkultur berücksichtigt werden *(Kinderschutz-Zentrum Berlin 2009, S. 41f.).*

Um etwas darüber herauszufinden, ob ein Kind bzw. ein/e Jugendliche/r von seinen Eltern oder einem Elternteil oder einer anderen ihr/ihm nahestehenden Person aus dem familialen oder nachbarschaftlichen Umfeld sexuell misshandelt wird, müssen abklärende Fachpersonen sehr behutsam vorgehen. Sie müssen mithilfe von Vertrauens- und Kontaktpersonen des Kindes bzw. der/des Jugendliche/n einschätzen, ob der Verdacht auf eine sexuelle Misshandlung begründet erscheint, dürfen sich aber nicht dazu verleiten lassen, nach Beweisen für eine Straftat suchen zu wollen *(vgl. Deegener 2010, S. 123).* Aufgabe von abklärenden Fachpersonen ist es, bei einem Verdacht auf sexuelle Misshandlungen einzuschätzen, ob die Sicherheit des Kindes gegenwärtig und in Zukunft gewährleistet ist. Ihr Handeln ist am Wohl des Kindes orientiert. Sie sollten grundsätzlich nur solche Vertrauens- und Kontaktpersonen des Kindes bzw. der/des Jugendliche/n in den Prozess der Kindeswohleinschätzung einbeziehen, «bei denen sie davon ausgehen können, dass sie etwas zur Aufklärung des Sachverhaltes beitragen können» *(Unterstaller 2006, S. 3).* Sie sollten versuchen, mit dem Kind in ein offenes, thematisch nicht fokussiertes Gespräch über Erlebnisse und Gefühle zu kommen. Sie sollten dem Kind Sicherheit geben, es ermutigen, auch über Vorkommnisse zu sprechen, die es als «komisch», aussergewöhnlich, peinlich oder belastend erlebt hat. Falls das Kind Erlebnisse berichtet, die auf eine sexuelle Misshandlung hindeuten, erklären ihm die Fachpersonen, welche weiteren Abklärungen sie treffen werden und was sie tun werden, damit es nicht zu einer erneuten sexuellen Misshandlung kommt und das Kind sich gut aufgehoben und sicher fühlen kann *(vgl. Schlüsselprozess Sofortmassnahmen).*

Sollte sich ein Verdacht auf sexuelle Misshandlung erhärten, verlangt das weitere Vorgehen besondere Sorgfalt. Im Mittelpunkt des Handelns abklärender Fachpersonen sollten der Schutz vor (weiteren) sexuellen Übergriffen, die Sorge um eine Aufarbeitung des Geschehenen, die Kompensation erlittener Schäden und die langfristige Sicherung des Kindeswohls stehen. Die detaillierte Rekonstruktion strafrechtlich relevanter Handlungen und Ereignisse fällt in die Zuständigkeit der Strafjustiz. Handlungsmaximen des Kindesschutzes und der Strafverfolgung können auf der Fallebene miteinander in Konflikt geraten. Aus Perspektive der Strafverfolgung wird betont, dass Abklärungen bei Verdacht auf sexuelle Misshandlung ein allfälliges späteres strafrechtliches Ermittlungsverfahren nicht behindern sollen. Dies ist beispielsweise der Fall, wenn Befragungen betroffener Kinder unsachgemäss durchgeführt oder protokolliert werden. In den meisten Kantonen gibt es spezialisierte Stellen, die die Durchführung einer «Standardisierten Erstbefragung (STEB)» anbieten, durch die Aussagen von Kindern gerichtsverwertbar dokumentiert werden. Solche standardisierten Befragungen können die Beweislast bei einem späteren Strafverfahren reduzieren. Die besonderen Verjährungsfristen bei Straftaten gegen die sexuelle Selbstbestimmung lassen es heute zu, dass sich betroffene junge Menschen auch noch als Erwachsene (bis Ablauf des 25. Lebensjahres) für eine Strafanzeige entscheiden können. Abklärende Fachpersonen sollten also im Blick haben, dass sie durch ihre Vorgehensweisen auch einen Einfluss darauf haben, welche Erfolgsaussichten eine Strafanzeige zu einem späteren Zeitpunkt haben wird.

Kann mit hoher Wahrscheinlichkeit von einer sexuellen Misshandlung ausgegangen werden und liegt diese weniger als 72 Stunden zurück *(vgl. Hauri et al. 2015, S. 7)*, sollte das betreffende Kind bzw. die/der Jugendliche unverzüglich einer/m geschulten Ärztin/Arzt vorgestellt werden, sofern davon ausgegangen werden kann, dass «Spuren von Sperma oder Hinweise auf eine vaginale oder anale Penetration» *(Unterstaller 2006, S. 4)* oder Verletzungen auf eine sexuelle Misshandlung zurückgeführt werden können. Das Kind bzw. die/der Jugendliche sollte in diesem Fall behutsam auf den Arztbesuch vorbereitet und mit der Untersuchung einverstanden sein. Ein urteilsfähiges Kind übt das Recht zur Einwilligung in medizinische Untersuchungen als höchstpersönliches Recht selbst aus *(Zermatten 2014)*. Ein Einverständnis der Eltern ist daher nur erforderlich, wenn das Kind nicht urteilsfähig ist. Bei einem nicht urteilsfähigen Kind sollten die Eltern darüber informiert werden, dass eine ärztliche Untersuchung vorgesehen ist, und ihr Einverständnis eingeholt werden. Sollten die Eltern mit der ärztlichen Untersuchung nicht einverstanden sein, muss die abklärende Fachperson entscheiden, ob die KESB hinzugezogen werden muss, damit (auf der Basis einer entsprechenden Anordnung der KESB) eine Untersuchung auch gegen den Willen der Eltern stattfinden kann *(vgl. Unterstaller 2006, S. 5)*. Abklärende Fachpersonen und die KESB sollten bei der Entscheidungsfindung berücksichtigen, dass sexuelle Misshandlungen medizinisch oft nur schwer nachzuweisen sind. Sie wägen daher sorgfältig ab, ob eine entsprechende medizinische Untersuchung, die für das Kind möglicherweise sehr unangenehm ist, den Bedürfnissen und dem übergeordneten Interesse des Kindes mehr entspricht als der Verzicht darauf. Desgleichen gilt es abzuwägen, wie der betroffene junge Mensch in die Entscheidungsfindung einbezogen werden kann.

Für Fachpersonen der Sozialen Arbeit, die im Rahmen ihrer Tätigkeit Kenntnis von Straftaten und schutzbedürftigen Personen erhalten, gelten in den Kantonen unterschiedliche Melderechte und -pflichten *(Affolter 2013; Rosch 2012a)*. In einigen Kantonen besteht für den Fall, dass Fachpersonen in ihrer Tätigkeit von einer Straftat Kenntnis erhalten, eine Anzeigepflicht. In einigen Kantonen haben Fachpersonen, die Kenntnis von einer Straftat oder von der Schutzbedürftigkeit einer Person erhalten und in einem Vertrauensverhältnis zum Opfer stehen, ein Anzeigerecht, ohne einer Anzeigepflicht zu unterliegen. Soweit nach geltendem kantonalen Recht Spielräume mit einem «dringenden Tatverdacht» bestehen, sind die besonderen Umstände des konkreten Falls in die Abwägung einzubeziehen; die Gründe, von einer Strafanzeige abzusehen, können überwiegen,

- wenn die Sicherheit des Kindes bzw. der/des Jugendlichen gewährleistet ist,
- wenn die misshandelnde Person ihre Handlungen eingesteht und sich in Behandlung begibt,
- wenn die mit einem Strafverfahren einhergehenden Belastungen für das Kind bzw. die/den Jugendlichen in keinem Verhältnis zur Art und Schwere der sexuellen Misshandlung stehen,
- wenn das Ausmass der Folgen der sexuellen Misshandlungen für das Kind bzw. die/den Jugendlichen als gering eingeschätzt wird *(vgl. Deegener 2010, S. 192)*.[8]

Wird die sexuelle Misshandlung zu Zwecken der Strafverfolgung zur Anzeige gebracht, sollte das Kind bzw. der/die Jugendliche/n und seine/ihre Eltern über die Angebote der Opferhilfe informiert werden.

8 Diese Prinzipien sollten auch bei anderen Formen der Misshandlung beachtet werden, bei denen die Frage nach einer Strafanzeige im Raum steht.

Kindeswohleinschätzung bei einem Verdacht auf sexuelle Misshandlung

Prinzipiell sollten abklärende Fachpersonen bei einem Verdacht auf sexuelle Misshandlung versuchen, in Kontakt mit dem Kind und dessen Familie zu treten, sofern sie dazu berechtigt sind und dazu den Auftrag haben. Sie sollten aber mit Bedacht vorgehen und gut überlegen,

- wie sie von den Eltern die Zustimmung dazu erhalten, mit dem Kind und seinen Vertrauens- bzw. Kontaktpersonen über das Geschehene sprechen zu dürfen,
- wie sie mit den Eltern über den Verdacht ins Gespräch kommen
- bzw. mit welchem Elternteil sie zuerst darüber sprechen (vgl. Unterstaller 2006).

Auch sollten sie darüber nachdenken, wann sie welche Expertise von Fachleuten anderer Professionen benötigen, um den Verdacht auf eine sexuelle Misshandlung weiter abklären und eine akute Gefährdung für das Kind ausschliessen zu können. Darüber hinaus sollten sie darüber nachdenken, ob und wann es zum Schutz des Kindes geboten ist, die Zusammenarbeit mit der Polizei oder anderen Diensten zu suchen; unter Umständen ist die Hinzuziehung von Strafverfolgungsbehörden zum Schutz des Kindes unerlässlich.

Wichtig ist zu betonen, dass es nicht Aufgabe abklärender Fachpersonen ist, bei der Klärung eines Verdachts auf sexuelle Misshandlungen bestimmte Tatbestände aufzudecken. Dies ist Aufgabe der Strafverfolgungsbehörden. Abklärende Fachpersonen können sich von Fachstellen und Fachpersonen beraten lassen:

- Kinderschutzgruppen
- Kantonale Fachstellen für Kindesschutz
- Opferhilfe bzw. Beratungsstellen nach Opferhilfegesetz
- Rechtsberatung

4 Einbezug weiterer Expertise

Stellt sich die Frage, ob weitere Expert/innen hinzugezogen werden sollen, scheint es sinnvoll, die Wissenslücken klar einzugrenzen. So lässt sich besser entscheiden, ob eine Hinzuziehung weiterer Expert/innen notwendig und welche Art von Expertise gefordert ist (z. B. medizinische, psychologische). Grundsätzlich ist abzuwägen, welche Folgen sich aus einem Einbezug weiterer Expertise für den Aufbau einer vertrauensvollen Arbeitsbeziehung mit dem Kind und den Eltern ergeben. Weiter ist zu beachten, dass ein Einbezug zusätzlicher Expertise eine Erweiterung des Abklärungsauftrags bedeutet. Handelt es sich um eine Abklärung im Auftrag einer KESB, so muss diese den Abklärungsauftrag erweitern (oder sie übernimmt die Hinzuziehung weiterer Fachpersonen selbst). Handelt es sich um eine Abklärung im einvernehmlichen Kontext, ist die Zustimmung der Eltern oder des urteilsfähigen Kindes erforderlich.

5 Bündelung und Bewertung der Ergebnisse der Kindeswohleinschätzung

Um den Prozess der Kindeswohleinschätzung beendigen zu können, müssen die abklärenden Fachpersonen ihre bislang gewonnenen Informationen bündeln und bewerten *(Schrapper 2008b)*. Sie müssen abschliessend Einschätzungen zum Erscheinungsbild und zum Entwicklungsstand des Kindes (gegebenenfalls auch seiner Geschwister), zum Erscheinungsbild und zu Personenmerkmalen seiner Eltern und zu den Lebensumständen des Kindes und seiner Familie treffen und beurteilen, ob und inwieweit die Grundversorgung und die Sicherheit des Kindes durch seine Eltern oder andere primäre Bezugspersonen gewährleistet sind, um darauf aufbauend den weiteren Abklärungsprozess planen und durchführen zu können.

Hausbesuch

Fragestellung	Beschreibung
Was kennzeichnet die Methode?	Hausbesuche ermöglichen einen besonderen Zugang zur Lebenswelt von Kindern und Familien. Sie können als Grenzüberschreitung erlebt werden, da mit ihnen immer ein Eindringen in die private Sphäre der Familie verbunden ist.
Welche Zielsetzung kann mit der Methode verfolgt werden?	Hausbesuche können zur Kontaktaufnahme, zur Informationsgewinnung und zur Beziehungsgestaltung genutzt werden. Im Rahmen einer Kindeswohleinschätzung dienen sie primär der Informationsgewinnung, um beurteilen zu können, inwieweit die Grundversorgung und die Sicherheit des Kindes durch seine Eltern bzw. andere primäre Bezugspersonen gewährleistet sind.
Wie kann man die Methode einsetzen?	Hausbesuche können angemeldet oder unangemeldet durchgeführt werden. In den meisten Fällen sollten sie angemeldet durchgeführt werden, da sie ansonsten vom Kind und seiner Familie als «Überfall» erlebt werden könnten. In dringenden Fällen kann ein unangemeldeter Hausbesuch jedoch notwendig sein, um die Grundversorgung und die Sicherheit eines Kindes abzuklären. Hausbesuche sollten in jedem Fall vor- und nachbereitet sowie dokumentiert werden. Folgende Fragen sollten im Zuge der Durchführung von Hausbesuchen beachtet werden (vgl. Gerull 2014, S. 159ff.): • Welche rechtlichen Bestimmungen sind bei der Durchführung von Hausbesuchen zu beachten? • Wozu soll der Hausbesuch durchgeführt werden? • Was spricht für, was spricht gegen einen Hausbesuch?

►

	• Wenn der Hausbesuch durchgeführt werden soll: Soll er angemeldet oder unangemeldet durchgeführt werden? Soll der Hausbesuch allein oder mit mehreren Personen durchgeführt werden? Sollen Fachpersonen anderer Professionen an der Durchführung des Hausbesuchs mitwirken? Was muss zum Hausbesuch mitgenommen werden? • Besteht das Risiko, während des Hausbesuchs selbst in Gefahr zu geraten? Wenn ja, was muss getan werden, um die Sicherheit der abklärenden Fachpersonen gewährleisten zu können? • Was muss bei der Durchführung des Hausbesuchs beachtet werden? Wie soll der Hausbesuch eröffnet werden? Wo sollen Gespräche im Haushalt der Familie stattfinden (in welchem Zimmer), wer entscheidet darüber? Wer von der Familie soll beim Hausbesuch anwesend sein, wer entscheidet darüber? Wie soll der Hausbesuch beendet werden? Sollen während des Besuchs der Haushalt der Familie bzw. einzelne Zimmer besichtigt werden, wer entscheidet darüber? • Was soll über den Hausbesuch dokumentiert werden? Gibt es Vorlagen, die zu nutzen sind? Was kann, was muss dokumentiert werden?
Wie viel Zeit benötigt man für die Verwendung der Methode?	Hausbesuche können zeitlich variieren. In der Regel werden sie pro Durchführung nicht länger als zwei Stunden beanspruchen.
Welche räumlichen Bedingungen müssen für die Verwendung der Methode gegeben sein?	Die räumlichen Bedingungen werden durch den Haushalt der Familie vorstrukturiert. Es muss entschieden werden, ob und wie auf Störungen reagiert werden soll (z. B. laufender Fernsehapparat; lautes Radio; Personen, die abwesend oder ungeplant anwesend sind, etc.).

Welche weiterführenden Quellen können zum besseren Verständnis der Methode genutzt werden?	• Gerull, Susanne (2014). Hausbesuche in der Sozialen Arbeit. Eine arbeitsfeldübergreifende empirische Studie. Opladen, Berlin, Toronto. • Pantucek, Peter (2012). Soziale Diagnostik. Verfahren für die Praxis Sozialer Arbeit. 3., aktual. Aufl. Wien. Köln. Weimar; S. 135ff. • Urban-Stahl, Ulrike (2012). Hausbesuche. In: Merchel, Joachim (Hg.). Handbuch Allgemeiner Sozialer Dienst (ASD). München. S. 246–255.

Mapping (Falllandkarte)

Fragestellung	Beschreibung
Was kennzeichnet die Methode?	Das Mapping – das Erstellen einer Falllandkarte – ist ein einfaches, praktikables Instrument zur Kindeswohleinschätzung, welches das methodische Kernstück des Signs-of-safety-Ansatzes ist. Der Ansatz wurde von Andrew Turnell und Steve Edwards in den 1990er-Jahren in Australien entwickelt.
Welche Zielsetzung kann mit der Methode verfolgt werden?	Das Mapping kann zur Kindeswohleinschätzung unter Beteiligung des Kindes und seiner Familie genutzt werden.
Wie kann man die Methode einsetzen?	Das Mapping kann unter Zuhilfenahme eines Protokollbogens vorgenommen werden, in dem Einschätzdimensionen vorgegeben sind, eine Sicherheits- und Kontextskala enthalten ist und Ziele der abklärenden Fachpersonen und des Kindes und seiner Familie aufgelistet sowie erste Handlungsschritte festgehalten werden können. Während des Mappings wird untersucht: • Was läuft nicht gut? Was bereitet der KESB oder anderen Fachdiensten Sorge? Was bereitet den Eltern und dem Kind Sorge? • Was läuft gut? Welche Ressourcen sind vorhanden bzw. können entwickelt werden? Welche Ressourcen helfen, die Sicherheit des Kindes zu erhöhen? Sind diese Ressourcen für die Sicherheit des Kindes ausreichend? • Welche Zukunft wünschen sich das Kind und seine Eltern? • Welche Ziele haben das Kind und seine Eltern? Welche Ziele hat die KESB? • Einschätzung der Gefährdung mittels Skalierungsfragen (10 = Die Grundversorgung und Sicherheit des Kindes ist gewährleistet, der Fall kann geschlossen werden; 0 = Es müssen Sofortmassnahmen zum Schutz des Kindes eingeleitet werden) • Was ist der nächste kleine Schritt in die richtige Richtung?

Wie viel Zeit benötigt man für die Verwendung der Methode?	Die Verwendung der Methode variiert je nach Bereitschaft des Kindes und seiner Familie, die Untersuchungsfragen zu beantworten; die Dauer ist ebenso abhängig von der Anzahl der Familienmitglieder, die am Mapping beteiligt werden.
Welche räumlichen Bedingungen müssen für die Verwendung der Methode gegeben sein?	Es sind keine besonderen räumlichen Bedingungen für die Verwendung der Methode erforderlich.
Welche weiterführenden Quellen können zum besseren Verständnis der Methode genutzt werden?	• Department for Child Protection (2011). The Signs of Safety. Child Protection Framework. 2. Aufl. East Perth. • Roessler, Marianne/Gaiswinkler, Wolfgang (2012). Der Signs of Safety Ansatz. Ambivalenzmanagement, Praxis und Praxisforschung in der Jugendwohlfahrt. In: Brandstetter, Manuela/Schmid, Tom/Vyslouzil, Monika (Hg.). Community Studies aus der Sozialen Arbeit. Theorien und Anwendungsbezüge aus der Forschung im kleinstädtischen/ländlichen Raum. Wien. S. 223–265. • www.signsofsafety.net

Das Drei-Häuser-Modell

Fragestellung	Beschreibung
Was kennzeichnet die Methode?	Das Drei-Häuser-Modell ist eines von vier Tools[9], die im Rahmen des Signs-of-Safety-Ansatzes Verwendung finden, um auch Kinder und Jugendlichen an Prozessen der Kindeswohleinschätzung beteiligen zu können (vgl. Department of Health 2000, S. 18).
Welche Zielsetzung kann mit der Methode verfolgt werden?	Das Drei-Häuser-Modell folgt derselben Logik wie das Mapping (Falllandkarte) und dient dazu, leichter mit Kindern und Jugendlichen ins Gespräch zu kommen. Es beinhaltet drei Einschätzdimensionen bzw. Häuser: ein Haus der Sorgen (Was läuft nicht gut? Worüber machst du dir Sorgen?), ein Haus der guten Dinge (Was läuft gut?) und ein Haus der Träume und Wünsche (Was muss passieren, sich verändern?).
Wie kann man die Methode einsetzen?	Die Methode kann zur Führung von Gesprächen mit Kindern oder Jugendlichen im Kontext von Kindeswohl-Einschätzprozessen genutzt werden. Folgende Aspekte gilt es zu beachten (vgl. Department for Child Protection 2011, S. 20): • Vor Verwendung sollten die Eltern sowie das Kind oder die/der Jugendliche über Sinn und Zweck der Methode aufgeklärt werden. • Es sollte entschieden werden, ob die Methode im Beisein der Eltern oder allein mit dem Kind oder der/dem Jugendlichen genutzt wird. • Dem Kind sollten die drei Häuser erklärt und auf einem Papier aufgemalt werden. • Es sollte mit dem Haus der guten Dinge begonnen werden. Danach können die anderen Häuser bearbeitet und mit Inhalt gefüllt werden.

9 Weitere Tools sind das Feen-Zauberer-Tool, die Wörter- und Bilder-Methode (zur Exploration von Sachverhalten), die Wörter- und Bilder-Methode zur Entwicklung von Schutzplänen.

	• Nach Verwendung der Methode sollte das Kind oder die/der Jugendliche danach gefragt werden, ob es/sie/er damit einverstanden ist, die drei ausgefüllten Häuser den Eltern zu zeigen. Sollte das Kind bzw. die/der Jugendliche ihre/seine Zustimmung verweigern, sollte dies respektiert werden. • Bei Zustimmung sollten die drei Häuser den Eltern präsentiert werden, beginnend mit dem Haus der guten Dinge.
Wie viel Zeit benötigt man für die Verwendung der Methode?	Die zeitliche Dauer ist abhängig vom Kind und seiner Bereitschaft, sich auf die Methode einzulassen.
Welche räumlichen Bedingungen müssen für die Verwendung der Methode gegeben sein?	Die Methode sollte in ungestörter und ruhiger Atmosphäre verwendet werden. Das Setting sollte kindgerecht gestaltet sein und sofern möglich in einer vertrauten Umgebung des Kindes oder der/des Jugendlichen eingesetzt werden.
Welche weiterführenden Quellen können zum besseren Verständnis der Methode genutzt werden?	• Department for Child Protection (2011). The Signs of Safety. Child Protection Framework. 2. Aufl. East Perth. • Roessler, Marianne/Gaiswinkler, Wolfgang (2012). Der Signs of Safety Ansatz. Ambivalenzmanagement, Praxis und Praxisforschung in der Jugendwohlfahrt. In: Brandstetter, Manuela/Schmid, Tom/Vyslouzil, Monika (Hg.). Community Studies aus der Sozialen Arbeit. Theorien und Anwendungsbezüge aus der Forschung im kleinstädtischen/ländlichen Raum. Wien. S. 223–265. • www.signsofsafety.net

▸

	Die Methode ist auch als Applikation verfügbar. Die Applikation beinhaltet u. a. ein animiertes interaktives Geschichtenbuch, welches das Kind und abklärende Fachpersonen in der Anwendung des Drei-Häuser-Modells unterstützt. Ebenso enthält es kindgerecht animierte Videos für Kinder zur Erklärung des Drei-Häuser-Modells, einen virtuellen Zeichenblock, um die Häuser zeichnen und mit Inhalt füllen zu können, und die Möglichkeit, Aussagen des Kindes digital aufzuzeichnen. Darüber hinaus enthält es Hinweise zum Einsatz der Methode für Eltern und eine Toolbox für abklärende Fachpersonen (vgl. www.resolutionsconsultancy.com/app-support).

Berner und Luzerner Abklärungsinstrument zum Kindesschutz

Fragestellung	Beschreibung
Was kennzeichnet das Instrument?	Das Instrument unterstützt die Durchführung von Abklärungen des Kindeswohls in vier Schritten: (1) Überprüfung des sofortigen Handlungsbedarfs, (2) Situationsanalyse mit Ankerbeispielen, (3) Gesamteinschätzung und Antrag (Prüfung behördlicher Massnahmen), (4) Zusammenfassung der Ergebnisse in Berichtsstruktur.
Welche Zielsetzung kann mit dem Instrument verfolgt werden?	Das Instrument kann Fachpersonen bei folgenden Schritten unterstützen: (a) bei der Überprüfung des sofortigen Handlungsbedarfs (Liste von Indikatoren/Kriterien); (b) bei der Sammlung von Informationen, die für eine Gesamteinschätzung des Kindeswohls sowie für die Einschätzung angemessener Antworten (Leistungen zur Gewährleistung des Kindeswohls; behördliche Massnahmen; verfahrensrechtliche Anordnungen) auf die Lebenssituation eines Kindes relevant sind.

Wie kann man das Instrument einsetzen?	Im Schlüsselprozess Kindeswohleinschätzung kann das Instrument zur Überprüfung des sofortigen Handlungsbedarfs eingesetzt werden. Die Ankerbeispiele für Gefährdungslagen mit altersmässigen Differenzierungen (0–2, 3–6, 7–12,13–18) geben Fachpersonen zusätzliche Hinweise auf Risikoindikatoren. Weiter kann es Fachpersonen bei der Einschätzung von Merkmalen des Kindes, der Betreuungssituationen, der Betreuungspersonen und des Familiensystems unterstützen. In der Logik des Prozessmanuals sind diese Abklärungsaufgaben schwerpunktmässig den Schlüsselprozessen Kernabklärung und Bedarfsklärung zugewiesen (s.u.).
Wie viel Zeit benötigt man für die Verwendung?	Die Dauer ist abhängig davon, ob die relevanten Informationen (Hinweise, Anzeichen) vorliegen bzw. wie sie gewonnen werden können.
Welche weiterführenden Quellen können zum besseren Verständnis der Methode genutzt werden?	• Hauri, Andrea/Jud, Andreas/Lätsch, David/Rosch, Daniel (2015). Ankerbeispiele Berner und Luzerner Abklärungsinstrument zum Kindesschutz. Definitionen, Indikatoren, fachliche Hinweise und Erläuterungen zu den Einschätzungsmerkmalen. Version 1.0; 26.10.2015. Berner Fachhochschule, Fachbereich Soziale Arbeit. Hochschule Luzern – Soziale Arbeit. • Hauri, Andrea/Jud, Andreas/Lätsch, David/Rosch, Daniel (2016). Anhang I: Das Berner und Luzerner Abklärungsinstrument zum Kindesschutz. In: Rosch, Daniel/Fountoulakis, Christiana/Heck, Christoph (Hg.). Handbuch Kindes- und Erwachsenenschutz. Recht und Methodik für Fachleute. Bern. S. 590–627. • Lätsch, David/Hauri, Andrea/Jud, Andreas/Rosch, Daniel (2015). Ein Instrument zur Abklärung des Kindeswohls – spezifisch für die deutschsprachige Schweiz. In: Zeitschrift für Kindes- und Erwachsenenschutz. 70. Jg. (1). S. 1–26.

Auszug aus dem Berner und Luzerner Abklärungsinstrument zum Kindesschutz

Überprüfung des sofortigen Handlungsbedarfs
(Hauri et al. 2016, S. 594f.)

Es bestehen deutliche Anhaltspunkte, dass das Kind[10] zurzeit erheblich körperlich misshandelt oder sexuell ausgebeutet wird oder dass es in den nächsten Stunden oder Tagen dazu kommen wird. Wichtige Hinweise können sein:

- Eine Person im Haushalt ist zurzeit erheblich gewalttätig gegenüber dem Kind oder anderen Haushaltsmitgliedern, droht damit oder es gibt andere gewichtige Anhaltspunkte, dass es zu erheblichen Gewaltanwendungen gegenüber dem Kind kommen wird.
- Eine Betreuungsperson erlebt eine existenzielle Krise oder fühlt sich in einer ausweglosen Situation und es besteht die Gefahr eines erweiterten Suizids oder einer Tötung des Kindes
- Es gibt deutliche Hinweise, dass das Kind sexuelle Übergriffe erlitten hat und in den nächsten Tagen erneut in Kontakt mit dem mutmasslichen Täter/der mutmasslichen Täterin kommt.

Es bestehen deutliche Anhaltspunkte, dass das Kind aufgrund einer Vernachlässigung zurzeit oder in den nächsten Stunden oder Tagen an Leib und Leben bedroht ist. Wichtige Hinweise können sein:

- Eine Betreuungsperson[11] ist in ihrer Erziehungsfähigkeit zurzeit stark eingeschränkt infolge einer akuten Episode einer psychischen Störung, des Konsums psychotroper Substanzen, einer körperlichen Verletzung/Erkrankung oder infolge einer existenziellen Krise und eine anderweitige Betreuung des Kindes ist nicht gewährleistet.
- Eine Betreuungsperson ist abwesend (verreist, hospitalisiert, etc.) und eine Betreuung des Kindes ist nicht gewährleistet.

10 Der Begriff «Kind» bezieht sich auf minderjährige Personen.

11 Mit dem Begriff «Betreuungsperson» ist im Abklärungsinstrument eine Person gemeint, welche tatsächlich einen wesentlichen Anteil in der Betreuung des Kindes leistet, namentlich Eltern, aber auch der/die im Haushalt des Kindes lebende Partner/in der Mutter oder des Vaters. Je nach Situation können auch Grosseltern erfasst werden, sofern die Kinder zu einem wesentlichen Anteil durch diese betreut werden (i. d. R. mehr als einen Tag pro Woche), etc.

Es bestehen weitere Anhaltspunkte für einen sofortigen Handlungsbedarf, zum Beispiel:

- Eine Betreuungsperson verweigert der Fachperson, das Kind zu sehen, oder der Aufenthaltsort des Kindes ist unbekannt oder es gibt Anhaltspunkte, dass das Kind in den nächsten Tagen an einen unbekannten Ort gebracht wird.
- Eine Betreuungsperson verweigert dem Kind den Zutritt zur Wohnung / zum Haus.
- Es gibt deutliche Anhaltspunkte, dass sich das Kind selbst erheblich gefährden oder Suizid begehen wird.
- Das Kind weigert sich, nach Hause zu gehen, und eine anderweitige Betreuung ist nicht sichergestellt.

Ergibt sich aus der gesamthaften Betrachtung der obenstehenden Hinweise ein sofortiger Handlungsbedarf zur Gewährleistung des Kindeswohls?

Wer muss was bis wann tun, um das Kindeswohl zu gewährleisten?

- Kann das Kindeswohl sichergestellt werden ohne behördliche Massnahme? Weshalb? Wenn eine behördliche Massnahme notwendig ist, welche?
- Ergebnis der Rücksprache mit Vorgesetzten/KESB bzw. Team

Checkliste

Prüffragen	Ja	Nein	Erläuterung
Wurde zu dem Kind und der Familie Kontakt aufgenommen?	☐	☐	
Wurde ein oder mehrere Hausbesuch(e) bei dem Kind und der Familie durchgeführt?	☐	☐	
Wurden Einrichtungen, in denen sich das Kind tagsüber aufhält, aufgesucht und Gespräche mit wichtigen Bezugspersonen des Kindes geführt?	☐	☐	
Wurden das Erscheinungsbild und der Entwicklungsstand des Kindes (und seiner Geschwister) eingeschätzt?	☐	☐	
Wurden das Erscheinungsbild, die Personenmerkmale, die Lebenssituation und die Erziehungspraxis der Eltern eingeschätzt?	☐	☐	
Wurden die Lebensumstände des Kindes und seiner Familie eingeschätzt?	☐	☐	
Bedarf es anderer Formen der Kindeswohleinschätzung?	☐	☐	

Prüffragen	Ja	Nein	Erläuterung
Was ist das Ergebnis der Kindeswohleinschätzung?	☐	☐	Akute Kindeswohlgefährdung = SP Sofortmassnahme
	☐	☐	Hinweise auf Kindeswohlgefährdung sind bestätigt; keine Anzeichen einer akuten Gefahr für die Sicherheit und Unversehrtheit des Kindes = SP Kernabklärung
	☐	☐	Hinweise auf eine Kindeswohlgefährdung sind nicht bestätigt; es besteht Unterstützungsbedarf = SP Bedarfsklärung
	☐	☐	Hinweise auf eine Kindeswohlgefährdung sind nicht bestätigt; es besteht kein Unterstützungsbedarf = Fallabschluss

Notizen

Notizen

3.3 Schlüsselprozess Sofortmassnahmen

Sofortmassnahmen für das gefährdete Kind und seine Familie besprechen, organisieren und einleiten

3.3.1 Aufgabe und Funktion

Besteht die erhebliche und konkrete Besorgnis, dass die Sicherheit[12] eines Kindes akut bedroht ist, müssen Sofortmassnahmen[13] zu seinem Schutz eingeleitet werden. Dies ist der Fall, wenn Fachpersonen auf der Grundlage von Kontakten mit dem Kind und den Eltern annehmen müssen, dass das Kind von der akuten Gefahr bedroht ist, misshandelt zu werden oder durch Unterversorgung erheblichen Schaden zu nehmen (körperliche, sexuelle, seelische Misshandlung; Unterversorgung in Bezug auf Ernährung, Kleidung, Wohnung; Vorenthalten notwendiger medizinischer Versorgung). Durch Sofortmassnahmen ist zu gewährleisten, dass das Kind geschützt und seine Versorgung gesichert ist. Sofortmassnahmen können unterstützenden, kompensierenden oder kontrollierenden Charakter haben. Sie können im Einvernehmen mit den Eltern oder auf Anordnung einer KESB durchgeführt werden. Bei Entscheiden über Art und Umsetzung einer Sofortmassnahme ist es wichtig, unerwünschte Folgen zu berücksichtigen.

12 Zur Einschätzung der Sicherheit des Kindes siehe Schlüsselprozess Kindeswohleinschätzung.
13 Bei Hauri/Zingaro, «Soforthilfen» (Hauri/Zingaro 2013, S. 30).

Einschätzdimensionen und einzuschätzende Sachverhalte

Einschätzdimensionen	Einzuschätzende Sachverhalte
Notwendigkeit und Geeignetheit von Sofortmassnahmen	Welche Gefahren sind abzuwehren? Welche Versorgungsmerkmale sind zu gewährleisten? Welche Interventionen sind notwendig und geeignet, um die Sicherheit und Unversehrtheit des Kindes rasch und effektiv zu gewährleisten? Welche Wirkungen und (unerwünschten) Nebenwirkungen der infrage kommenden Sofortmassnahmen sind für das Kind, die Eltern, die Eltern-Kind-Beziehung, die Beziehungen zwischen Familie und Hilfesystem zu erwarten?
Voraussichtlicher Zeitrahmen der Sofortmassnahme	Welche Bedingungen müssen erfüllt sein, damit die Sofortmassnahme überflüssig wird? In welchem Zeitraum können diese voraussichtlich erreicht werden? Was ist dazu erforderlich?
Kooperationsbereitschaft der Eltern	Mitwirkung und Zusammenarbeit der Eltern bei Einleitung, Durchführung sowie nach Beendigung einer Sofortmassnahme: Können die Eltern die Sofortmassnahme annehmen? Sind die Eltern bereit, zum Erfolg der Sofortmassnahme beizutragen?

Was ist zu klären?

- **Welche Sofortmassnahmen sind notwendig und geeignet, um eine akute Gefahr für das Kind abzuwenden?**

Welche Methoden können herangezogen werden?

- **Gespräche mit Fachpersonen**
- **Einzelgespräche mit Eltern, Verwandten und Bekannten**
- **Gespräche mit dem Kind, mit dem/der Jugendlichen**
- **Elterngespräche**
- **Familiengespräche**
- **Kollegiale Beratung**
- **Notfallkonferenz**

3.3.2 Fachliche Herausforderungen

Sofortmassnahme als Krisenereignis: Kind und Eltern müssen sich unter hohem Zeitdruck auf eine veränderte Situation einstellen. Sofortmassnahmen können als willkommene Soforthilfe erlebt werden, aber auch als krisenhaftes Ereignis. Falls eine Fremdplatzierung des Kindes erforderlich werden sollte, kann dies für Kind und Eltern eine traumatisierende Erfahrung sein.

Handeln unter hohem Zeitdruck: Liegen Anhaltspunkte vor, die auf eine akute und schwere Gefährdung des Kindes schliessen lassen, stehen Fachpersonen unter sehr hohem Zeitdruck. Unter Zeitdruck steigt häufig das Fehlerrisiko. Es fällt dann meist schwerer, Kindesschutzmassnahmen von den Zielsetzungen und den besonderen Umständen des Einzelfalls her zu wählen und den jeweiligen Nutzen und die jeweiligen Schadenspotenziale unterschiedlicher Massnahmen sorgfältig abzuwägen. Desgleichen wird unter Zeitdruck oft weniger Wert darauf gelegt, Vorgehen, Aufträge und Zuständigkeiten der beteiligten Fachpersonen bzw. Stellen – zwischen abklärenden Fachpersonen und KESB – klar abzusprechen und sich gegenseitig zu informieren.

Zusammenarbeit mit den Eltern: Im Zusammenhang mit Sofortmassnahmen wird für die betroffenen Eltern die Macht der im Kindesschutz tätigen Organisationen und Fachpersonen in besonderer Weise spürbar. Dies gilt vermutlich unabhängig davon, ob die Sofortmassnahmen rechtlich gesehen im Kontext einer Abklärung im Leistungsauftrag eines Fachdienstes oder im Kontext einer von der KESB angeordneten Abklärung vorbereitet und durchgeführt werden. Es ist gut möglich, dass der Eingriff von den Eltern als Misstrauen, als Eskalation in einem Machtkampf oder als Herabsetzung erlebt wird. Sofortmassnahmen können Wut und Aggressionen auslösen. Sie können die Beziehung zwischen Fachpersonen und den Eltern stark belasten und eine spätere Zusammenarbeit erschweren.

Zusammenarbeit zwischen Organisationen des Kindesschutzes: Sofortmassnahmen stellen erhöhte Anforderungen an die beteiligten Organisationen (Behörden, Fachstellen, Leistungserbringer) und an ihre Zusammenarbeit. Fehlen klare Absprachen über Vorgehen, Zuständigkeiten und Anlass für (gegenseitige) Informationen, fällt es den beteiligten Fachpersonen schwer, gegenüber den Betroffenen klar und bestimmt aufzutreten und transparent zu kommunizieren. Dadurch erhöht sich das Risiko für vermeidbare Eskalationen, die von der Kernaufgabe, dem Schutz des Kindes, ablenken. Krisen halten sich nicht an Bürozeiten. Die für Sofortmassnahmen zuständigen Stellen sollten 24 Stunden am Tag handlungs-und entscheidfähig sein *(vgl. die Empfehlungen der KOKES zur Organisation der Kindes- und Erwachsenenschutzbehörden KOKES o.J.; VBK 2008, S. 81).*

3.3.3 Empfehlungen zur Prozessgestaltung

Im Schlüsselprozess Sofortmassnahmen müssen vier Teilaufgaben realisiert werden:

1. **Klarheit darüber gewinnen, welche Sofortmassnahmen notwendig und geeignet sind**
2. **Die Sofortmassnahmen mit dem Kind und den Eltern besprechen**
3. **Den rechtlichen Rahmen der Sofortmassnahmen klären**
4. **Sofortmassnahmen organisieren und einleiten**

1 Klarheit darüber gewinnen, welche Sofortmassnahmen notwendig und geeignet sind

Die Frage, welche Sofortmassnahmen notwendig und geeignet sind, sollte fallbezogen und unter Nutzung des verfügbaren Wissens über den konkreten Fall geklärt werden. Soweit es möglich und zielführend erscheint, sollten dabei auch die Eltern und das urteilsfähige Kind einbezogen werden. Wo es um die dringend erforderliche Abwehr erheblicher Gefahren geht, sollten Fachpersonen ein solches «sondierendes» Gespräch nur führen, wenn sie vorab eine begründete Haltung dazu entwickelt haben, welche Sofortmassnahmen im vorliegenden Fall notwendig und geeignet erscheinen. Ein offeneres Vorgehen kann meist dann gewählt werden, wenn Eltern oder Kind selbst vorstellig werden und um rasche externe Unterstützung nachsuchen.

Generell empfiehlt es sich, bei der Suche nach geeigneten Sofortmassnahmen zunächst von der Frage auszugehen, welche konkreten Gefahren und Unterversorgungslagen für das Kind bestehen und folglich abzuwehren bzw. dringend auszugleichen sind. Welche Leistungen und/oder zivilrechtlichen Kindesschutzmassnahmen sind notwendig und geeignet, um Sicherheit und Grundversorgung des Kindes rasch und effektiv zu gewährleisten? Welche der Interventionen, die diese Kriterien erfüllen, weisen mit Blick auf den vorliegenden Fall die geringsten Belastungen für die Beteiligten auf, können von diesen am ehesten angenommen werden und bieten die besten Voraussetzungen für eine künftige tragfähige Arbeitsbeziehung mit den Betroffenen?

Es scheint also sinnvoll, wenn sich die beteiligten Fachpersonen von zwei Maximen leiten lassen:

- von der Maxime, dass Sicherheit, Schutz, Grundversorgung und Rechte des Kindes gewährleistet sein müssen,
- von der Maxime, dass alle unnötigen Belastungen, die mit der Realisierung dieses Ziels für Kind und Eltern entstehen, vermieden oder wenigstens abgemildert und bearbeitet werden.

Die Sofortmassnahme darf nicht dazu führen, dass durch die Bemühungen zur Gewährleistung der Sicherheit des Kindes andere Grundrechte des Kindes verletzt werden.

Dem Prinzip der Verhältnismässigkeit folgend, sind zuerst Interventionen in Betracht zu ziehen, die am gegenwärtigen Lebensort des Kindes einsetzen. Dafür kommen bspw. infrage: vorübergehende dichte Präsenz und engmaschige Kontakte von Fachpersonen in bzw. mit der Familie (Besuche, Telefonate) sowie der gezielte Einbezug verlässlicher weiterer Personen in ein tragfähiges Hilfenetz *(Kindler 2006b)*. Wenn das Alter und die Umstände es erlauben, kann mit dem Kind oder Jugendlichen ein Notfallplan vereinbart werden, der den jungen Menschen in die Lage versetzt, wirksame und geeignete Massnahmen zu seiner Sicherheit zu jedem Zeitpunkt selbst auszulösen. Reichen solche Massnahmen nicht aus, um Sicherheit und Grundversorgung zu gewährleisten, kann es erforderlich sein, das Kind ausserfamiliär unterzubringen. Es sind auch Sofortmassnahmen denkbar, bei denen ein Elternteil und ein Kind gemeinsam oder eine ganze Familie untergebracht werden.

Muss das Kind untergebracht werden, dann ist ein Ort zu wählen, an dem es sich sicher und geborgen fühlen kann. Die Umgebung und die dort verfügbare Beratung und Betreuung müssen altersgerecht sein. Sofortmassnahmen sollten nicht nur Schutz und Sicherheit bieten, sondern auch Möglichkeiten bereitstellen, Krisenerfahrungen und erlebtes Leid zu verarbeiten und zu bewältigen. Eine plötzliche Herausnahme aus der gewohnten Umgebung und die Trennung von den Eltern bedeutet für das Kind eine krisenhafte und schmerzhafte Erfahrung. Insofern gilt auch hier die Maxime, dass die am wenigsten einschneidende unter den verfügbaren Unterbringungsvarianten zu wählen ist. Eine Unterbringung bei Personen bzw. an Orten, die dem Kind bereits bekannt sind (Verwandte, Nachbarn, Einrichtungen, Fachpersonen), kann dazu beitragen, dass es das belastende Ereignis besser bewältigen kann. Zur fachlichen Orientierung bei der Gestaltung von Unterbringungsprozessen liegen verschiedene Wegleitungen *(Blülle 2013; Quality4Children Schweiz o. J.; Shuler 2013)* vor.

2 Die Sofortmassnahme mit dem Kind und den Eltern besprechen

Wenn immer möglich, sollten Fachpersonen Eltern und Kind(er) in geeigneter Weise bei der Wahl und konkreten Ausgestaltung einer Sofortmassnahme beteiligen. Art und Umfang der Beteiligung sind mit Blick auf den Einzelfall zu wählen. In jedem Fall ist es zwingend erforderlich, dass die zuständigen Fachpersonen gegenüber dem Kind und den Eltern offen und transparent erläutern, was auf sie zukommen wird (bzw. kann), aus welchen Gründen Sofortmassnahmen notwendig sind, welche Sofortmassnahmen die Fachpersonen ins Auge gefasst haben, worauf diese zielen und unter welchen Voraussetzungen sie beendet werden können. In diesem Zusammenhang ist es ausserdem erforderlich, das Kind und die Eltern über die jeweiligen Aufträge, Zuständigkeiten und Machtmittel der beteiligten Fachpersonen und Organisationen (Fachdienst, KESB, Leistungen erbringende Organisationen) und über ihre eigenen Rechte als Kind und als Eltern zu informieren. Dem Kind und den Eltern muss Raum gegeben werden, die Fragen, die sie aus ihrer jeweiligen subjektiven Perspektive in Bezug auf das geplante Arrangement von Hilfen und Eingriffen haben, vorzutragen. Die Fachpersonen werten die Nachfragen als Ausdruck der Sorge um das Zusammenleben in der Familie und nehmen sich Zeit, sie zu beantworten. Dabei achten sie darauf, dass sie in einer Sprache sprechen, die das Kind und die Eltern verstehen. Fachpersonen können auf diese Weise dazu beitragen, dass das Kind und die Eltern jenes Mindestmass an Sicherheit gewinnen, das sie brauchen, um sich auf die neue Situation einzustellen und die Massnahmen annehmen zu können. Insbesondere dann, wenn die ins Auge gefasste Sofortmassnahme die Trennung des Kindes von den Eltern vorsieht, ist es geboten, Gründe und Ziele sowie die konkreten Umstände (Ort, Dauer, Kontakte) mit dem Kind altersgerecht zu besprechen und ihm Raum zu geben, sich auf die bevorstehende Situation einzustellen.

Fachpersonen nutzen das Besprechen einer Sofortmassnahme als Gelegenheit, gegenüber den Eltern deutlich zu machen, dass der Schutz des Kindes im Vordergrund steht und die Massnahmen nicht darauf zielen, die Eltern herabzusetzen oder zu bestrafen. Es ist gleichwohl davon auszugehen, dass das Besprechen einer bevorstehenden Sofortmassnahme starke Gefühle (Angst, Wut, Ärger) und Widerstände auslöst. Es scheint sinnvoll, dass Fachpersonen Eltern Raum geben, um Widerspruch und Ablehnung zu äussern. Dabei nehmen sie sensibel wahr, inwieweit es sich dabei um eine Annäherung an ein Einverständnis handelt oder um eine klare Entscheidung gegen eine Zusammenarbeit mit den beteiligten Kindesschutzorganisationen. Sie unterstützen die Eltern dabei, für sich zu klären, ob sie bereit sind, etwas zum Erfolg der Massnahme beizutragen oder nicht.

3 Den rechtlichen Rahmen der Sofortmassnahmen klären

Die KESB kann Massnahmen zum Schutz eines Kindes auch vorsorglich anordnen. Bei besonderer Dringlichkeit kann sie vorsorgliche Massnahmen auch ohne Anhörung der betroffenen Personen treffen (superprovisorische Anordnung). Sie hat dann die Gewährung des rechtlichen Gehörs unverzüglich nachzuholen; wenn sie den verfahrensbeteiligten Personen Gelegenheit zur Stellungnahme gegeben hat, entscheidet sie neu (Art. 445 ZGB). Die KESB ist befugt, ihre Entscheide zu vollstrecken. Sie kann mit der Vollstreckung andere Personen beauftragen. Die KESB und eine von der KESB mit einer Vollstreckung betraute Person können nötigenfalls polizeiliche Hilfe beanspruchen (Art. 450g ZGB). Damit verfügt die KESB über alle Machtmittel, die erforderlich sind, um dringend notwendige Massnahmen zum Schutz eines Kindes anzuordnen und umzusetzen. Der Einsatz dieser Mittel erfolgt unter Beachtung der Prinzipien der Verhältnismässigkeit, Subsidiarität und Komplementarität. Der Grundsatz des Vorrangs vereinbarter vor angeordneten Hilfen gilt auch bei Sofortmassnahmen. Aus der Feststellung, dass geeignete Schritte zum Schutz eines Kindes unverzüglich einzuleiten sind, weil dem Kind sonst konkrete und erhebliche Gefahren drohen, lässt sich noch nicht ableiten, dass Sofortmassnahmen zwingend mit einer Einschränkung elterlicher Rechte verbunden sein müssen. Wenn die Eltern die Sofortmassnahmen annehmen und sie bei der Gewährleistung der Sicherheit und Versorgung des Kindes mitwirken, kann auf eine Anordnung der Sofortmassnahmen verzichtet werden. Es ist fallbezogen und unter Würdigung der konkreten Umstände zu klären,

- ob Sofortmassnahmen als vereinbarte Leistungen gerahmt werden,
- ob die Errichtung einer Kindesschutzmassnahme erforderlich ist,
- ob die Sofortmassnahmen allenfalls superprovisorisch anzuordnen sind.

Auch in Situationen, die sofortiges Handeln erfordern, bleibt ein transparentes Vorgehen eine wichtige Voraussetzung für den Erfolg. Das System der Dualität von einvernehmlichen und behördlich angeordneten Leistungen stellt erhöhte Anforderungen an die Kommunikation zwischen abklärenden Fachpersonen, Kind und Eltern sowie Behörden.

Absprachen zwischen abklärendem Dienst und der KESB

Verbindliche Absprachen zwischen dem abklärenden Dienst und der KESB setzen voraus, dass für den betreffenden Fall ein Kindesschutzverfahren bei der KESB geführt wird. Folgende Fragen scheinen besonders wichtig:

- Welche Befugnisse bleiben exklusiv bei der KESB?
- Welche Aufträge und Befugnisse überträgt die KESB an die abklärenden Fachpersonen?
- Bei welchen Anlässen und zu welchen Sachverhalten informieren sich die an der Auswahl, Vorbereitung und Einleitung der Sofortmassnahmen beteiligten Fachpersonen und Organisationen (Dienste, KESB, Leistungserbringer)?

Erweiterte Beteiligungs- und Verfahrensrechte des Kindes bei einer angeordneten ausserfamiliären Unterbringung: Falls die Sofortmassnahmen eine Unterbringung in Verbindung mit einer Aufhebung des Aufenthaltsbestimmungsrechts des Kindes vorsehen (Art. 310 ZGB), prüft die KESB, ob eine Vertretung des Kindes anzuordnen ist (Art. 314*a* bis 1 ZGB). Für die Fachpersonen, die an der Vorbereitung und Einleitung von Sofortmassnahmen beteiligt sind, ist dieser Entscheid von Bedeutung; sie sollten darüber informiert sein. Gegebenenfalls kann es auch sinnvoll sein, dass abklärende Fachpersonen diesbezüglich gegenüber der KESB eine Empfehlung aussprechen.

4 Sofortmassnahmen organisieren und einleiten

Gerade bei Sofortmassnahmen ist es erforderlich, dass zwischen den beteiligten Fachpersonen und Stellen über Gründe, Ziele und Vorgehen (Zeitplan) Klarheit und Konsens herrscht. Ist dies gegeben, können sich alle Beteiligten im Prozess der Umsetzung besser orientieren, sicher auftreten, sich gegenseitig unterstützen und sich aufeinander verlassen. Vor der Auslösung einer Sofortmassnahme sollten folgende Fragen zwischen den beteiligten Stellen und Fachpersonen geklärt sein:

- Weshalb ist die geplante Sofortmassnahme im vorliegenden Fall notwendig?
- Was sind im vorliegenden Fall Ziele und Zwecke der Sofortmassnahme?
- Worin besteht die Sofortmassnahme? Wer ist beteiligt? Wer hat welche Aufgaben? Wie ist der zeitliche Ablauf? Wer hat welche Entscheidungskompetenzen?
- Wie wird die Sofortmassnahme rechtlich gerahmt (vereinbart – angeordnet – vorsorglich)?
- Was ist der voraussichtliche Zeithorizont für die Sofortmassnahme?
- Welche Voraussetzungen müssen gegeben sein, damit sie erfolgreich beendet werden kann?

Es liegt im Interesse aller Beteiligten, dass alle vorgesehenen Schritte gut vorbereitet sind. Die Vorbereitungen gewinnen an Qualität, wenn die beteiligten Fachpersonen möglichst viel Kontextwissen (über die Familie und ihr Netzwerk; über Fachpersonen und Dienste, die der Familie bereits bekannt sind; über die Angebotslandschaft usw.) einbeziehen können. Im Prozess des Organisierens einer Sofortmassnahme müssen mindestens folgende Fragen beantwortet werden:

- Wie und durch wen sollen Schutz und Betreuung des Kindes während 24 Stunden / 7 Tagen gewährleistet werden?
- Ist die Ansprechbarkeit der betreuenden Stellen rund um die Uhr gewährleistet?
- Wie reagieren die Fachpersonen bei massivem Widerstand der Eltern?
- Welche Befugnisse sind den abklärenden Fachpersonen übertragen worden?
- Falls das Kind ausserfamiliär untergebracht wird: Worüber müssen die zuständigen (Fach-)Personen am Ort der Unterbringung informiert sein (z. B. Bedürfnisse des Kindes, Kontakte, Besuche)?
- Bei welchen Ereignissen informieren sich die beteiligten Fachpersonen und Stellen gegenseitig?

Sofortmassnahmen können auch für die beteiligten Fachpersonen eine erhebliche Belastung darstellen. Es ist wichtig, dass sie bezüglich ihres Auftrags und ihrer Haltung gegenüber der Familie und den geplanten Interventionen (Leistungen und/oder zivilrechtliche Kindesschutzmassnahmen) gefestigt und klar sind und auf Unterstützung durch Kolleg/innen und ihre Organisation zurückgreifen können (kollegiale Beratung, Supervision, Rückendeckung durch Vorgesetzte).

Was ist bei einer ausserfamiliären Unterbringung des Kindes zu beachten?

Worauf ist im Kontakt mit dem Kind besonders zu achten?

- **Altersgerechte Information und Beteiligung gewährleisten:** Das Kind wird altersgerecht, klar und verständlich darüber informiert, warum die Unterbringung als notwendig und geeignet eingeschätzt wird, was seine Rechte in diesem Zusammenhang sind und inwieweit es auf Entscheide und die Umstände ihrer konkreten Umsetzung Einfluss nehmen kann. Damit es sich an den relevanten Entscheiden beteiligen kann, wird das Kind altersgemäss darüber informiert, was die vorgesehene Unterbringung konkret bedeuten würde an welchem Ort es leben wird, was es dort zu erwarten hat, wer sich dort um es kümmert, wie sein Alltag aussehen wird, wie der Kontakt zu Eltern, Freunden, Verwandten usw. gestaltet sein wird, welche Alternativen infrage kommen, wie lange eine Unterbringung voraussichtlich dauern wird (ggf. auch unter welchen Voraussetzungen sie voraussichtlich beendet wird und in welchen Umständen es anschliessend voraussichtlich leben wird). Fachpersonen hören dem Kind zu, unterstützen es dabei, seine Sichtweisen auszudrücken, beziehen die Sichtweisen bei ihren Entscheidungen ein, legen dem Kind offen, inwieweit sie seine Interessen und Präferenzen berücksichtigen und an welchen (Entscheidungs-)Stellen es zukünftig an Entscheiden beteiligt wird (vgl. Quality4Children Schweiz 2011, S. 2).
- **Abschied und Mitnahme von persönlichen Gegenständen ermöglichen:** Das Kind erhält Gelegenheit, sich von den Eltern zu verabschieden und persönliche Gegenstände mitzunehmen, die ihm wichtig sind.
- **Person des Vertrauens benennen:** Es kann vom Kind als Ausdruck der Wertschätzung und Anerkennung erlebt werden, wenn es diese Person selbst wählen kann (nach Art. 1a PAVO).
- **Kontaktpersonen für das Kind bei Fachdiensten/KESB benennen:** Es kann dem Kind Sicherheit geben, wenn es darüber informiert ist, dass und wie es mit der Stelle, die die Unterbringung verantwortet, Kontakt aufnehmen kann. Die Bereitstellung einer solchen Kontaktperson kann als Ausdruck der Wahrung der Persönlichkeitsrechte des Kindes verstanden werden. Das Kind hat einen Anspruch darauf, mit der Stelle Kontakt aufzunehmen, die über seinen Lebensort bestimmt.

Worauf ist im Kontakt mit den Eltern besonders zu achten?

- **Situationsadäquate Informationen und Beteiligung:** Werden die Eltern über Begründungen, Anlässe, Zielsetzungen, Zeithorizont sowie über die Voraussetzungen der Beendigung der Unterbringung situationsgerecht und rechtzeitig informiert, dann erhöht sich die Wahrscheinlichkeit, dass sie diese (ggf. zu einem späteren Zeitpunkt) akzeptieren können und an der Gewährleistung der Sicherheit und Grundversorgung des Kindes sowie an allfälligen weiteren Prozessen der Abklärung mitwirken.
- **Schuldzuweisungen vermeiden:** Je mehr eine Unterbringung als Bestrafung und Schuldzuweisung erlebt wird, desto ungünstiger sind die Voraussetzungen für die Zusammenarbeit zwischen Fachpersonen und Eltern während und nach der Sofortmassnahme.
- **Die Eltern begleiten:** Werden die Eltern in der kritischen Situation der Trennung vom Kind empathisch begleitet und kann ihnen vermittelt werden, dass die Unterbringung nicht als Aufhebung ihrer Rolle als Eltern zu verstehen ist, erhöht sich die Wahrscheinlichkeit, dass sie für eine Inanspruchnahme von Unterstützungsangeboten zur Stärkung ihrer Elternrolle während und nach der Massnahme gewonnen werden können.
- **Kontaktmöglichkeiten klären:** Es ist ein Ausdruck der Anerkennung der Eltern in ihrer Elternrolle, wenn die Fachpersonen die Möglichkeiten der Eltern zur Kontaktaufnahme mit dem Kind klar benennen und – soweit nicht wichtige Gründe dagegen sprechen – fördern. Falls es die Umstände erfordern, dass ein Kontakt zwischen Eltern und Kind zur Gewährleistung der Sicherheit des Kindes zumindest temporär unterbunden werden muss, kann diese Belastung dadurch abgemildert werden, dass die Eltern Gelegenheit erhalten, eine Verbindungsperson zu bestimmen, über die sie mit dem Kind Kontakt aufnehmen können.
- **Kontaktperson für die Eltern:** Es kann den Charakter der Sofortmassnahme als Ausdruck öffentlicher Verantwortung für die Sicherheit des Kindes hervorheben, wenn die Eltern darüber informiert werden, wie sie mit der für die Unterbringung verantwortlichen Behörde bzw. Stelle Kontakt aufnehmen können.

Checkliste

Prüffragen	Ja	Nein	Erläuterung
Sind die Informationen, die eine erhebliche Besorgnis über die Sicherheit und Unversehrtheit eines Kindes begründen, sorgfältig erhoben und schlüssig dokumentiert?	☐	☐	
Ist hinreichend geklärt, welche konkreten Gefahren für das Kind in seiner Lebenssituation bestehen und abzuwenden sind?	☐	☐	Wenn ja: Welche Gefahren sind abzuwenden? Wenn ja: Welche Versorgungsmerkmale sind zu gewährleisten?
Wurde geklärt, welche Sofortmassnahmen zur Gewährleistung der Sicherheit und Versorgung infrage kommen?	☐	☐	Wenn ja: Welche kommen infrage?
Ist begründet, weshalb und inwiefern sie infrage kommen?	☐	☐	

Prüffragen	Ja	Nein	Erläuterung
Wurde mit den Eltern ein Gespräch über die Notwendigkeit von Sofortmassnahmen geführt?	☐	☐	Gesprächsbeteiligte/Inhalte:
Wurden den Eltern Gründe, Ziele, Art und voraussichtliche Dauer der Massnahme(n) erläutert?	☐	☐	Haltung/Antwort der Eltern:
Wurden die Eltern über die Voraussetzungen der Beendigung der Sofortmassnahme(n) informiert?	☐	☐	Wenn nein, warum nicht?
Wurde mit den Eltern geklärt, ob sie die Sofortmassnahme(n) annehmen und im Rahmen ihrer Möglichkeiten mitwirken?	☐	☐	Gesprächsbeteiligte/Inhalte:
Nehmen die Eltern die vorgesehenen Sofortmassnahmen an und wirken sie mit?	☐	☐	Gesprächsbeteiligte/Vereinbarungen:
Wenn die Betroffenen mit den vorgesehenen Sofortmassnahmen **nicht einverstanden** sind, warum nicht?			

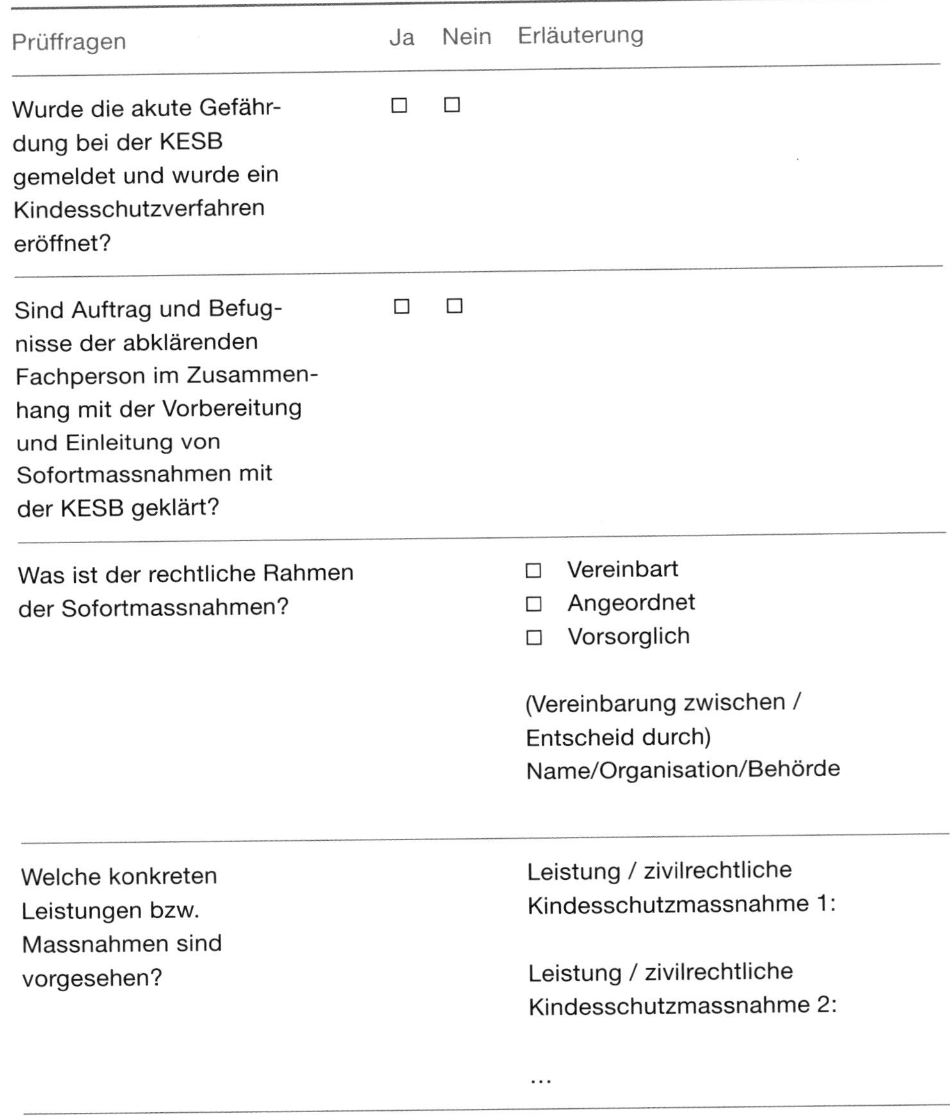

Prüffragen	Ja	Nein	Erläuterung
Wurde die akute Gefährdung bei der KESB gemeldet und wurde ein Kindesschutzverfahren eröffnet?	☐	☐	
Sind Auftrag und Befugnisse der abklärenden Fachperson im Zusammenhang mit der Vorbereitung und Einleitung von Sofortmassnahmen mit der KESB geklärt?	☐	☐	
Was ist der rechtliche Rahmen der Sofortmassnahmen?			☐ Vereinbart ☐ Angeordnet ☐ Vorsorglich (Vereinbarung zwischen / Entscheid durch) Name/Organisation/Behörde
Welche konkreten Leistungen bzw. Massnahmen sind vorgesehen?			Leistung / zivilrechtliche Kindesschutzmassnahme 1: Leistung / zivilrechtliche Kindesschutzmassnahme 2: …

Prüffragen	Erläuterung
Welche Ziele sollen mit den Leistungen und/oder Massnahmen erreicht werden?	Leistung / zivilrechtliche Kindesschutzmassnahme 1: Leistung / zivilrechtliche Kindesschutzmassnahme 2: …
Beginn der Leistungen/Massnahmen Geplantes Ende der Leistungen/Massnahmen	Beginn: Ende:
Fallverantwortung: Wer ist für die fachliche Begleitung und Überprüfung der Leistungen und/oder Massnahmen zuständig?	Name/Organisation/Behörde
Durchführung: Wer ist für die fachliche Begleitung der Eltern während der Durchführung der Leistung bzw. Massnahme zuständig?	Name/Organisation/Behörde

Prüffragen	Erläuterung
Unter welchen Voraussetzungen können die Leistungen bzw. Massnahmen beendet werden?	Voraussetzung Leistung / zivilrechtliche Kindesschutzmassnahme 1 Voraussetzung Leistung / zivilrechtliche Kindesschutzmassnahme 2
Kindesvertretung (Art. 314a bis ZGB)	Falls die Sofortmassnahme mit der Herausnahme des Kindes aus der Familie verbunden ist: Wie hat die KESB über die Einsetzung einer Kindesvertretung entschieden? Falls eine Kindesvertretung eingesetzt wurde: Wer ist als Kindesvertretung eingesetzt?
Vertrauensperson (Art. 1a PAVO)	Falls die Sofortmassnahme mit der Herausnahme des Kindes aus der Familie verbunden ist: Wurde eine Vertrauensperson bestimmt? Wurde das Kind an der Wahl der Vertrauensperson beteiligt? Wer ist die Vertrauensperson?

Notizen

Notizen

Notizen

3.4 Schlüsselprozess Kernabklärung

Die Gewährleistung des Kindeswohls mit dem Kind, seiner Familie und weiteren fachlichen Partnern wahrnehmen, erkunden und verstehen

3.4.1 Aufgabe und Funktion

Bei der Kernabklärung geht es darum, unter Einbezug des Kindes, seiner Eltern oder anderer primärer Bezugspersonen des Kindes sowie weiterer fachlicher Partner den Stand und die Umstände der Gewährleistung des Kindeswohls differenziert wahrzunehmen, zu erkunden und zu verstehen. Es geht darum, abzuklären, (1) ob bzw. in welcher Hinsicht und in welchem Ausmass das Wohl des Kindes gefährdet ist sowie (2) was die Hintergründe, Auslöser und (wahrscheinlichen) Wirkungen von kindeswohlgefährdenden Zuständen, Praxen und Ereignissen sind.

Einschätzdimensionen und einzuschätzende Sachverhalte

Einschätzdimensionen	Einzuschätzende Sachverhalte
Bedürfnisse und Belastungen des Kindes	**Bedürfnisse:** Pflege und Versorgung; Schutz und Sicherheit; Liebe und Geborgenheit; Anregung und Förderung; Orientierung und Erziehung **Belastungen:** gesundheitliche Belastungen; sozioökonomische Belastungen; soziale Belastungen; schulische Belastungen; sonstige Belastungen
Bedürfnisse und Belastungen der Eltern	**Bedürfnisse:** Autonomie und Selbstbestimmung; Anerkennung und Wertschätzung; Begegnung und Integration; Entlastung und Unterstützung **Belastungen:** gesundheitliche Belastungen; sozioökonomische Belastungen; soziale Belastungen; berufliche Belastungen; sonstige Belastungen
Qualität elterlichen Erziehungshandelns	Erziehungseinstellungen; Erziehungsstile; Erziehungspraktiken
Qualität der elterlichen Paarbeziehung	Zufriedenheit der Eltern mit ihrer Paarbeziehung; Zufriedenheit des Kindes mit der elterlichen Paarbeziehung
Qualität der Eltern-Kind-Beziehungen	Qualität der Beziehung Mutter-Kind Qualität der Beziehung Vater-Kind Qualität der Beziehung anderer primärer Bezugspersonen zum Kind

►

Entwicklungsgeschichte und Funktionsweise der Familie	**Entwicklungsgeschichte:** Entwicklungsetappen, Schlüsselereignisse, Wendepunkte **Funktionsweise:** Werte und Normen; Rollen und Aufgaben; Beziehungen und Emotionen; Konflikte und Krisen
Ressourcen und Stärken des Kindes	Persönliche Ressourcen und Stärken; lebensweltlich-soziale Ressourcen; Ressourcen im Gemeinwesen; sozioökonomische Ressourcen
Ressourcen und Stärken der Eltern	Persönliche Ressourcen und Stärken; lebensweltlich-soziale Ressourcen; Ressourcen im Gemeinwesen; sozioökonomische Ressourcen
Mitwirkungsbereitschaft der Eltern	Problembewusstsein; Veränderungsbereitschaft; Veränderungsfähigkeit

Was ist zu klären?

- Inwieweit ist das Wohl des Kindes durch seine Eltern oder andere primäre Bezugspersonen gewährleistet?
- Was sind die Hintergründe, Auslöser und (wahrscheinlichen) Wirkungen von kindeswohlgefährdenden Zuständen (z. B. Versorgung, Ausstattung), Praxen (Erziehungspraxen) und Ereignissen?

Welche Methoden können herangezogen werden?

- Genogrammarbeit
- Krisen- und Ereignisweg der Familie
- Kinderfotoanalyse
- Familienfotoanalyse
- Familienlandkarte
- Netzwerk-/Umweltkarte
- Kinder-Ressourcenkarte
- Eltern-Ressourcenkarte
- Familien-Helfer-Map
- Entwicklungsgeschichte meines Kindes
- Buch der Stärken meines Kindes
- Hausbesuche
- Einzelgespräche mit Eltern, Verwandten und Bekannten
- Gespräche mit Kindern und Jugendlichen
- Elterngespräche
- Familiengespräche
- Gespräche mit Fachpersonen
- Kollegiale Beratung
- Mapping
- Drei-Häuser-Modell
- Feen-Zauberer-Tool

Welche Instrumente können herangezogen werden?

- Situationsanalyse (Berner und Luzerner Abklärungsinstrument zum Kindesschutz)
- Prüfbogen «Einschätzung des Förderungsbedarfs des Kindes» (DJI)
- Prüfbogen «Einschätzung der Ressourcen des Kindes» (DJI)
- Prüfbögen «Erziehungsfähigkeit der Eltern» (DJI)
- Prüfbogen «Einschätzung der Veränderungsfähigkeit der Eltern» (DJI)

3.4.2 Fachliche Herausforderungen

Schwierigkeit der Gestaltung einer vertrauensvollen Arbeitsbeziehung: Bei der Kernabklärung sind die abklärenden Fachpersonen herausgefordert, eine vertrauensvolle Arbeitsbeziehung zum Kind und zu seinen Eltern zu gestalten, die dazu beiträgt, dass diese offen über Ursachen und Folgen von Gefährdungen des Kindeswohls sprechen. Es bedarf eines Rahmens, für dessen Entwicklung man Ruhe, Zeit und Geduld braucht. Kinder und Eltern haben oftmals gute Gründe dafür, sich gegenüber abklärenden Fachpersonen zunächst bedeckt zu halten. Sie müssen erst davon überzeugt sein, dass man ihnen helfen will und nicht beabsichtigt, sie anzuklagen, sie zu beschämen oder öffentlich zur Schau zu stellen.

Misstrauen und Angst des Kindes und seiner Eltern vor dem Verlauf und dem Ausgang der Kernabklärung: Grösser sind jedoch das Misstrauen und die Angst des Kindes und seiner Eltern davor, keinen Einfluss auf Ergebnisse der Kernabklärung nehmen zu können. Kinder und Eltern wollen beteiligt und gefragt werden. Sie möchten nachvollziehen können, was mit Informationen über ihre Familie geschieht, ob sie «gegen» sie verwendet oder tatsächlich dazu genutzt werden, herauszufinden, was zur Gefährdung des Kindeswohls beigetragen hat. Sie haben Angst davor, dass die Ergebnisse der Kernabklärung dazu herangezogen werden, sie zu «entmächtigen», und zu Handlungsempfehlungen führen, die sie nicht mittragen können – wie z.B. eine zeitweilige Fremdunterbringung. Gleichwohl sind sie herausgefordert, sich auf einen Arbeitsprozess mit offenem Ausgang einzulassen und an der Kernabklärung mitzuwirken. Bei Abklärungen, die im Auftrag einer KESB durchgeführt werden, sind sie durch das Gesetz zur Mitwirkung verpflichtet (Art. 448 ZGB).

Umgang mit sich widersprechenden Meinungen verschiedener Professionen: Auch der Umstand, dass Fachpersonen anderer Professionen ganz anderer Meinung sein können als die abklärenden Fachpersonen, muss dem Kind und der Familie gegenüber offengelegt werden. Wie damit umgegangen wird und ob es den abklärenden Fachpersonen gelingt, Bedürfnisse, Belastungen, Ressourcen und Stärken des Kindes und seiner Familie und andere für die Kernabklärung relevante Sachverhalte zu eruieren und die verschiedenen Perspektiven zu einem kohärenten Gesamtbild zu bündeln, ist entscheidend dafür, ob notwendige und geeignete Empfehlungen über Leistungen und/oder zivilrechtliche Kindesschutzmassnahmen im Schlüsselprozess Bedarfsabklärung gefunden werden können. Allerdings kann es zwischen den Fachpersonen der verschiedenen Professionen auch zu unüberwindbaren Differenzen, zu Machtkämpfen und Instrumentalisierungen kommen, die dem Kindeswohl mehr schaden als nützen. Insofern ist es für abklärende Fachpersonen nicht immer leicht, verschiedene Perspektiven im Blick zu behalten und abzuwägen, welche Informationen zur Wahrnehmung und Erkundung der Ursachen und Folgen von Gefährdungen des Kindeswohls zu einem besseren Verständnis des Kindes und seiner Familie beitragen und welche eher ungeeignet sind dafür und lieber aussen vor gelassen werden sollten. Bei einer Abklärung im Auftrag einer KESB müssen die abklärenden Fachpersonen dem Kind und den Eltern vermitteln, dass sie nicht garantieren können, dass die Behörde sich die im Abklärungsprozess erarbeiteten Deutungen und Einschätzungen zu eigen macht.

Umgang mit widerständigen Eltern: Abklärende Fachpersonen stehen vor besonderen Herausforderungen, Eltern zu erreichen, die sich abwehrend und ablehnend gegenüber den mit der Kernabklärung verbundenen Zielen verhalten; die nicht wollen, dass Fremde Einblick in ihr Privatleben erhalten und die alles dafür tun, nur so viel an Informationen über sich, ihre Kinder und ihre (Herkunfts-)Familien preisgeben zu müssen wie nötig. Sie dafür zu gewinnen, sich zu öffnen und im Interesse der Förderung und Sicherung des Kindeswohls an der Kernabklärung mitzuwirken, erfordert von den abklärenden Fachpersonen Gelassenheit, Toleranz und Beharrlichkeit. Sonst droht die Kernabklärung bereits zu Beginn zu scheitern und es gelingt nicht, was Ziel dialogisch-systemischer Kindeswohlabklärung ist: eine Zusammenarbeit zum Wohl des Kindes unter Einbezug der Sichtweisen des Kindes, seiner Familie und weiterer (Fach-)Personen. Dennoch kann es passieren, dass Eltern nicht erreicht werden und nicht dazu bewogen werden können, sich aktiv an der Kernabklärung zu beteiligen. Auch dann muss das Kindeswohl gewährleistet werden und im Schlüsselprozess Bedarfsabklärung darauf eine Antwort gefunden werden, welche Leistungen und/oder zivilrechtlichen Kindesschutzmassnahmen am besten dazu geeignet sind, das Kindeswohl zu fördern und zu sichern.

3.4.3 Empfehlungen zur Prozessgestaltung

Im Schlüsselprozess Kernabklärung müssen fünf Teilaufgaben realisiert werden:

1 **Sichtung und Analyse der bestehenden Unterlagen und Dokumentationen**
2 **Vorbereitung und Koordination der Kernabklärung**
3 **Durchführung der Kernabklärung**
4 **Hinzuziehung weiterer Fachpersonen zum Prozess der Kernabklärung**
5 **Bündelung und Bewertung der Ergebnisse der Kernabklärung**

1 **Sichtung und Analyse der bestehenden Unterlagen und Dokumentationen**
Es ist fachlich geboten, insbesondere wenn die Schlüsselprozesse Ersteinschätzung, Kindeswohleinschätzung und/oder Sofortmassnahme von den abklärenden Fachpersonen nicht selbst vorgenommen wurden, die vorliegenden Unterlagen und Dokumente zur vermuteten Gefährdungslage und zur Situation des Kindes und seiner Familie zu sichten und zu analysieren. Die Sichtung und Analyse bestehender Unterlagen und Dokumente gibt Hinweise darauf und sensibilisiert dafür,

- was das Kind und seine Eltern bisher erlebt, erfahren und durchgemacht haben,
- welche Vorerfahrungen das Kind und die Familie mit dem Kindesschutzsystem oder weiteren Institutionen und Behörden haben,
- welche Abklärungen zur Förderung und zum Schutz des Kindes vor Vernachlässigung und (sexueller) Misshandlung von Behörden und Institutionen in der Vergangenheit bereits vorgenommen wurden,
- welche professionellen Beobachtungen und Deutungen über das Kind und seine Familie bislang vorliegen,
- welche Probleme, Belastungen, Ressourcen und Stärken des Kindes und seiner Familie wahrgenommen, erkundet und verstanden werden müssen.

Um einseitigen Analyseergebnissen vorzubeugen, können zwei Fachpersonen unabhängig voneinander die Dokumente sichten und sich im Anschluss über wichtige Erkenntnisse austauschen. Ob dies stets realisiert werden kann, hängt vom Abklärungsauftrag und vom Fallhintergrund ab. In Fällen, in denen nur wenige Unterlagen vorhanden sind, ergibt eine solche Arbeitsteilung wenig Sinn.

Nicht in jedem Fall haben abklärende Fachpersonen Zugriff auf alle fallrelevanten Dokumente und Unterlagen. Sie sind in der Regel auch nur beschränkt dazu berechtigt, diese ohne Zustimmung der Betroffenen von anderen Stellen oder Diensten einzuholen. Im Falle einer behördlichen Kindeswohlabklärung kann die KESB den abklärenden Fachpersonen ihre verfügbaren Fallunterlagen und -dokumente zur Verfügung stellen und sie damit beauftragen, von anderen Diensten und Stellen auch gegen den Willen der Eltern Informationen einzuholen, sofern diese ihre Pflicht zur Mitwirkung verweigern. Von Ärzt/innen, Zahnärzt/innen, Apotheker/innen und Hebammen sowie ihren Hilfspersonen können nur dann Informationen gegen den Willen der Eltern eingeholt werden, wenn die vorgesetzte Stelle sie auf Gesuch der KESB vom Berufsgeheimnis entbunden hat (vgl. Art. 448 Abs. 2 ZGB). Von Geistlichen, Rechtsanwält/innen, Verteidiger/innen, Mediator/innen sowie ehemaligen Beistând/innen, die für das Verfahren ernannt wurden, dürfen gegen den Willen der Eltern hingegen keine Informationen beschafft werden (vgl. Art. 448 Abs. 3 ZGB).

Leitfragen für die Sichtung und Analyse bestehender Unterlagen und Dokumente

- Welche Form(en) der Gefährdung des Kindeswohls liegen vor?
- Welche Folgen sind und waren mit der Kindeswohlgefährdung für das Kind und seine Familie verbunden?
- Was weiss man über das Erscheinungsbild und den Entwicklungsstand des Kindes (und seiner Geschwister)?
- Was weiss man über das Erscheinungsbild und über Personenmerkmale der Eltern?
- Was weiss man über die Lebensumstände des Kindes und seiner Familie?
- Was weiss man über Bedürfnisse, Belastungen, Ressourcen und Stärken des Kindes und seiner Eltern?
- Was weiss man über die Entwicklungsgeschichte und Funktionsweise der Familie?
- Was weiss man über das elterliche Erziehungshandeln und über die elterliche Paarbeziehung?
- Welche(s) Problembewusstsein, Veränderungsbereitschaft und -fähigkeit haben die Eltern oder andere wichtige Bezugspersonen des Kindes?

Mithilfe einer solchen Vorstrukturierung können in den bestehenden Unterlagen und Dokumenten Hinweise darauf gefunden werden, welche Faktoren zur Gefährdung des Kindeswohls beigetragen haben. Zugleich wird deutlich, welche Informationen noch fehlen, um verstehen zu können, welche Probleme und Belastungen Eltern oder andere wichtige Bezugspersonen des Kindes davon abhalten, angemessen für das Wohl des Kindes zu sorgen bzw. sie dazu veranlassen, ihr Kind zu vernachlässigen und/oder zu misshandeln. Darüber hinaus können auf Basis der Sichtung und Analyse der bestehenden Unterlagen und Dokumente neue Fragen und Fokusse für die Kernabklärung generiert werden.

Wenn ein Abklärungsauftrag der KESB vorliegt, gibt dieser in der Regel klare Orientierungspunkte vor. Das heisst, die abklärenden Fachpersonen haben zusammen mit dem Kind und seinen Eltern Antworten auf klar definierte Fragestellungen zu finden. Sie wissen insofern, was im Fokus der Kernabklärung steht, und können darauf aufbauend die Inhalte und den Umfang der Kernabklärung bestimmen. Trotzdem entbindet sie dies nicht davon, sich ein umfassendes Bild vom Kind und seiner Familie zu machen und gegebenenfalls nach Rücksprache mit der KESB vom Abklärungsauftrag abzuweichen und/oder ihn zu erweitern.

2 Vorbereitung und Organisation der Kernabklärung

Nach Sichtung und Analyse der bestehenden Unterlagen und Dokumente resp. des Abklärungsauftrags der KESB beginnt die Vorbereitung und Planung der Kernabklärung unter Beteiligung des Kindes und seiner Familie. Zur ersten Grobplanung der Kernabklärung treffen sich die abklärenden Fachpersonen zunächst ohne das Kind und die Familie.

Reflexionsfragen zur Vorbereitung und Organisation der Kernabklärung (vgl. DePanfilis/Salus 2003, S. 71)

- Welche Personen innerhalb und ausserhalb der Familie müssen bzw. sollen zu Gesprächen eingeladen werden?
- Welche Situationen und Lebensbedingungen müssen während der Gespräche zu welchem Zweck wahrgenommen und erkundet werden?
- In welcher Reihenfolge und in welchen Konstellationen soll mit dem Kind und seinen Eltern bzw. einzelnen Familienmitgliedern sowie weiteren (Fach-)Personen gesprochen werden?
- Wie oft soll mit dem Kind und seinen Eltern bzw. einzelnen Familienmitgliedern sowie weiteren (Fach-)Personen gesprochen werden?
- Wo sollen das Kind und seine Familie sowie weitere (Fach-)Personen getroffen resp. Situationen und Lebensbedingungen wahrgenommen und erkundet werden?
- Könnten das Kind und seine Eltern bzw. einzelne Familienmitglieder während der Gespräche Unterstützung durch eine ihnen vertraute Person brauchen?
- Könnten Leistungen anderer Fachpersonen benötigt werden?

Im Anschluss daran informieren sie das Kind und seine Familie über das weitere Vorgehen. Sie erklären, welche Informationen sie benötigen, um verstehen zu können, was Auslöser, Hintergründe und Ursachen der Gefährdung des Kindeswohls waren, welchen Sachverhalten sie zusammen mit dem Kind und seiner Familie nachgehen und welche Fragen sie beantworten wollen, um eine begründete Entscheidung über das weitere Vorgehen treffen zu können. Sie vereinbaren mit dem Kind und seinen Eltern oder anderen relevanten Bezugspersonen des Kindes, wann und wo sie sich treffen wollen (z. B. an ihrem Arbeitsplatz oder im Haushalt der Familie); gerade wenn es sich um eine/n Jugendliche/n handelt, sollte diese/r bei der Terminierung der Gespräche immer involviert sein. Zugleich weisen sie das Kind und seine Eltern darauf hin, dass sie zu Gesprächen, die im Kontext der Kernabklärung stattfinden, eine vertraute Person mitnehmen können.

An Gesprächen im Kontext der Kernabklärung sollten möglichst alle Familienmitglieder teilnehmen, die einen Beitrag zur Klärung und Lösung der Situation leisten können. Dies trägt dazu bei, dass die Beteiligten besser nachvollziehen und verstehen können, was Ziel und Auftrag der Kernabklärung ist und welche Rolle dabei die abklärenden Fachpersonen innehaben. Unter Umständen kann es sinnvoll sein, zu den Gesprächen auch Personen einzuladen, die mit der Familie im direkten Kontakt stehen und/oder sich Sorgen um die Entwicklung des Kindes und seiner Familie machen (z. B. meldende Personen, Personen aus der erweiterten Familie). Hierzu muss die Familie jedoch ihr Einverständnis geben.

Bei Eltern, die miteinander hoch strittig umgehen, oder in Familien, in denen häusliche Gewalt eine Rolle spielt, sind Gespräche mit der gesamten Familie nicht immer möglich. Gleiches gilt für Familien, in denen ein Elternteil oder beide Eltern akut psychisch erkrankt, abhängig von Alkohol und/oder Drogen sind oder der Verdacht auf sexuelle Misshandlung besteht. In solchen Fällen müssen die abklärenden Fachpersonen überlegen, wann sie wen in welcher Weise an der Kernabklärung beteiligen und wie sie gegenüber den Betroffenen Transparenz über das weitere Vorgehen herstellen können. Bei hoch strittigem Umgang der Eltern kann es für das Kind entlastend sein, allein mit einer abklärenden Fachperson zu sprechen.

3 Durchführung der Kernabklärung

Zweck der Kernabklärung ist es, das Kind und seine Familie (weiter) kennen zu lernen, ein besseres Verständnis für die Vorstellungen des Kindes und seiner Familie von ihrer Situation zu erhalten und eine Arbeitsbeziehung aufzubauen bzw. zu festigen. Grundsätzlich ist davon auszugehen, dass der Aufbau einer vertrauensvollen Arbeitsbeziehung Zeit erfordert und mehrere Gespräche notwendig sind. Eine vertrauensvolle Arbeitsbeziehung ist Voraussetzung, um Hintergründe, situative Umstände und Auslöser von kindeswohlgefährdenden Ereignissen gemeinsam erkunden, wahrnehmen und verstehen zu können. In diesem Sinne ist die Kernabklärung nicht nur mit Abklärungs-, sondern auch Beratungs- und Unterstützungsaufgaben verbunden. Dennoch muss beachtet werden, dass die Kernabklärung oftmals innerhalb eines beschränkten Zeitraums und im Pflichtkontext stattfindet, was die Beziehungsgestaltung erschweren kann.

Unabhängig davon, dass im Kontext der gemeinsamen Vorbereitung und Organisation der Kernabklärung mit dem Kind und seiner Familie bereits Auftrag und Rolle der abklärenden Fachpersonen sowie Transparenz hinsichtlich des Vorgehens geklärt wurden, ist es unerlässlich, diese Themen während der Durchführung der Kernabklärung anlassbezogen immer wieder aufzugreifen. Besonders wichtig ist es hierbei, auszuführen, dass die Kernabklärung wie auch der gesamte Kindeswohlabklärungsprozess dazu dienen sollen, dem Kind und seiner Familie zu helfen. Ebenso ist es erforderlich, die Ziele der jeweiligen Gespräche zu Beginn zu erläutern und zu fixieren. Die abklärenden Fachpersonen müssen sich insofern vor jedem Gespräch vergegenwärtigen, welche Informationen sie gewinnen möchten resp. müssen. Auch sollten sie möglichst frühzeitig klären, ob Leistungen anderer Fachpersonen benötigt werden. Das sind beispielsweise psychologische oder psychiatrische Abklärungen, die mit den Eltern, einem Elternteil oder dem Kind durchgeführt werden. Es können aber auch medizinische Untersuchungen sein, die angeraten sind, um beispielsweise festzustellen, ob die Entwicklung des Kindes seinem Alter entspricht. Darüber hinaus ist zu klären, ob zusätzlich Besuche in Betreuungs- und Bildungseinrichtungen des Kindes oder im Haushalt der Familie erforderlich sind. Sie dienen dazu, unterschiedliche Situationen (z. B. Familienrituale, Interaktionen zwischen Eltern und Kindern, Konfliktbewältigungsstrategien etc.) zu beobachten oder Lebensbedingungen wahrzunehmen und zu erkunden.

Gespräche mit dem Kind: Ziel der Gespräche mit dem Kind ist es, gemeinsam zu eruieren, wie es die Ereignisse in der Familie wahrnimmt und versteht, welche Bilder es von sich, seinen Eltern und seiner Familie hat und was es braucht, um sich in seiner Familie sicher und geborgen zu fühlen. Wichtig ist es auch, herauszufinden, ob das Kind Erwachsene – bei Jugendlichen auch Gleichaltrige – in seinem Umfeld hat, denen es vertraut und die es unterstützen können. Auch sollte es darum gehen, die unmittelbaren Bedürfnisse des Kindes zu identifizieren.

Abklärende Fachpersonen sollten in aller Regel mit Kindern nicht ohne Rücksprache und Einverständnis der Eltern sprechen, es sei denn, sie haben im Rahmen behördlicher Verfahren von der KESB dazu die Befugnis erhalten. Insofern empfiehlt es sich, zunächst das Gespräch mit den Eltern zu suchen. Sie sollten transparent über Anliegen, Ziel und Inhalte der Gespräche mit dem Kind informiert werden. Es sollte ihnen erklärt werden, warum es notwendig ist, mit dem Kind alleine zu sprechen. Trotzdem werden bei den Eltern Restzweifel und Unsicherheiten bestehen bleiben. Diese gilt es zu thematisieren und ernst zu nehmen.

Urteilsfähige Kinder können ein Gespräch mit abklärenden Fachpersonen in Abwesenheit der Eltern verlangen. Es empfiehlt sich, dass die abklärenden Fachpersonen ein urteilsfähiges Kind und seine Eltern auf dieses Recht hinweisen und Sorge tragen, dass das Kind von seinem Recht Gebrauch machen kann.

Nach vertrauensbildenden Gesprächen mit den Eltern – auch im Beisein des Kindes – können die Gespräche mit dem Kind erfolgen. Wichtig ist es, dass die abklärenden Fachpersonen sich vor Kontaktaufnahme mit dem Kind dessen Lage vergegenwärtigen. Das Kind – unabhängig von seinem Alter – war und ist an der Eskalation der familiären Konflikte und Probleme beteiligt und trägt die Folgen dieser Eskalation (z. B. physische Verletzungen, Entwicklungsbeeinträchtigungen, emotionale Belastungen). Trotz der Verletzungen und Demütigungen, die das Kind unter Umständen erlebt hat, ist es seiner Familie und seinen Eltern gegenüber zumeist loyal. Gespräche mit abklärenden Fachpersonen können daher Loyalitätskonflikte bei Kindern auslösen, auch wenn sie wollen, dass die Misshandlung aufhört, jedoch nicht wissen, was sie, ihre Eltern oder andere dafür tun können *(vgl. Nowotny 2006b, S. 1f.)*.

Bevor die abklärenden Fachpersonen mit dem Kind über seine Sorgen, Hoffnungen und Wünsche sprechen, sollten sie ihm gegenüber erläutern, wer sie sind, was ihre Aufgabe ist und warum sie damit beauftragt worden sind, herauszufinden, wie es ihm geht und was es braucht. In diesem Zusammenhang sollten sie dem Kind gegenüber deutlich machen, dass es nicht mit ihnen sprechen muss, wenn es dazu keine Lust oder kein Interesse daran hat. Abklärende Fachpersonen sollten im Rahmen der Gesprächsführung darauf hinwirken, dass das Kind frei und offen über das, was es bewegt und beschäftigt, erzählen kann, ohne es zu sehr dazu zu drängen, zu berichten, wie es dazu kam, dass es vernachlässigt und/oder misshandelt wurde und wie es damit zurechtkommt *(vgl. Kindler 2006a, S. 3f.)*. Insbesondere Schilderungen alltäglicher Abläufe können dabei helfen, zu verstehen, in welcher Art Familie das Kind lebt, in welcher Beziehung es zu seinen Eltern und Geschwistern steht und welche familialen Probleme und Konflikte es belasten. Die abklärenden Fachpersonen sollten prinzipiell darauf achten, dass sie dem Kind nur so viele Fragen stellen wie nötig. Auch sollten die Fragen klar und eindeutig formuliert und nicht suggestiv gestellt sein. Das Kind muss nicht zu allen Details der Familie etwas sagen. Es steht ihm zu, selbst zu entscheiden, worüber es etwas sagen will und was es für sich behält. Gegebenenfalls können die abklärenden Fachpersonen auch auf Informationen zurückgreifen, die sie von Bezugspersonen des Kindes erhalten haben oder die im Rahmen einer polizeilichen Befragung ermittelt werden konnten. Die Privatsphäre und die Befindlichkeiten des Kindes müssen ernst genommen und respektiert werden, weil in Gesprächen mit Kindern, die vernachlässigt und/oder misshandelt wurden, das Risiko einer Re-Traumatisierung besteht. Neben der Thematisierung der Sorgen, Wünsche und Hoffnungen des Kindes sollten die abklärenden Fachpersonen auch versuchen, zusammen mit dem Kind herauszufinden, was diesem in Not- und Krisenlagen helfen könnte. Sie sollten mit ihm besprechen, an wen es sich wenden kann, wenn es in der Familie zu Situationen kommt, in denen es sich gefährdet fühlt und davon bedroht ist, (erneut) vernachlässigt und/oder misshandelt zu werden. Auf diese Weise tragen die abklärenden Fachpersonen zur Sicherheit des Kindes bei. Indem sie dessen Konflikt- und Krisenkompetenz stärken, können sie zudem ihren eigenen Unsicherheiten und Ängsten besser begegnen *(siehe auch: ebd., S. 3).*

Nach den Gesprächen mit dem Kind sollten die abklärenden Fachpersonen mit den Eltern und später mit der gesamten Familie zusammenkommen, um ihnen zu erläutern, was mit dem Kind besprochen wurde, wie es sich verhalten hat, welche Sorgen, Bedürfnisse, Hoffnungen und Wünsche das Kind hat, was es von seinen Eltern und seiner Familie zur Verbesserung der Situation erwartet und welchen Beitrag es selbst zu leisten imstande ist (sofern das Kind der Weitergabe dieser Informationen zustimmt).

In Familien mit mehreren Kindern ist es sehr wichtig, die Perspektive aller Kinder zu berücksichtigen. Dabei kann es hilfreich sein, die Kinder separat wie auch zusammen zu treffen.

Hinweise zur Einbeziehung von Kindern und Jugendlichen im Rahmen der Kernabklärung

- Grundsätzlich sind Kinder jeden Alters in die Kernabklärung einzubeziehen.
- Es ist erforderlich, ein Kind, bei dem der Verdacht besteht, es könnte misshandelt und/oder vernachlässigt worden sein oder werden, aktiv an der Abklärung zu beteiligen.
- Kinder können erst ab einem Alter von drei bis vier Jahren ihren Willen und ihre Wünsche sprachlich äussern; bei jüngeren Kindern müssen spezialisierte Fachpersonen hinzugezogen werden.
- Kinder im Alter von null bis sechs Jahren sollten in ihren Lebenswelten aufgesucht und kennengelernt werden; mit älteren Kindern können darüber hinaus auch Gespräche am Arbeitsplatz der abklärenden Fachpersonen geführt werden.
- Kinder sollten während der Kernabklärung mehrfach gesehen, in ihren Lebenswelten beobachtet und erlebt werden; nach Möglichkeit sollte intensiv mit ihnen gesprochen und/oder zum Erzählen anregende Aktivitäten unternommen werden.
- Jugendliche sollten selbst darüber bestimmen können, wo sie mit den abklärenden Fachpersonen sprechen wollen; der Ort des Gesprächs sollte jedoch frei von Störungen und dem Abklärungsauftrag angemessen sein.

Gespräche mit den Eltern oder anderen wichtigen Bezugspersonen: In Familien, in denen sich die Eltern das Sorgerecht teilen, sollte ein Treffen mit beiden arrangiert werden, sofern sie damit einverstanden sind und ihre Sicherheit dadurch nicht in Gefahr ist. Darüber hinaus sollten auch andere wichtige Bezugspersonen hinzugezogen werden, die nicht sorgeberechtigt sind, aber massgeblich Verantwortung für die Bildung, Erziehung und Betreuung des Kindes übernehmen. Die abklärenden Fachpersonen sollten in einem Gespräch mit beiden Elternteilen darauf achten, dass sie auf Themen eingehen, die diese gemeinsam besprechen können. Unter Umständen kann es geboten sein, Themen, die konfliktreich sind, mit den Elternteilen separat zu besprechen. Auch sollten die Fachpersonen sensibel dafür sein, festzustellen, ob zwischen den Eltern im Paarverhältnis Gewalt eine Rolle spielt oder ob diese selbst in ihrer Kindheit vernachlässigt und/oder misshandelt wurden *(vgl. DePanfilis/Salus 2003, S. 72)*. Sie sollten daher abwägen, wann es sinnvoll ist, allein mit den Eltern oder einem Elternteil zu sprechen, und wann es geboten ist, das Gespräch zu zweit durchzuführen. Im Falle einer Eskalation der Situation ist es hilfreich, wenn eine zweite Fachperson anwesend ist, die schnell eingreifen und versuchen kann, das Gespräch in eine Bahn zu lenken, die eine konstruktive Weiterarbeit möglich macht, oder aber darauf hinwirken kann, das Gespräch freundlich zu beenden *(vgl. Kindler 2006a, S. 5).*

Abklärende Fachpersonen sollten berücksichtigen, dass sie es in der Regel mit Eltern(teilen) zu tun haben, die am Wohl ihres Kindes interessiert sind, aber nicht immer dazu in der Lage sind, die Sicherheit ihrer Kinder zu gewährleisten und für sie ausreichend zu sorgen. Den Eltern sollte die Gelegenheit geboten werden, über sich und ihr Leben, ihre Paarbeziehung, ihre Kinder und ihre Familie, ihre Sorgen, Wünsche und Hoffnungen offen erzählen zu können. Um ihr Selbstwertgefühl zu wahren, lehnen viele Eltern eine Zusammenarbeit mit abklärenden Fachpersonen lieber ab, da sie sonst davon bedroht wären, offenlegen zu müssen, dass sie nicht mehr weiterwissen und auf Unterstützung angewiesen sind. Zugleich fürchten sie sich vor Konsequenzen und vor Eingriffen in ihr Privatleben, was den Aufbau und die Gestaltung einer vertrauensvollen Arbeitsbeziehung erschwert. Abklärende Fachpersonen sollten diese zum Teil ambivalenten Gefühle von Eltern ernst nehmen und ihre ablehnende Haltung bzw. ihre Widerstände offen ansprechen und mit ihnen klären, welche Erwartungen und Befürchtungen sie haben *(vgl. Nowotny 2006a, S. 2f.).* Ist dies nicht möglich, kann auch versucht werden, über Vertrauenspersonen der Eltern Möglichkeiten der Zusammenarbeit auszuloten und ein Setting zu besprechen, bei dem die Eltern sich vorstellen können, an der Abklärung der familialen Situation und der Umstände, die zur Kindeswohlgefährdung geführt haben, mitzuwirken (dies setzt voraus, dass die Eltern damit einverstanden sind). Bei nachhaltiger Verweigerung der Zusammenarbeit seitens der Eltern empfiehlt es sich, dass sich die abklärenden Fachpersonen mit einer Gefährdungsmeldung an die KESB wenden oder – falls sie die Abklärung im Auftrag einer KESB durchführen – diese über die fehlende Kooperation seitens der Eltern informieren. Unter Umständen kann die «Autorität» der Behörde dazu beitragen, die Eltern zu einer Mitwirkung zu bewegen *(vgl. ebd., S. 7).*

Gespräche mit weiteren Familienmitgliedern oder am Fall beteiligten (Fach-) Personen: Gespräche mit Drittpersonen können insbesondere dann nützlich oder sogar erforderlich sein, wenn nicht sicher ist, ob man sich auf die Aussagen der Eltern(teile) verlassen kann und/oder das Kind bereits in der Lage ist, sich sprachlich mitzuteilen. Zudem ist der Einbezug Dritter zwingend notwendig, wenn sie wichtige Informationen zum Fall beizutragen haben, weil sie Misshandlungen und/oder Vernachlässigungen miterlebt oder beobachtet haben *(vgl. Kindler 2006a, S. 6).*

Dabei ist davon auszugehen, dass «neutrale» Fachpersonen (z. B. (Kindergarten-) Lehrperson, Krippenbetreuerin) besser verwertbare Informationen liefern als erweiterte Familienmitglieder oder Personen, die in einer (emotionalen) Beziehung zur Familie stehen. Bei Familienmitgliedern und Privatpersonen bleibt meist unklar, in welchem Verhältnis sie zur betroffenen Familie und deren Mitgliedern stehen. Darüber hinaus können diese Personen emotional in den Fall involviert sein, weshalb es notwendig ist, sie zu unterstützen resp. ihnen Unterstützung anzubieten. Bei Gesprächen mit Drittpersonen ist darauf zu achten, dass sich die Fragen auf das Kindeswohl und dessen Gewährleistung konzentrieren und nach konkreten Beobachtungen und Ereignissen gefragt wird, sodass die Personen möglichst offen berichten können. Vermieden werden sollte die Vermittlung resp. Erhärtung eines negativen Bildes der betroffenen Eltern(teile). In diesem Sinne sollte darauf aufmerksam gemacht werden, dass die Unterstützung der Familie im Vordergrund steht, um das Kindeswohl zu sichern *(vgl. ebd., S. 6).*

Standards bei der Durchführung der Kernabklärung
(vgl. Peter/Dietrich/Speich 2016, S. 154f.)

- Die abklärenden Fachpersonen informieren das Kind und seine Familie persönlich über Auftrag und Ziel der Abklärung.
- Die abklärenden Fachpersonen lernen das Kind und seine Familie persönlich kennen.
- Die abklärenden Fachpersonen führen bei Kindern im Alter von null bis sechs Jahren mindestens einen Hausbesuch durch.
- Die abklärenden Fachpersonen nehmen regelmässig Fallreflexionen und -supervisionen im Team vor.

4 Hinzuziehung weiterer Fachpersonen zum Prozess der Kernabklärung
Bleiben im Prozess der Kernabklärung wichtige Fragen offen, wägen die abklärenden Fachpersonen ab, ob eine Hinzuziehung weiterer Fachpersonen erforderlich ist, um ein befriedigendes Verständnis der Anlässe, Hintergründe und Situationen zu gewinnen, mit denen Unterversorgung, Misshandlung oder Gefährdung in einem vorliegenden Fall verknüpft sind *(vgl. DePanfilis/Salus 2003, S. 73)*. Das Einholen zusätzlicher Fachperspektiven kann auch dazu beitragen, Bedürfnisse und Bedarfe des Kindes und seiner Familie differenzierter einbeziehen zu können. Eine Hinzuziehung weiterer Fachpersonen kann zu unterschiedlichen Zeitpunkten der Kernabklärung erfolgen,

- um zu klären, welche Leistungen vor Hinzuziehung eines abklärenden Dienstes und/oder der Einschaltung der Kindes- und Erwachsenenschutzbehörde bestanden haben;
- um zu klären, welche Leistungen bereits während der Durchführung der Kernabklärung vermittelt werden sollten;
- bevor man spezialisierte Abklärungen wie z. B. psychologische oder medizinische Gutachten in Auftrag gibt;
- um spezialisierte Abklärungen wie z. B. psychologische oder medizinische Gutachten erstellen zu lassen.

Vor allem bei Kleinkindern unter drei Jahren empfiehlt sich oft die Zusammenarbeit mit Kinderärzt/innen oder anderen Stellen, um Informationen zum Entwicklungs- und Gesundheitszustand des Kindes zu erhalten *(vgl. Peter et al. 2016a, S. 155)*. Gelegentlich zeigt sich ein Bedarf nach medizinischen, (entwicklungs-) psychologischen oder psychiatrischen Abklärungen des Kindes (z. B. Hyperaktivität, chronische Albträume, Bettnässen, aggressives Verhalten zu Hause oder in der Schule, Entwicklungsstand etc.) und der Eltern (z. B. Depressionen, Gewalttätigkeit, Substanzmittelabhängigkeit). Eine Zusammenarbeit mit weiteren Stellen kann auch notwendig werden, wenn die ernste Gefahr besteht, dass ohne Einbezug der Polizei die Sicherheit des Kindes oder der/des Jugendlichen nicht gewährleistet werden kann. Droht die ernste Gefahr, dass ein Kind oder ein/e Jugendliche/r sich selbst schweren Schaden zufügt, besteht eine Zusammenarbeitspflicht zwischen der Kindes- und Erwachsenenschutzbehörde und weiteren betroffenen Stellen einschliesslich der Polizei (Art. 453 ZGB).

Hinweise zum Vorgehen: Die Hinzuziehung weiterer Fachpersonen und/oder Stellen bedeutet eine Erweiterung des Abklärungsauftrags. Dem Kind und seiner Familie muss erklärt werden, wozu die geplanten weiteren Abklärungen erforderlich sind und welcher Nutzen von ihnen zu erwarten ist. Handelt es sich um eine Abklärung im einvernehmlichen Kontext, ist die Zustimmung der Eltern oder des urteilsfähigen Kindes erforderlich. Bei Abklärungen im Auftrag einer KESB liegt die Kompetenz zur Entscheidung über die Hinzuziehung weiterer Fachpersonen bei der KESB.

Reflexionsfragen im Vorfeld der Anforderung spezialisierter Abklärungen

- **Der Grund für die spezialisierte Abklärung:** Welche spezifischen Bereiche soll sie fokussieren und in welchem Zusammenhang steht sie zur Kindeswohlgefährdung?
- **Der zeitliche Rahmen der spezialisierten Abklärung:** In welchem Zeitrahmen kann die Abklärung stattfinden? Bis wann liegt ein Bericht vor bzw. bis wann muss der Bericht vorliegen?
- **Die Auswirkungen der spezialisierten Abklärung:** Wie wirkt sich die Abklärung auf die zeitliche Dauer und den Ablauf der Kernabklärung aus? Welche Auswirkungen hat sie auf das Kind und seine Familie? Welche Auswirkungen hat sie auf die Arbeit der abklärenden Fachpersonen?
- **Die Form und der Inhalt des Abklärungsberichts:** Wie soll der Bericht aufgebaut sein? Was soll/muss in ihm enthalten sein? Auf welche Kernfragen soll er Antworten liefern?
- **Der Umgang mit den Ergebnissen der spezialisierten Abklärung:** Wo, wann, an wen und in welchem Rahmen können Rückfragen zum Bericht gestellt werden? Wer hat Zugang zu den Ergebnissen des Berichts? Wer soll/muss über die Ergebnisse des Berichts bis wann informiert werden? Welche Inhalte des Berichts sind vertraulich, welche nicht?

Wichtig ist in der Regel, dass ein Bericht nicht kommentarlos eingereicht bzw. empfangen wird, sondern die Möglichkeit eines persönlichen oder zumindest telefonischen Austausches mit der begutachtenden Fachperson besteht, sodass eine interdisziplinäre Verständigung erreicht werden kann.

5 Bündelung und Bewertung der Ergebnisse der Kernabklärung

Nach Durchführung der Kernabklärung und der etwaigen Hinzuziehung weiterer Fachpersonen überführen die abklärenden Fachpersonen die im Rahmen des Schlüsselprozesses entwickelten und weiterbearbeiteten Hypothesen in verifizierte, nach wie vor fragliche und falsifizierbare Befunde und bündeln ihre Ergebnisse unter Verwendung von Informationen und Einschätzungen, die im Kontext der Schlüsselprozesse Ersteinschätzung und Kindeswohleinschätzung (und ggf. Sofortmassnahme) gewonnen werden konnten. Sie erstellen auf dieser Grundlage eine soziale Diagnose. Sie treffen Schlussfolgerungen darüber, in welcher Hinsicht und in welchem Ausmass das Wohl des Kindes gefährdet ist und was Hintergründe, Auslöser und (wahrscheinliche) Wirkungen von kindeswohlgefährdenden Zuständen, Praxen und Ereignissen sind, um auf dieser Basis über das weitere Vorgehen entscheiden zu können. Sie besprechen diese Ergebnisse mit den betroffenen Personen *(siehe Schlüsselprozess Ergebnisklärung)*.

Genogrammarbeit

Fragestellung	Beschreibung
Was kennzeichnet die Methode?	Ein Genogramm ist ein Schaubild, das auf Grundlage von Symbolen und Zeichen in der Interaktion mit Kindern, Eltern und weiteren Familienmitgliedern zur Darstellung einer Familie – beginnend mit der Kernfamilie – über vier Generation hinweg entwickelt und aufgezeichnet werden kann. Es sollte nach Möglichkeit zusammen mit dem Kind und seiner Familie erarbeitet werden, da es eine gute Möglichkeit darstellt, eine vertrauensvolle Arbeitsbeziehung aufzubauen und zu gestalten. Die Arbeit mit Genogrammen gehört zum Grundhandwerkzeug der systemischen Beratung und Therapie.
Welche Zielsetzung kann mit der Methode verfolgt werden?	Die Arbeit mit Genogrammen (Familienschaubildern) ist dazu geeignet, über mehrere Familiengenerationen hinweg Entwicklungsgeschichten und Funktionsweisen von Familien auf der Grundlage biografischer Daten nachzuvollziehen und Konflikte und Krisen in Familien in einen ganzheitlichen Gesamtzusammenhang zu stellen.
Wie kann man die Methode einsetzen?	Die Arbeit mit Genogrammen kann in verschiedenen Gesprächssettings (Einzelgespräche mit Eltern, Elterngespräche, Familiengespräche, Einzelgespräche mit Kindern und Jugendlichen etc.) genutzt werden. Bei der Erstellung eines Genogramms sollten folgen Punkte beachtet werden (vgl. Döring-Meijer 2004, S. 25): Nach Möglichkeit beim Erstellen des Genogramms immer das Kind und seine Familie beteiligen (es kann

von der Familie oder von den abklärenden Fachpersonen erstellt werden); das Genogramm auf einem ausreichend grossen Blatt zeichnen (auf die Erstellung des Genogramms mittels eines Computerprogramms sollte verzichtet werden, da hierdurch der Erzählfluss gehemmt werden könnte); immer mit einer Familienlinie beginnen (entweder der mütterlichen oder der väterlichen); alle Familienmitglieder bis zur Grosselterngeneration aufzeichnen; für Männer ein Viereck, für Frauen einen Kreis verwenden (Hinweis: Darüber hinaus gibt es weitere grafische Symbole); die Familienmitglieder durch Linien miteinander verbinden, Grosseltern, Eltern, Kinder chronologisch untereinander; die Bedeutung der Namensgebung einzelner Familienmitglieder erfragen; die Bedeutung von Kindern, ihrem Geschlecht und ihrer Stellung in der Familie erfragen; die Beziehungen, Abbrüche und Trennungen von Familienmitgliedern erfragen; die beruflichen Stellungen der Familienmitglieder erfragen; Wohnortwechsel der Familienmitglieder und deren Gründe erfragen; Lebensumstände der Familienmitglieder erfragen; Schicksalsschläge der Familienmitglieder und deren Gründe erfragen (z. B. Todesfälle, Selbstmorde, Selbstmordversuche, schwere Krankheiten, Unfälle etc.); besondere Ereignisse oder Erlebnisse von Familienmitgliedern erfragen. Nach Erstellung des Genogramms werden Hypothesen gebildet und im Austausch mit dem Kind und der Familie geprüft, gegebenenfalls verworfen und neue Hypothesen gebildet. Wichtig ist dabei: Hypothesen sind Ideen bzw. Deutungen über vermutete Wirklichkeiten, keine realen Tatsachen. Es geht darum, kritische Ereignisse, Entwicklungsetappen und Beziehungen von Familien in einen Interpretationszusammenhang zu stellen.

▶

Wie viel Zeit benötigt man für die Verwendung der Methode?	Je nach Setting und beteiligten Familienmitgliedern zwischen einer Stunde und drei Stunden.
Welche räumlichen Bedingungen müssen für die Verwendung der Methode gegeben sein?	Das Genogramm sollte gut sichtbar auf einen Tisch gelegt, aufgehängt oder projiziert werden können.
Welche weiterführenden Quellen können zum besseren Verständnis der Methode genutzt werden?	• Hildenbrand, Bruno (2015): Einführung in die Genogrammarbeit. 4. Aufl. Heidelberg. • Wendt, Peter-Ulrich (2015): Lehrbuch Methoden der Sozialen Arbeit. Weinheim, Basel. S.140ff.

Krisen- und Ereignisweg der Familie

Fragestellung	Beschreibung
Was kennzeichnet die Methode?	Die Methode kann zur Erarbeitung eines Krisen- und Ereigniswegs unter aktiver Beteiligung einer Familie herangezogen werden. Im Fokus steht die Rekonstruktion von Problemen, Schwierigkeiten und Konflikten der Familie, des Paares, der Kinder und Geschwister sowie des Eltern-Kind-Verhältnisses. Sie hat erzählgenerierenden Charakter.
Welche Zielsetzung kann mit der Methode verfolgt werden?	Mit der Methode können zueinander in Beziehung stehende und miteinander verwobene Lebensereignisse einer Familie analytisch in den Blick genommen werden. Es geht darum, gemeinsam mit der Familie Konfliktmuster zu identifizieren, um auf dieser Grundlage über alternative Handlungsoptionen für die Zukunft nachzudenken.

Wie kann man die Methode einsetzen?	Die Methode kann unter Verwendung einer Tabelle (Datum, Person, Ereignis) oder mithilfe von Zeitstrahlen für die gesamte Familie oder einzelne Familienmitglieder im Kontext von Gesprächen herangezogen werden.
Wie viel Zeit benötigt man für die Verwendung der Methode?	Je nach Familienkonstellation erfordert die Verwendung der Methode zwei bis drei Stunden Zeit.
Welche räumlichen Bedingungen müssen für die Verwendung der Methode gegeben sein?	Für den Einsatz der Methode benötigt man eine Stellwand oder eine Möglichkeit zur Präsentation des Krisen- und Ereigniswegs, sodass alle daran beteiligten Personen sich einen schnellen Überblick über die Angaben in der Tabelle oder auf dem Zeitstrahl machen können.
Welche weiterführenden Quellen können zum besseren Verständnis der Methode genutzt werden?	• Wolff, Reinhart/Stork, Remi (2012). Dialogisches ElternCoaching und Konfliktmanagement. Ein Methodenbuch für eine partnerschaftliche Bildungsarbeit (nicht nur) in den Hilfen zur Erziehung. Frankfurt am Main. S. 97ff. • Calder, Martin C. / McKinnon, Moira / Sneddon, Rikki (2012). National Risk Framework to Support the Assessment of Children and Young People. S. 72–73.

Kinder- und Familienfotoanalyse

Fragestellung	Beschreibung
Was kennzeichnet die Methode?	Auf Grundlage von Kinder- oder Familienfotos wird mit dem Kind und seiner Familie gemeinsamen Erinnerungen, Gefühlen, Hoffnungen und Erwartungen nachgegangen.
Welche Zielsetzung kann mit der Methode verfolgt werden?	Mit der Methode können Erzählungen des Kindes und seiner Familie über Bedürfnisse, Belastungen, Ressourcen und Stärken des Kindes und seiner Eltern und über die Entwicklungsgeschichte und die Funktionsweise der Familie angeregt werden.
Wie kann man die Methode einsetzen?	Das Kind und seine Familie werden gebeten, ein oder mehrere Kinder- oder Familienfotos zum Gespräch mitzubringen, die für sie von Bedeutung sind. Die Fotos können aktuell oder schon älter sein. Es werden einleitend Fragen zur Fotosuche und -auswahl, zur Fotoaufbewahrung und -bedeutung gestellt. Daran anschliessend werden folgende Fragen gestellt: • Wann und wo wurde das Foto gemacht? Gab es einen besonderen Anlass? Wenn ja, welchen? • Wer hat das Foto gemacht? • Wer ist auf dem Foto zu sehen? Wer steht neben wem? Wer steht im Mittelpunkt? Gibt es mehrere Zentren? • Wie stehen die Personen auf dem Foto in Beziehung zueinander? • Wie ist die Stimmung auf dem Foto? • Welche Geschichte erzählt das Foto?

Wie viel Zeit benötigt man für die Verwendung der Methode?	Der Einsatz der Methode beansprucht je nach Menge der Fotos, die gemeinsam analysiert werden, unterschiedlich viel Zeit. Pro Analyse eines Fotos sollte man 30 bis 60 Minuten einplanen.
Welche räumlichen Bedingungen müssen für die Verwendung der Methode gegeben sein?	Es bedarf keiner besonderen räumlichen Bedingungen. Der Ort muss so beschaffen sein, dass alle Anwesenden die Möglichkeit haben, in Ruhe auf die Fotos zu schauen; alternativ bietet es sich an, die Fotos einzuscannen (sofern nicht digital vorliegend) und mit einem Beamer an eine Wand zu projizieren.
Welche weiterführenden Quellen können zum besseren Verständnis der Methode genutzt werden?	• Wolff, Reinhart/Stork, Remi (2012). Dialogisches Eltern Coaching und Konfliktmanagement. Ein Methodenbuch für eine partnerschaftliche Bildungsarbeit (nicht nur) in den Hilfen zur Erziehung. Frankfurt am Main. S. 48f.

Checkliste

Prüffragen	Ja	Nein	Erläuterung
Wurden vorhandene Unterlagen und Dokumente zum Fall gesichtet und analysiert?	☐	☐	
Wurde die Kernabklärung unter Beteiligung des Kindes und seiner Familie vorbereitet und organisiert?	☐	☐	
Wurden Gespräche mit dem Kind geführt?	☐	☐	
Wurden Gespräche mit den Eltern oder anderen wichtigen Bezugspersonen geführt?	☐	☐	
Wurden Gespräche mit weiteren Familienmitgliedern oder am Fall beteiligten (Fach-)Personen geführt?	☐	☐	
Wurden weitere Fachpersonen zum Prozess der Kernabklärung hinzugezogen?	☐	☐	Wenn ja, wer und warum?
Wurden spezialisierte Abklärungen in Auftrag gegeben?	☐	☐	Wenn ja, was ist das Ergebnis?

Prüffragen	Ja	Nein	Erläuterung
Wurden alle zu berücksichtigenden Sachverhalte eingeschätzt?	☐	☐	Wenn nein, was konnte nicht eingeschätzt werden?
Was ist das Ergebnis der Kernabklärung?	☐	☐	Akute Kindeswohlgefährdung = SP Sofortmassnahmen
	☐	☐	Hinweise auf Kindeswohlgefährdung sind bestätigt; es besteht Unterstützungsbedarf = SP Bedarfsklärung
	☐	☐	Hinweise auf eine Kindeswohlgefährdung sind nicht bestätigt; es besteht kein Unterstützungsbedarf = Fallabschluss

Notizen

Notizen

3.5 Schlüsselprozess Bedarfsklärung

Handlungsempfehlungen und einen Plan zur Förderung und Sicherung des Kindeswohls mit dem Kind, seiner Familie und weiteren Fachpersonen entwickeln

3.5.1 Aufgabe und Funktion

Im Schlüsselprozess Bedarfsklärung geht es darum, unter Einbezug verschiedener Perspektiven zu klären, welchen Bedarf an Unterstützung das Kind und seine Familie haben. Ziel ist es, im Kontakt und in der Begegnung mit dem Kind, seiner Familie und weiteren fachlichen Partnern zu eruieren, welche Leistungen und/oder zivilrechtlichen Kindesschutzmassnahmen notwendig und geeignet sind, um das Kindeswohl zu fördern und zu sichern. Auf dieser Basis sollen Handlungsempfehlungen und ein Plan zur Sicherung und Förderung des Kindeswohls entwickelt werden.

Einschätzdimensionen und einzuschätzende Sachverhalte

Einschätzdimensionen	Einzuschätzende Sachverhalte
Unterstützungsbedarf	Unterstützungsbedarf des Kindes; Unterstützungsbedarf der Eltern; Unterstützungsbedarf weiterer Familienmitglieder
Notwendigkeit und Geeignetheit von Leistungen und/oder zivilrechtlichen Kindesschutzmassnahmen	**Unterstützungsbedarf:** Notwendigkeit und Geeignetheit von Leistungen **Anordnungsbedarf:** Notwendigkeit und Geeignetheit von zivilrechtlichen Kindesschutzmassnahmen
Ziele, Dauer, Umfang und angestrebte Wirkungen von Leistungen und/oder zivilrechtlichen Kindesschutzmassnahmen	Ziele, Dauer, Umfang und angestrebte Wirkungen von Leistungen; Ziele, Dauer und angestrebte Wirkungen von zivilrechtlichen Kindesschutzmassnahmen

Was ist zu klären?

- Welchen Unterstützungsbedarf hat das Kind?
- Welchen Unterstützungsbedarf haben die Eltern?
- Welchen Unterstützungsbedarf haben die weiteren Familienmitglieder?
- Welche Leistungen und/oder zivilrechtlichen Kindesschutzmassnahmen sind notwendig und geeignet, um das Kindeswohl zu fördern und zu sichern (Unterstützungsbedarf / Anordnungsbedarf)?
- Welche Ziele und Wirkungen sollen mit den angedachten Leistungen und/oder zivilrechtlichen Kindesschutzmassnahmen erreicht werden?
- Wie lange sollen die Leistungen und/oder zivilrechtlichen Kindesschutzmassnahmen dauern? Inwieweit können sie den Bedarf an Unterstützung seitens des Kindes und seiner Eltern decken?

Welche Methoden können herangezogen werden?

- Einzelgespräche mit Eltern
- Familiengespräche
- Gespräche mit Kindern und Jugendlichen
- Elterngespräche
- Kollegiale Fallreview
- Hilfeplankonferenz
- Bedarfsklärungsgespräche
- Hilfeplangespräche

Welche Instrumente können herangezogen werden?

- Gesamteinschätzung (Berner und Luzerner Abklärungsinstrument zum Kindesschutz) (Hauri et al. 2016: 606ff.)
- Prüfbogen «Einschätzung des Misshandlungs- und Vernachlässigungsrisikos» (DJI)
- Bewahrungs- und Veränderungskalender
- Ressourcenbaum
- Ressourcentreppe
- Ressourcenkarte
- Netzwerkkarte
- Unterstützungskarte

3.5.2 Fachliche Herausforderungen

Überforderung durch und Ablehnung von Partizipation: Das Kind und seine Eltern können Möglichkeiten der Partizipation im Schlüsselprozess Bedarfsklärung ablehnen, weil sie entweder davon keinen Gebrauch machen wollen oder aber sich damit überfordert fühlen. Die Ablehnung oder scheinbare Ablehnung von Partizipation kann unterschiedlichste Gründe haben. Beispielsweise können Kinder zu jung sein, um sich einzubringen. Oder sie sind in einem Alter, indem sie nicht daran interessiert sind, sich über ihre Familie Gedanken zu machen. Auch kann es sein, dass die Eltern oder andere primäre Bezugspersonen des Kindes sich nicht dazu in der Lage sehen, gemeinsam mit den abklärenden Fachpersonen darüber nachzudenken und zu diskutieren, welche Leistungen und/oder zivilrechtlichen Kindesschutzmassnahmen für die Förderung und Sicherung des Kindeswohls notwendig und geeignet sind. Ein weiterer Grund kann sein, dass sie in der Vergangenheit die Erfahrung machen mussten, dass ihnen ohnehin nicht zugehört wird oder ihre Meinung weniger zählt als die Meinung von Fachpersonen. Das Desinteresse kann aber auch darauf zurückzuführen sein, dass sie sich als wenig selbstwirksam und/oder hilflos erleben. Partizipation wird dadurch zwar nicht verunmöglicht, stösst aber an Grenzen, wenn die abklärenden Fachpersonen nicht alternative Beteiligungsformen finden. Situationen, in denen Partizipation nicht gelingt oder sogar vonseiten des Kindes und seiner Familie abgelehnt wird, können wiederum bei abklärenden Fachpersonen zu Überforderungsgefühlen führen, weil sie die Gründe dafür eruieren und Wege finden müssen, Bedingungen herzustellen, die Partizipation trotzdem ermöglichen. Schliesslich können Bedarfe nur bzw. am besten eruiert sowie Leistungen und/oder zivilrechtliche Kindesschutzmassnahmen bestimmt werden, wenn das Kind und seine Familie sich am Prozess der Bedarfsklärung aktiv beteiligen.

Angst vor Kontroll- und Machtverlust: Die Bereitschaft abklärender Fachpersonen, das Kind und seine Eltern an der Klärung des Bedarfs an Unterstützung zu beteiligen, kann sehr unterschiedlich ausgeprägt sein. Abklärende Fachpersonen sind es gewohnt, einen Wissensvorsprung gegenüber dem Kind und seinen Eltern zu haben. Sie haben rasch gute Ideen dazu, was für das Kind und die Familie gut ist, was deren Probleme sind und welche Leistungen und/oder zivilrechtlichen Kindesschutzmassnahmen notwendig und geeignet sind. Wenn sie aber vom Kind und seinen Eltern unmittelbar erfahren möchten, ob und in welchen Bereichen sie Unterstützung benötigen, tun sie gut daran, sich mit Lösungsvorschlägen zurückzuhalten. Dies macht es erforderlich, dass die abklärenden Fachpersonen während der Bedarfsklärung Kontrolle und Macht zugunsten von mehr Transparenz und

Partizipation abgeben müssen. Die Abgabe von Macht und Kontrolle kann jedoch bei ihnen zu Verunsicherung und Ängsten führen. Sie müssen es zulassen, dass sich das Kind und seine Eltern an der Feststellung des Bedarfs an Unterstützung beteiligen und selbst Ideen über notwendige und geeignete Leistungen / zivilrechtliche Kindesschutzmassnahmen entwickeln, auch wenn diese mit den Ansichten der Fachpersonen nicht übereinstimmen, konträr dazu liegen und/oder zu Konflikten führen.

Uneinigkeit über die Notwendigkeit und Geeignetheit von Leistungen / zivilrechtlichen Kindesschutzmassnahmen: Die abklärenden Fachpersonen müssen im Rahmen der Bedarfsklärung zu einer begründeten Entscheidung darüber kommen, welche Leistung(en) und/oder zivilrechtlichen Kindesschutzmassnahme(n) sie als notwendig und geeignet erachten, wie lange diese dauern und welche Ziele und Wirkungen damit angestrebt werden sollen. Der fachliche Anspruch ist zudem, dass alle beteiligten und betroffenen Personen bei der Erarbeitung dieser Empfehlungen mitgewirkt haben und diesen zustimmen. Es muss jedoch damit gerechnet werden, dass schon bei einer kleinen Anzahl an Beteiligten Uneinigkeit über diese Fragen bestehen wird. Diese Uneinigkeit kann zwischen den abklärenden Fachpersonen und dem Kind und seinen Eltern zu massiven Konflikten führen. Es kann auch innerhalb der Familie zu Uneinigkeit kommen, weil nicht alle Familienmitglieder die Notwendigkeit einer Leistung erkennen, weil sie unterschiedliche Leistungen bevorzugen oder ihre Mitwirkungsbereitschaft unterschiedlich ist. Schliesslich kann es auch zu Uneinigkeit zwischen den Fachpersonen kommen. Dies kann sich sowohl in intraprofessionellen Arbeitszusammenhängen ergeben, zum Beispiel im Rahmen kollegialer Beratung unter Sozialarbeitenden, aber auch zwischen Fachpersonen aus unterschiedlichen Professionen, in Fällen, in denen ein grösseres Hilfesystem involviert ist. Gerade bei Aushandlungen zwischen Fachpersonen mit unterschiedlichen Aufträgen und institutionellen Zugehörigkeiten oder zwischen Fachpersonen aus unterschiedlichen Professionen kommen die systembedingten Sichtweisen auf einen Gegenstand und die unterschiedlichen Interessen besonders stark zum Ausdruck. In diesem System, in dem sich Akteur/innen mit unterschiedlichen Rollen, Sichtweisen und Interessen bewegen, besteht die Herausforderung darin, einen konstruktiven Umgang mit den unterschiedlichen Perspektiven und Interessen zu finden und die Verschiedenheit der Sichtweisen als Ressource zu betrachten.

3.5.3 Empfehlungen zur Prozessgestaltung

Im Schlüsselprozess Bedarfsklärung müssen zwei Teilaufgaben realisiert werden:

1 **Eruierung des Bedarfs an Unterstützung**
2 **Entwicklung von Handlungsempfehlungen und eines Plans zur Förderung und Sicherung des Kindeswohls**

1 Eruierung des Bedarfs an Unterstützung
Die Basis für die Eruierung des Bedarfs an Unterstützung für das Kind, für seine Eltern und für weitere Familienmitglieder bilden die in den vorherigen Schlüsselprozessen gewonnenen Informationen und Erkenntnisse. Sie müssen von den abklärenden Fachpersonen einer systematischen Reflexion unterzogen und zu einer sozialen Diagnose gebündelt werden. Den abklärenden Fachpersonen obliegt es, gemeinsam mit dem Kind und seiner Familie herauszufinden, auf welche Form der Unterstützung sie zur Förderung und Sicherung des Kindeswohls angewiesen sind. Hierfür müssen sie gegenüber dem Kind und seinen Eltern transparent machen, welche Schlussfolgerungen sie aus den in den vorherigen Schlüsselprozessen gemeinsam erarbeiteten und gesammelten Informationen gezogen haben und was aus ihrer Sicht getan werden muss bzw. kann, damit das Kindeswohl nicht erneut gefährdet wird. Unterstützungsbedarfe können einerseits bei unterschiedlichen Akteuren der betroffenen Familie entstehen (z. B. dem Kind, den Eltern oder anderen Familienmitgliedern), andererseits können sie in unterschiedlichen Dimensionen angesiedelt sein:

Bedarfsdimensionen im Überblick

- **Sozioökonomischer Bedarf:** Benötigen das Kind, seine Eltern oder andere Familienmitglieder Unterstützung im sozioökonomischen Bereich (z. B. Schuldnerberatung, staatliche Hilfen etc.)?
- **Sozialpädagogischer Bedarf:** Benötigen das Kind, seine Eltern oder andere Familienmitglieder sozialpädagogische Unterstützungsformen (z. B. Beratungsleistungen, ergänzende Hilfen zur Erziehung etc.)
- **Schulischer Bedarf:** Benötigen das Kind, seine Eltern oder andere Familienmitglieder Unterstützung im schulischen Bereich (z. B. Nachhilfeunterricht etc.)?

▸

- **Arbeits- und beschäftigungsbezogener Bedarf:** Benötigen das Kind, seine Eltern oder andere Familienmitglieder Unterstützung im Übergang von der Schule zum Beruf oder bei der Integration in den Arbeitsmarkt (Coachings, Integrationsmassnahmen etc.)?
- **Medizinischer Bedarf:** Benötigen das Kind, seine Eltern oder andere Familienmitglieder Unterstützung im medizinischen Bereich (z. B. bei der Wahl von Ärzt/innen, geeigneten Untersuchungs- und Behandlungsformen etc.)
- **Therapeutischer Bedarf:** Benötigen das Kind, seine Eltern oder andere Familienmitglieder therapeutische Unterstützung (z. B. Einzel-, Gruppen- oder Familientherapien etc.)?
- **Sonstiger Bedarf:** Benötigen das Kind, seine Eltern oder andere Familienmitglieder darüber hinaus andere Formen der Unterstützung (bei der Wohnungssuche, bei der Führung des Haushalts etc.)?

Fachpersonen haben im Prozess der Bedarfsklärung im Blick, dass nicht alle identifizierten Bedarfe ausschliesslich durch professionalisierte Dienste gedeckt werden müssen, und sondieren gemeinsam mit der Familie auch Ressourcen und Unterstützungsmöglichkeiten in der Lebenswelt der Familie und in ihrem sozialen Umfeld.

Bedarfsklärungsgespräche mit dem Kind und seiner Familie: Abklärende Fachpersonen sollten in einem oder mehreren Bedarfsklärungsgesprächen gemeinsam mit dem Kind und seiner Familie den Bedarf an Unterstützung klären. Sie eröffnen dem Kind und seiner Familie die Möglichkeit, einzuschätzen, was sie als erforderlich ansehen, um das Kindeswohl zu fördern und zu sichern. Die abklärenden Fachpersonen begründen, welchen Bedarf an Unterstützung sie wahrnehmen und welche Leistungen und/oder zivilrechtlichen Kindesschutzmassnahmen sie nach jetzigem Kenntnisstand heranziehen bzw. gegenüber der KESB empfehlen würden. Danach geben sie dem Kind und seiner Familie die Möglichkeit, Stellung zu den eingebrachten Sichtweisen zu nehmen. Sie fragen das Kind und seine Familie, ob sie einen ähnlichen Unterstützungsbedarf sehen oder anderer Meinung sind. Sie bitten jedes Familienmitglied darum, aus seiner Sicht aufzuschreiben, zu illustrieren oder zu erzählen, was Unterstützungsbedarfe des Einzelnen und der Familie sind. Die abklärenden Fachpersonen setzen je nach Notwendigkeit altersgerechte Instrumente und Methoden ein, die geeignet sind, die Bedarfsklärung in Gesprächen zu unterstützen. Danach vergleichen sie gemeinsam mit dem Kind und seiner Familie ihre Sichtweisen. Sie benennen und diskutieren Gemeinsamkeiten und Unterschiede und stellen die eruierten Unterstützungsbedarfe einander gegenüber. Die abklärenden Fachpersonen zeigen auf, welche Leistungen und/oder Kindesschutzmassnahmen sie als notwendig und geeignet erachten, welche Zielstellungen, welche Zeitdauer und welcher Umfang damit verbunden sind und welche Wirkungen sie sich von ihnen erhoffen. Sie geben dem Kind und seiner Familie die Gelegenheit, sich untereinander zu beraten und zu ermitteln, welche Form von Unterstützung ihnen am meisten helfen könnte. Wenn erforderlich, unterstützen sie den Klärungsprozess, in dem Kind und Eltern zu einer möglichst klaren Haltung in Bezug auf die vorgeschlagenen Formen der Unterstützung gelangen. Sie klären mit den Eltern, ob sie einer ins Auge gefassten Unterstützungsform zustimmen.

Sinn und Zweck von Bedarfsklärungsgesprächen

- Zusammenfassung der Ergebnisse der Kernabklärung
- Eruierung und Offenlegung des Unterstützungsbedarfs aus der Perspektive der abklärenden Fachpersonen und der Perspektive des Kindes, seiner Eltern und weiterer Familienmitglieder
- Abgleich des wahrgenommenen Bedarfs an Unterstützung – Identifikation von Gemeinsamkeiten und Unterschieden, von Schnittpunkten und Differenzen mit dem Ziel, unterschiedliche Perspektiven miteinander zu verschränken
- Vorstellung möglicher Leistungen und/oder zivilrechtlicher Kindesschutzmassnahmen mit ihren Zielstellungen, ihrer Zeitdauer, ihrem Umfang und möglichen Wirkungen

Kollegiale Fallreview: Die abklärenden Fachpersonen sollten nach den Bedarfsklärungsgesprächen im Rahmen einer kollegialen Fallreview die bis zu diesem Zeitpunkt vorliegenden Informationen zum Unterstützungsbedarf reflektieren und beurteilen. An der kollegialen Fallreview sollten nach Möglichkeit alle Fachpersonen teilnehmen, die mit dem Kind und seiner Familie in Kontakt stehen und diese in der Vergangenheit unterstützt haben. Die kollegiale Fallreview dient den abklärenden Fachpersonen dazu, andere Sichtweisen auf den Fall zu erhalten, ihre Sichtweisen zu überprüfen und einer kritischen Reflexion zu unterziehen. Sie unterstützt sie dabei, herauszufinden, welchen Bedarf an Unterstützung das Kind, seine Eltern und weitere Familienmitglieder haben und welche Leistungen und/oder zivilrechtlichen Kindesschutzmassnahmen notwendig und geeignet sind, um den Bedarf zu decken. Die kollegiale Fallreview bedarf einer gewissenhaften Vorbereitung durch die abklärenden Fachpersonen.

Folgende Punkte sollten in Vorbereitung und während der Durchführung einer kollegialen Fallreview beachtet werden:

- Die abklärenden Fachpersonen bestimmen, welche Fachpersonen an der kollegialen Fallreview teilnehmen sollen. Sie entscheiden darüber, inwiefern es notwendig ist, externe Fachpersonen, die mit dem Kind bzw. den Eltern in Kontakt stehen, einzuladen. Sie sind für die Einladung zur Fallreview und für die Organisation der entsprechenden Räumlichkeiten zuständig.
- Das Kind und die Familie werden über die Durchführung, den Teilnehmendenkreis sowie den Sinn und Zweck einer kollegialen Fallreview informiert. Wenn es gemäss geltenden datenschutzrechtlichen Bestimmungen angezeigt ist, holen sie entsprechende Schweigepflichtsentbindungen bei der Familie ein.
- Die abklärenden Fachpersonen sorgen dafür, dass die Teilnehmenden über die Hintergründe des Falls informiert sind. Dafür erstellen sie eine Fallbeschreibung, in der sie darlegen, um was für ein Kind es geht, aus was für einer Familie es stammt, in welcher Weise sein Wohl gefährdet ist bzw. war, was zur Gefährdung geführt hat, welchen Bedarf an Unterstützung das Kind, seine Eltern und weitere Familienmitglieder haben und welche Leistungen und/oder zivilrechtlichen Kindesschutzmassnahmen zur Befriedigung des Bedarfs herangezogen werden sollten. Zugleich verweisen sie in der Fallbeschreibung auf für sie bislang ungeklärte bzw. offene Fragen. Die Fallbeschreibung wird im Rahmen der kollegialen Fallreview von der abklärenden Fachperson präsentiert.

Inhalte Fallbeschreibung

- Beschreibung des Kindes und seiner Familie
- Art und Weise der Gefährdung des Kindeswohls
- Anlässe, Ereignisse, Hintergründe der Gefährdung des Kindeswohls
- Bedarf an Unterstützung (aus Sicht des Kindes, aus Sicht der Eltern, aus Sicht der weiteren Familienmitglieder, aus Sicht der abklärenden Fachpersonen)
- Notwendige und geeignete Leistungen und/oder zivilrechtliche Kindesschutzmassnahmen zur Befriedigung des Bedarfs (Unterstützungs-/Anordnungsbedarf)
- Ungeklärte/offene Fragen

Ablauf kollegiale Fallreview

- Die Fallreview sollte von einer Fachperson, die nicht für die Abklärung des Kindeswohls zuständig ist, moderiert und strukturiert werden.
- An der Fallreview tragen die abklärenden Fachpersonen zunächst vor, um was für einen Fall es sich handelt. Sie nutzen hierfür ihre ausgearbeitete Fallbeschreibung.
- Die Vorstellung des Falles sollte nicht mehr als 15 Minuten in Anspruch nehmen. Im Anschluss können die Teilnehmenden Verständnisfragen stellen.
- Nach diesen vorbereitenden Schritten geht es in der Fallreview darum, die Sichtweisen der Teilnehmenden auf den Bedarf an Unterstützung und die von den abklärenden Fachpersonen vorgesehenen Leistungen und/oder zivilrechtlichen Kindesschutzmassnahmen in Erfahrung zu bringen.
- Jede/r Teilnehmende erhält die Möglichkeit, zu erläutern,
    - in welchen Bereichen er/sie einen Bedarf an Unterstützung sieht,
    - und was für ihn/sie Vor- und Nachteile der bislang zur Diskussion stehenden Leistungen und/oder zivilrechtlichen Kindesschutzmassnahmen sind.
- Die abklärenden Fachpersonen äussern sich während dieser Phase noch nicht zu den Meinungen der Teilnehmenden.
- Haben alle Teilnehmenden ihre Meinung zum Fall geäussert, wird die Fallreview durch die für die Moderation zuständige Person beendet. Diese bittet die Teilnehmenden um ein kurzes Feedback über den Verlauf der Fallreview und die abklärenden Fachpersonen darum, zu erläutern, welche Erkenntnisse sie aus der Fallreview gezogen haben und wie sie die Fallreview erlebt haben.

Danach beraten sich die abklärenden Fachpersonen intern über die Ergebnisse der kollegialen Fallreview unter Hinzuziehung ihrer Vorgesetzten. Sie legen dar, in welcher Weise sich ihre Sichtweisen auf den Fall nach der Beratung verändert haben und welche Schlussfolgerungen sie daraus gezogen haben. Sie beraten sich darüber, ob und inwieweit das Kind und seine Familie auf professionelle Unterstützung angewiesen sind und welche Leistungen und/oder zivilrechtlichen Kindesschutzmassnahmen zur Befriedigung des Bedarfs notwendig und geeignet sind. Die Ergebnisse bereiten sie für die sich daran anschliessenden Hilfeplangespräche mit dem Kind und seiner Familie auf.

Unterschied zwischen vereinbarten Leistungen und behördlich angeordneten Leistungen

Während des Bedarfsklärungsprozesses muss nicht nur geklärt werden, welche Formen der Unterstützung aus der Sicht der Familie und der abklärenden Fachperson(en) am hilfreichsten sein könnten, sondern auch, ob die Unterstützung im Einvernehmen mit den Eltern erfolgen kann. Wenn die Eltern eine zur Sicherung des Kindeswohls notwendige Leistung ablehnen und ihre Mitwirkung an der Realisierung der Leistung verweigern, kann diese von der KESB angeordnet werden. Rechtlich gesehen handelt es sich dann um eine zivilrechtliche Kindesschutzmassnahme.

- Vereinbarte Leistungen kommen infrage, wenn Eltern bereit und in der Lage sind, mit externer Unterstützung die kindlichen Grundbedürfnisse zu befriedigen, wenn sie der Leistung zustimmen und an ihrer Realisierung mitwirken (vgl. Blülle 2013, S. 38).
- Die Anordnung einer Leistung kommt infrage, wenn die Eltern weder willens noch in der Lage sind, das Kindeswohl selbstständig zu gewährleisten, und einer zur Abwendung einer Gefährdung erforderlichen Leistung nicht zustimmen.

Vereinbarte Leistungen haben Vorrang vor behördlich angeordneten Leistungen (Grundsätze der Verhältnismässigkeit, Subsidiarität und Komplementarität). Sie sind mit geringeren Einschränkungen der elterlichen Autonomie verbunden, fördern die Kooperationsbereitschaft und haben grössere Aussichten auf Erfolg, weil Akzeptanz und Mitwirkung zentrale Faktoren der Wirksamkeit von Leistungen sind (vgl. Macsenaere/Esser 2012, S. 63).

2 Entwicklung von Handlungsempfehlungen und eines Plans zur Förderung und Sicherung des Kindeswohls

Um Handlungsempfehlungen und einen Plan zur Förderung und Sicherung des Kindeswohls zu entwickeln, sind unterschiedliche Settings denkbar. Einerseits können die abklärenden Fachpersonen dem Kind und seiner Familie Vorschläge unterbreiten, was getan werden kann bzw. muss, um das Kindeswohl zu fördern und zu sichern. Andererseits kann dafür dem Kind und der Familie zunächst Zeit eingeräumt werden, um eigene Ideen und Vorschläge zu entwickeln. Damit das Kind und seine Familie für sich überlegen können, welche Leistungen und/oder zivilrechtlichen Kindesschutzmassnahmen zu ihrer Situation passen und unterstützend sein könnten, müssen sie das zur Verfügung stehende Leistungsspektrum sowie die Ziele einzelner Leistungen kennen. Weiter müssen sie wissen, welche Optionen sie haben und was aus Sicht der abklärenden Fachpersonen zwingend verändert werden muss, damit der Schutz des Kindeswohls gewährleistet ist *(vgl. Freigang 2009, S. 112)*. Ist dies der Fall, können das Kind und seine Familie sich darüber beraten, was aus ihrer Sicht konkret getan werden kann, damit das Kindeswohl in Zukunft gewährleistet ist, und diese Vorschläge mit den Fachpersonen besprechen. Beratungen dieses Typs werden auch als Hilfeplangespräch bezeichnet.

Hilfeplangespräch: In einem Hilfeplangespräch kommen das Kind und seine Familie, die abklärenden und andere am Abklärungsprozess beteiligte Fachpersonen zusammen. Es dient der gemeinsamen Reflexion darüber, welche Leistungen und/oder zivilrechtlichen Kindesschutzmassnahmen geeignet sind, um den Unterstützungsbedarf, der in den Bedarfsklärungsgesprächen ermittelt wurde, zu decken. Zudem dient es dazu, einen gemeinsamen Plan zur Förderung und Sicherung des Kindeswohls zu entwickeln. Die Verantwortung (d.h. Organisation, Durchführung und Dokumentation) für das Hilfeplangespräch liegt bei den abklärenden Fachpersonen.

Es ist wichtig, dass das Kind und seine Eltern über das Hilfeplangespräch aufgeklärt und darauf vorbereitet werden, damit sie wissen, was sie bei einem Hilfeplangespräch erwartet. So können sie sich besser auf das Gespräch vorbereiten. Zur Vorbereitung gehört, dass sie vorab darüber informiert werden, wie ein Hilfeplangespräch abläuft, welche Schritte es beinhaltet und was seine Kernfunktion ist. Die Zielsetzungen und Erwartungen an das Gespräch können in einem Vorgespräch gemeinsam geklärt werden. Wenn Kinder und Eltern gut auf ein Hilfeplangespräch vorbereitet werden, können sie sich ohne Zeitdruck und in ihrem vertrauten Umfeld Gedanken zu ihren Zielen machen und sie in das Gespräch einbringen. Damit erhöht sich die Wahrscheinlichkeit, dass Ziele entwickelt werden, die von ihnen als erstrebenswert angesehen werden *(vgl. Strehler 2005, S. 59)*. Es ist ebenfalls wichtig, ein Hilfeplangespräch nicht völlig offen zu gestalten, sondern gemäss einer vorab mitgeteilten und/oder ausgehandelten Gesprächsstruktur. Damit wird sichergestellt, dass wichtige Punkte nicht vergessen gehen oder Themen unsystematisch oder selektiv behandelt werden und damit vorschnell auf eine Lösung geschlossen wird *(vgl. Hitzler 2012, S. 285; Strehler 2005, S. 60)*. Um die Beteiligung von Kindern und Eltern zu fördern, ist es wichtig, Settings und Gesprächsorte zu finden, die zu ihrer Lebenswelt passen und in denen sie sich wohlfühlen. Dies bedeutet, dass die Gespräche auch an anderen Orten als am Arbeitsplatz der abklärenden Fachpersonen stattfinden können *(vgl. Strehler 2005, S. 61)*.

Hilfeplangespräche stellen hohe Anforderungen an die abklärende Fachperson. Zur Entlastung kann es hilfreich sein, eine Moderation für das Hilfeplangespräch beizuziehen. Durch eine externe Moderation wird die Gesprächsleitung von der Hierarchie abgekoppelt. Dadurch fällt es den Betroffenen oft leichter, sich in den Prozess der Entscheidungsfindung einzubringen *(vgl. Hitzler 2012, S. 282)*. Die abklärenden Fachpersonen werden entlastet und können sich besser auf die Entwicklung von Lösungen konzentrieren.

Einen besonderen Stellenwert in Hilfeplangesprächen hat die Beteiligung von Kindern. Um ihre Beteiligung zu fördern, empfiehlt es sich, nicht zu viele Fachpersonen zum Gespräch einzuladen und spezifische Methoden zur Beteiligung von Kindern einzusetzen. Es kann zum Beispiel sinnvoll sein, Gesprächssequenzen alleine mit dem Kind durchzuführen, altersadäquate Ausdrucks- und Kommunikationsmittel bereitzustellen oder Aufgaben zur Vorbereitung zu erteilen. Zugunsten der Beteiligung kann auch mehr als ein Hilfeplangespräch stattfinden, damit Empfehlungen über notwendige und geeignete Leistungen und/oder zivilrechtliche Kindesschutzmassnahmen nicht aus zeitlichen Gründen erzwungen werden müssen.

Sobald geklärt ist, wie der Bedarf an Unterstützung für das Kind, seine Eltern und weitere Familienmitglieder mittels Leistungen und/oder zivilrechtlicher Kindesschutzmassnahmen befriedigt werden kann, und ein Hilfeplan erstellt wurde, verfassen die abklärenden Fachpersonen einen Bericht über die Ergebnisse der Abklärung *(vgl. Schlüsselprozess Ergebnisklärung)*. Leistungen und/oder zivilrechtliche Kindesschutzmassnahmen sollten nicht auf der Basis von Defiziten begründet werden, sondern auf der Grundlage von Entwicklungsperspektiven *(vgl. Strehler 2005, S. 60)*.

Beispiel für einen Hilfeplan

Angaben zu den beteiligten Personen

- Soziodemografische Angaben zu allen Mitgliedern der Familie
- Sozialstrukturelle Situation (Lebenslage)
- Aktuelle Situation der Betroffenen (Gesundheit, soziales Umfeld)
- Bereits in Anspruch genommene Hilfen (inkl. Zielerreichung)

Bedürfnisse, Belastungen, Stärken und Ressourcen

- Beschreibung von Bedürfnissen und Belastungen aus Sicht der Betroffenen und der zuständigen Fachkraft
- Beschreibung der Stärken und Ressourcen aus Sicht der Betroffenen und der zuständigen Fachkraft

Angaben zum Unterstützungsbedarf

- Darlegung des individuellen Unterstützungsbedarfs aus unterschiedlichen Perspektiven
- Differenzen in der Wahrnehmung des Unterstützungsbedarfs
- Kooperationsbereitschaft der Beteiligten

Vorgeschlagene Leistung(en)

- Beschreibung konkreter Leistungen
- Fachliche Begründung der Leistungen (inkl. Wirkungsannahmen)
- Angaben über die Verfügbarkeit der Leistung(en)

Ziele und Zuständigkeiten

- Definition überprüfbarer Ziele pro Leistung
- Darlegung der Zuständigkeiten für die Zielerreichung (wer macht was bis wann)

Evaluation

- Definition von Evaluationszeitpunkt(en) und -kriterien in operationalisierter Form

Weitere Methoden der Hilfeplanung: Das Hilfeplangespräch kann in gewisser Weise als das Standardverfahren betrachtet werden, um einen Hilfeplan zu entwickeln. Je nach Fallkonstellation und -komplexität kann es angebracht sein, alternative Methoden der Hilfeplanung anzuwenden. In der folgenden Box wird auf drei Methoden verwiesen, die im Vergleich zum Hilfeplangespräch mit einem grösseren Aufwand verbunden sind und eine höhere Bereitschaft zur Mitwirkung des Kindes, seiner Familie, eventuell weiterer Familienmitglieder sowie am Fall beteiligter Fachpersonen voraussetzen. Der Vorteil der Methoden liegt jedoch darin, dass das Spektrum an möglichen Problemlösungsstrategien in der Regel erweitert werden kann.

Alternative Methoden für die Hilfeplanung

Helferkonferenz

- Bei einer Helferkonferenz treffen sich Fachpersonen verschiedener Professionen und Institutionen, die am selben Fall beteiligt sind, sowie die betroffene Familie. An dieser Konferenz werden neue Perspektiven, Lösungsvorschläge und Angebote für die Förderung und Sicherstellung des Kindeswohls entwickelt sowie Zuständigkeiten und Verantwortungsübernahmen verbindlich geregelt (weiterführende Literatur: Levold 2014).

Familienrat (Family Group Conference)

- Bei einem Familienrat versammelt sich die betroffene Familie mit ihrem sozialen Netzwerk (sog. Familiengruppe). Dies können zum Beispiel Freunde, Verwandte, Nachbar/innen oder Bekannte sein. In einem strukturierten Verfahren entwickelt die Familiengruppe einen Hilfeplan (weiterführende Literatur: Kriener/Hansbauer 2009).

Reflektierendes Team

- Das «Reflektierende Team» bezeichnet eine Vorgehensweise, bei der sich die abklärende(n) Fachperson(en) mit der betroffenen Familie treffen, um Ideen für die Hilfeplanung zu entwickeln. Dieses Gespräch wird von einem Team von zwei bis drei Beobachter/innen verfolgt, die sich in der Regel im selben Raum befinden. Nach einer gewissen Zeit wird das Gespräch angehalten und die Beobachtenden tauschen sich anschliessend in einem sog. Metalog über das Gespräch aus und versuchen so, neue Problemlösungsstrategien und Handlungsoptionen zu entwerfen (weiterführende Literatur: Wirth/Kleve 2012).

Werkzeugkasten Ausgewählte Methoden und Instrumente

Helferkonferenz

Fragestellung	Beschreibung
Was kennzeichnet die Methode?	Bei einer Helferkonferenz treffen sich Fachpersonen verschiedener Professionen und Institutionen, die am selben Fall beteiligt sind, sowie die betroffenen Klient/innen, um gemeinsame Entscheidungen bezüglich der Unterstützung der betroffenen Familie zu treffen. Diese Methode ist dann sinnvoll, wenn ein Kind bzw. eine Familie in ein grösseres professionelles Unterstützungsnetzwerk eingebunden ist.
Welche Zielsetzung kann mit der Methode verfolgt werden?	Die Methode eignet sich für die gemeinsame Erörterung von Problemen, Bedarfen, Zielvorstellungen, Lösungsmöglichkeit und Angeboten. Eine Helferkonferenz ermöglicht eine gemeinsam getragene und abgestimmte Hilfeplanung.
Wie kann man die Methode einsetzen?	Die Durchführung einer Helferkonferenz kann grob in vier Schritte aufgeteilt werden: • Definition des Problemsystems (Wer ist alles wie am Fall beteiligt?) • Analyse von Strukturfragen (Wer wird zur Konferenz eingeladen? Wo findet sie statt? • Vorbereitung der Konferenz (Einladen und Informieren der Teilnehmenden) • Durchführung der Konferenz (Aufgaben: Definition der Themen und Ziele der Konferenz, Moderation der Diskussion, gemeinsame Dokumentation von Vereinbarungen über den weiteren Hilfeprozess)
Wie viel Zeit benötigt man für die Verwendung der Methode?	Organisation, Durchführung und Nachbearbeitung benötigen ungefähr sechs bis acht Stunden.

Welche räumlichen Bedingungen müssen für die Verwendung der Methode gegeben sein?	Die Anwendung der Methode benötigt ein genügend grosses Sitzungszimmer mit der Möglichkeit, auf einem Präsentationsmedium (z. B. Flipchart oder Beamer) einen Fall vorzustellen.
Welche weiterführende Literatur kann zum besseren Verständnis der Methode genutzt werden?	• Levold, Tom (2014). Helferkonferenzen. In: Levold, Tom/Wirsching, Michael (Hg.). Systemische Therapie und Beratung – das grosse Lehrbuch. Heidelberg. S. 285–287. • Stimmer, Franz (2006). Grundlagen des methodischen Handels in der Sozialen Arbeit. 2., überarb. u. erw. Aufl. Stuttgart. S. 196–197.

Hilfeplanung

Fragestellung	Beschreibung
Was kennzeichnet die Methode?	In einem gemeinsamen Aushandlungsprozess zwischen der abklärenden Fachperson und dem Kind sowie seiner Familie wird ein Plan zum Schutz und zur Förderung des Kindeswohls erstellt.
Welche Zielsetzung kann mit der Methode verfolgt werden?	Das primäre Ziel der Methode besteht darin, einen Hilfeplan zu erstellen. In diesem Plan werden unter anderem der konkrete Unterstützungsbedarf /Anordnungsbedarf, die konkrete Leistung bzw. zivilrechtliche Kindesschutzmassnahme sowie Ziele, Dauer und angestrebte Wirkung der Hilfe definiert.

▸

Wie kann man die Methode einsetzen?	Die Methode wird im Rahmen moderierter Gespräche und unter Verwendung verschiedener Instrumente (z. B. Ressourcen- oder Netzwerkkarte) eingesetzt. Das Verfahren kann in vier Schritte aufgeteilt werden: • Ermittlung des Unterstützungsbedarfs • Ermittlung notwendiger und geeigneter Leistungen und/oder zivilrechtlicher Kindesschutzmassnahmen • Bestimmung der konkreten Leistung und/oder zivilrechtlichen Kindesschutzmassnahme • Festlegung von Evaluationskriterien zur regelmässigen Überprüfung der Leistung und/oder zivilrechtlichen Kindesschutzmassnahme Ergebnis dieses Verfahrens ist der sog. Hilfeplan.
Wie viel Zeit benötigt man für die Verwendung der Methode?	Vorbereitung, Durchführung, Nachbearbeitung (inkl. Erstellung des Hilfeplans) benötigen ungefähr sechs Stunden (abhängig von der Gesprächsanzahl).
Welche räumlichen Bedingungen müssen für die Verwendung der Methode gegeben sein?	Die Methode sollte an einem Ort durchgeführt werden, an dem sich alle Beteiligten wohlfühlen.
Welche weiterführende Literatur kann zum besseren Verständnis der Methode genutzt werden?	• Müller, Burkhard (2008). Sozialpädagogisches Können. Ein Lehrbuch zur multiperspektivischen Fallarbeit. 5. Aufl. Freiburg im Breisgau. S. 77–98. • Freigang, Werner (2009). Hilfeplanung. In: Michel-Schwartze, Brigitta (Hg.). Methodenbuch Soziale Arbeit. Basiswissen für die Praxis. 2., überarb. u. erw. Aufl. Wiesbaden. S. 103–120. • Seithe, Mechthild (2001). Praxisfeld. Hilfe zur Erziehung. Fachlichkeit zwischen Lebensweltorientierung und Kindeswohl. Opladen. S. 309–322.

Bewahrungs- und Veränderungskalender

Fragestellung	Beschreibung
Was kennzeichnet die Methode?	Der Bewahrungs- und Veränderungskalender ist eine halbstrukturierte und partizipative Methode zur Unterstützung der Hilfeplanung.
Welche Zielsetzung kann mit der Methode verfolgt werden?	Mit dieser Methode kann eruiert werden, welche Handlungsstile und -weisen sowie Lebensbedingungen eines Kindes und seiner Familie «bewahrt» werden sollen und welche «verändert» werden sollen, damit das Kindeswohl in Zukunft gesichert und gefördert werden kann.
Wie kann man die Methode einsetzen?	Die Methode wird im Rahmen eines Gesprächs und unter Verwendung einer Vorlage (des Bewahrungs- und Veränderungskalenders) eingesetzt. Anhand von Leitfragen wird zuerst eine Analyse der Situation des Kindes und seiner Familie durchgeführt. Anschliessend werden sog. Veränderungsaktionen definiert (Mit welchen Aktivitäten sollen zu welchem Zeitpunkt Veränderungsprozesse in Gang gesetzt werden?). Auf einem anderen Blatt wird festgelegt, welche Rahmenbedingungen mit welchen Aktivitäten bewahrt werden sollen (weil sie als positiv und unterstützend wahrgenommen werden).
Wie viel Zeit benötigt man für die Verwendung der Methode?	Die Vorbereitung, Durchführung und Nachbearbeitung benötigen ungefähr drei Stunden.
Welche räumlichen Bedingungen müssen für die Verwendung der Methode gegeben sein?	Die Methode sollte an einem Ort eingesetzt werden, an dem sich alle Beteiligten wohlfühlen.
Welche weiterführende Literatur kann zum besseren Verständnis der Methode genutzt werden?	• Wolff, Reinhart/Stork, Remi (2012). Dialogisches Eltern-Coaching und Konfliktmanagement. Ein Methodenbuch für eine partnerschaftliche Bildungsarbeit (nicht nur) in den Hilfen zu Erziehung. Frankfurt am Main. S. 43–45.

Ressourcenkarte

Fragestellung	Beschreibung
Was kennzeichnet das Instrument?	Eine Ressourcenkarte ist eine Vorlage, auf der die individuellen Ressourcen eines Kindes und/oder seiner Familie abgebildet werden können.
Welche Zielsetzung kann mit dem Instrument verfolgt werden?	Die Ressourcenkarte eignet sich dazu, festzustellen, in welchen Bereichen ein Kind bzw. seine Familie über Ressourcen verfügt und wo Ressourcen fehlen. Mit der Ressourcenkarte können dementsprechend Ressourcenbedarfe erkannt und benannt werden.
Wie kann man das Instrument einsetzen?	Das Instrument wird idealerweise im Rahmen eines Gespräches ausgefüllt (moderiert von der abklärenden Fachperson). Die Ressourcenkarte kann auf einer A4-Seite mit einem Stift oder in Form einer Collage (Bilder anstatt Worte) ausgefüllt bzw. gestaltet werden.
Wie viel Zeit benötigt man für die Verwendung des Instruments?	Vorbereitung, Durchführung und Nachbearbeitung nehmen etwa drei Stunden in Anspruch.
Welche räumlichen Bedingungen müssen für die Verwendung des Instruments gegeben sein?	Das Instrument sollte an einem Ort eingesetzt werden, an dem sich alle Beteiligten wohlfühlen. Für das Ausfüllen der Karte werden ein Tisch, Stühle und Schreibmaterial (evt. Bastelmaterial) benötigt.
Welche weiterführende Literatur kann zum besseren Verständnis des Instruments genutzt werden?	• Friedrich, Sibylle (2012). Ressourcenorientierte Netzwerkmoderation. Ein Empowermentwerkzeug in der Sozialen Arbeit. Wiesbaden.

Checkliste

Prüffragen	Ja	Nein	Erläuterung
Wurde eine kollegiale Fallreview durchgeführt?	☐	☐	
Wurde die Familie über die Durchführung und die Ergebnisse der kollegialen Fallreview informiert?	☐	☐	
Wurde über die Ergebnisse der Fallreview mit der/dem Vorgesetzten beraten?	☐	☐	
Wurden mit dem Kind und seiner Familie Bedarfsklärungsgespräche geführt?	☐	☐	Anzahl Gespräche:
Wurden mit dem Kind und seiner Familie Hilfeplangespräche geführt?	☐	☐	Anzahl Gespräche:
Wurde mit dem Kind und seiner Familie ein Plan zur Sicherung und Förderung des Kindeswohls erarbeitet?	☐	☐	
Sind die Betroffenen mit den Vorschlägen im Plan einverstanden?	☐	☐	

Prüffragen	Erläuterung
Wenn die Betroffenen mit dem vorgesehenen Plan **nicht einverstanden** sind, warum nicht?	
Welche konkreten Leistungen, bzw. zivilrechtlichen Kindesschutzmassnahmen beinhaltet dieser Plan?	Leistung / zivilrechtliche Kindesschutzmassnahme 1: Leistung / zivilrechtliche Kindesschutzmassnahme 2: …
Welche Ziele sollen mit den Leistungen und/oder zivilrechtlichen Kindesschutzmassnahmen erreicht werden?	Leistung / zivilrechtliche Kindesschutzmassnahme 1: Leistung / zivilrechtliche Kindesschutzmassnahme 2: …
Beginn und geplantes Ende der Leistungen / zivilrechtlichen Kindesschutzmassnahmen	Beginn: Ende:
Wer soll für die fachliche Begleitung und Überprüfung der Leistungen und/oder zivilrechtlichen Kindesschutzmassnahmen zuständig sein?	Name/Organisation/Bezeichnung:

Prüffragen	Erläuterung
Wer ist für die fachliche Begleitung der Eltern während der Durchführung der Leistung bzw. zivilrechtlichen Kindesschutzmassnahme zuständig?	Name/Organisation/Bezeichnung:
Unter welchen Voraussetzungen könnten die Leistungen bzw. zivilrechtlichen Kindesschutzmassnahmen beendet werden?	Voraussetzung Leistung / zivilrechtliche Kindesschutzmassnahme 1 Voraussetzung Leistung / zivilrechtliche Kindesschutzmassnahme 2

Notizen

Notizen

3.6 Schlüsselprozess Ergebnisklärung

Ergebnisse der Abklärung dem Kind und seiner Familie aufzeigen und ihnen die Möglichkeit zur Stellungnahme geben

3.6.1 Aufgabe und Funktion

Bei der Ergebnisklärung geht es darum, vor dem Einreichen des Abklärungsberichts beim/bei der Auftraggeber/in (KESB, Leitungspersonen der entsprechenden Stelle) gemeinsam mit dem Kind und seiner Familie über die Ergebnisse der Kernabklärung und/oder Bedarfsklärung ins Gespräch zu kommen. Es soll dem Kind und seiner Familie die Möglichkeit gegeben werden, den Abklärungsbericht einzuschätzen und abschliessend nachzuvollziehen, welche Leistungen und/oder Kindesschutzmassnahmen die abklärenden Fachpersonen als notwendig und geeignet erachten, um das Kindeswohl jetzt und in Zukunft zu fördern und zu sichern. Sie sollen in die Lage versetzt werden, Kritik an den empfohlenen Leistungen und/oder Kindesschutzmassnahmen äussern zu können. Auch soll ihnen aufgezeigt werden, welche Optionen ihnen zur Verfügung stehen und welche Alternativen es gibt, falls sie nicht mit den empfohlenen Leistungen und/oder Kindesschutzmassnahmen einverstanden sind. Sie erhalten Gelegenheit dazu, Gegenvorschläge anzubringen und Kritik am entwickelten Plan zur Förderung und Sicherung des Kindeswohls zu äussern. Ziel der Ergebnisklärung ist es, einen möglichst tragfähigen Konsens über empfohlene Leistungen und/oder Kindesschutzmassnahmen herzustellen und eine Basis für eine erfolgreiche Umsetzung des anvisierten Plans zur Förderung und Sicherung des Kindeswohls zu schaffen.

Einzuschätzende Sachverhalte und Gegenstände

Einschätzdimensionen	Einzuschätzende Sachverhalte
Mass der Übereinstimmung des Kindes und der Eltern bezüglich der Inhalte und Ergebnisse des Abklärungsberichts und der darin empfohlenen Leistungen und/oder zivilrechtlichen Kindesschutzmassnahmen	Wie beurteilen das Kind und die Eltern Inhalte und Ergebnisse des Abklärungsberichts? Inwieweit sehen Kind und Eltern die Lebenssituation des Kindes und der Eltern zutreffend wiedergegeben, Stärken, Schwächen und Bedarfslagen zutreffend geschildert? Ist dem Kind / den Eltern klar, was die empfohlenen Leistungen und/oder zivilrechtlichen Kindesschutzmassnahmen lebenspraktisch bedeuten? Inwieweit betrachten sie diese als nützlich und tragen sie mit?
Bereitschaft des Kindes und seiner Eltern, bei der Umsetzung der im Abklärungsbericht empfohlenen Leistungen und/oder zivilrechtlichen Kindesschutzmassnahmen mitzuwirken	Mitwirkungsbereitschaft des Kindes; Mitwirkungsbereitschaft der Eltern

Was ist zu klären?

- **Können das Kind und seine Eltern die gewählten und empfohlenen Leistungen und/oder Kindesschutzmassnahmen nachvollziehen?**
- **Wie stehen das Kind und seine Eltern zu den gewählten und empfohlenen Leistungen und/oder Kindesschutzmassnahmen (Zustimmung, Kritik, Alternativvorschläge)?**
- **Sind das Kind und seine Eltern bereit, bei der Umsetzung der empfohlenen Leistungen und/oder Kindesschutzmassnahmen mitzuwirken?**
- **Wie können allenfalls Akzeptanz und Wirksamkeit der gewählten und empfohlenen Leistungen und/oder Kindesschutzmassnahmen erhöht werden?**

Welche Methoden können herangezogen werden?

- **Einzelgespräche mit Eltern**
- **Gespräche mit Kindern und Jugendlichen**
- **Elterngespräche**
- **Familiengespräche**
- **Ampel-Feedback-Workshop**

Welche Instrumente sollten herangezogen werden?

- **Abklärungsberichtsvorlage**
- **Wenn Einvernehmen über empfohlene Leistungen besteht: z. B. Antrag auf Leistungen; Indikationsbogen**
- **Im Fall von Anordnungsbedarf: Antrag (vgl. Berner und Luzerner Abklärungsinstrument zum Kindesschutz: Hauri et al. 2016: 606ff.)**

3.6.2 Fachliche Herausforderungen

Verständigung über die Ergebnisse der Abklärung mit dem Kind und seiner Familie: Nachdem geklärt wurde, was Ursachen und Folgen von Situationen sind, in denen das Wohl eines Kindes gefährdet war, und Ressourcen sowie Potenziale des Kindes und seiner Familie *(vgl. Schlüsselprozess Kernabklärung)* sowie der Unterstützungsbedarf *(vgl. Schlüsselprozess Bedarfsklärung)* eruiert sind, verständigen sich die abklärenden Fachpersonen mit dem Kind und seiner Familie über die Ergebnisse der Abklärung. Ihre Beobachtungen, die darauf basierenden Einschätzungen und der daraus abgeleitete Unterstützungsbedarf sollen für das Kind und seine Familie plausibel und nachvollziehbar sein. Es muss deutlich werden, wie die abklärenden Fachpersonen zu ihren Empfehlungen hinsichtlich Leistungen und/oder Kindesschutzmassnahmen gekommen sind. Im Zuge dieses Prozesses kann es zwischen den abklärenden Fachpersonen und dem Kind und seinen Eltern zu Missverständnissen kommen. Es kann vorkommen, dass das Kind und seine Familie nicht nachvollziehen können, wie die abklärenden Fachpersonen zu ihren Schlussfolgerungen gelangt sind. Ebenso kann es sein, dass aufseiten des Kindes und seiner Familie Fragen offenbleiben, welche es im Gespräch zu klären gilt. Auch kann es sein, dass das Kind und seine Familie sich nicht mit den empfohlenen Leistungen und/oder Kindesschutzmassnahmen zufrieden zeigen, diese ablehnen bzw. nicht als notwendig und geeignet anerkennen, sodass unter Umständen weitere Klärungen notwendig werden.

Überführung der (Ab-)Klärungsergebnisse in einen Bericht: Wenn die abklärenden Fachpersonen sich mit dem Kind und seiner Familie über die Ergebnisse der Abklärung verständigt haben, gilt es, Ergebnisse, Schlussfolgerungen und daraus resultierende Überlegungen zu Leistungen und/oder Kindesschutzmassnahmen in eine Sprache zu überführen, die fachlichen Ansprüchen genügt, und sie in einen für alle Seiten verständlichen, plausiblen und nachvollziehbaren Abklärungsbericht einzubetten. Die Verwendung von Fachbegriffen und die damit verbundenen Kategorisierungen bergen die Gefahr, das Spezifische und Individuelle eines Falles zu verdecken und seine Komplexität zu reduzieren. Die Überführung der (Ab-)Klärungsergebnisse in einen Bericht ist darum sehr herausfordernd, da zulasten des Detaillierungsgrades oft abstrakte Formulierungen verwendet werden müssen, die für das Kind und seine Familie schwer verständlich und erklärungsbedürftig sein können.

Uneinigkeit über die Qualität und die Inhalte des Abklärungsberichts: Es kann passieren, dass das Kind und/oder seine Familie mit der Qualität und den Inhalten des Abklärungsberichts nicht einverstanden sind, dass aus fachlicher Perspektive nachträglich getroffene inhaltliche Veränderungen nicht mit den Ansichten des Kindes und/oder seiner Familie übereinstimmen. Auch kann es sein, dass das Kind und seine Familie Begründungszusammenhänge als unangemessen zurückweisen, sich missverstanden und übergangen fühlen. Dies kann die Folge divergierender Deutungen und von Widerstand während der Gespräche mit dem Kind und seiner Familie sein, kann aber auch nach erfolgreich verlaufener gemeinsamer Verständigung über Bedarfe und Handlungsempfehlungen auftreten. Im Widerstand können sich Ängste, Unsicherheiten und Ärger zeigen. Es kann in solchen Situationen schwierig sein, abzuwägen, auf welche Widerstände, Anliegen und gegebenenfalls neuen Informationen eingegangen werden soll und welche Anliegen fachlich nicht vertreten werden können, weil sie mit dem primären Ziel der langfristigen Gewährleistung des Kindeswohls nicht vereinbar sind. Des Weiteren kann der/die Auftraggeber/in der Abklärung resp. die vorgesetzte Person, die Leistungen bewilligen muss, mit der Qualität und den Inhalten des Abklärungsberichts unzufrieden sein. Er/sie kann Nachbesserungen im Bericht (z. B. ausführlichere Begründung des Unterstützungsbedarfs, detailliertere Herleitung der Erkenntnisse der Kernabklärung) oder weitere Abklärungen fordern. Darüber hinaus kann es vorkommen, dass er/sie mit den empfohlenen Leistungen und/oder Kindesschutzmassnahmen nicht einverstanden ist. Solche Reaktionen übergeordneter Stellen können Frustration, Ärger, Enttäuschung usw. auslösen.

3.6.3 Empfehlungen zur Prozessgestaltung

Der Schlüsselprozess Ergebnisklärung gliedert sich in drei Teilaufgaben:

1. **Erstellung eines vorläufigen Abklärungsberichts**
2. **Stellungnahme des Kindes und seiner Familie zum vorläufigen Abklärungsbericht**
3. **Fertigstellen und Einreichen des endgültigen Abklärungsberichts**

1 Erstellen eines vorläufigen Abklärungsberichts

Der Abklärungsbericht wird von der/den abklärenden Fachperson(en), also denjenigen Personen, die (mindestens) die Schlüsselprozesse Kernabklärung und Bedarfsklärung vorgenommen haben, geschrieben. Er wird vorläufig verfasst und wird als Grundlage für eine Verständigung über die Ergebnisse der Abklärung mit dem Kind und seiner Familie herangezogen.

Die Inhalte des Abklärungsberichts orientieren sich an den Vorgaben der jeweiligen auftraggebenden Institutionen. Diese sind somit massgebend und bindend für das Verfassen des Abklärungsberichts. Meist liegen standardisierte Formulare vor, die die wesentlichen Inhalte mit Überschriften und Fragen vorgeben.

Die wichtigsten Inhalte eines Abklärungsberichts
(vgl. Peter/Dietrich/Speich 2016, S. 157f.)

- Im Abklärungsbericht sind alle wichtigen Formalia festzuhalten. Diese umfassen die Personalien des Kindes und seiner Familie, die Informationsquellen, das (methodische) Vorgehen bei den (Ab-)Klärungen, die Informationsquellen und gegebenenfalls den Abklärungsauftrag.
- Zunächst werden Beschreibungen angeführt, die Beobachtungen und Informationen über das Kind und dessen Lebenssituation sowie die Inhalte und Ergebnisse von Gesprächen mit dem Kind, seiner Familie und weiteren relevanten (Fach-)Personen sachlich wiedergeben.
- Im Rahmen der Gesamtbeurteilung werden die Ergebnisse der Kernabklärung und ein allfälliger Unterstützungsbedarf dargelegt. Die fachliche Einschätzung von Bedingungen, Ursachen und Folgen von Situationen, in denen das Wohl des Kindes gefährdet war bzw. in denen es vernachlässigt und/oder misshandelt wurde sowie die Ressourcen und Potenziale des Kindes und seiner Familie werden aus den Beschreibungen hergeleitet. In diesem Zusammenhang sind auch bereits erbrachte Leistungen und die Mitwirkung des Kind und seiner Familie zu benennen. Weiter gilt es, offene Fragen, die allenfalls zusätzliche Abklärungen erfordern, transparent aufzuführen (vgl. Herausforderungen).
- Auf Basis der Gesamtbeurteilung werden die Empfehlungen über Leistungen und/oder Kindesschutzmassnahmen formuliert, über die man sich mit dem Kind und seiner Familie verständigt hat resp. die fachlich notwendig sind, um das Kindeswohl zu fördern und zu sichern. Der Abklärungsbericht kann im Weiteren auch rechtliche Erwägungen beinhalten.

Der Bericht soll vollständig, plausibel und nachvollziehbar sein und wird in einer Sprache verfasst, die fachlichen Ansprüchen genügt und für alle Seiten verständlich ist. Es sollte im Bericht zwischen Beobachtungen/Informationen, Interpretationen und Schlussfolgerungen unterschieden werden.

2 Stellungnahme des Kindes und seiner Familie zum vorläufigen Abklärungsbericht

Der Austausch über den Abklärungsbericht findet idealerweise mit dem Kind, seiner Familie und den an der Kernabklärung und Bedarfsklärung beteiligten Personen statt. Ob das Gespräch mit allen beteiligten Personen zur selben Zeit durchgeführt werden kann, ist situationsabhängig zu bestimmen (z. B. im Falle von Konflikten zwischen Familienmitgliedern). Wichtig ist, dass diejenigen Personen einbezogen werden, welche von den Leistungen resp. Kindesschutzmassnahmen betroffen sind. Die Wahl des Ortes bemisst sich idealerweise an den Wünschen des Kindes und seiner Familie.

Dem Kind und seiner Familie werden die Ergebnisse der Kernabklärung und/oder Bedarfsabklärung und die im Abklärungsbericht empfohlenen Leistungen und/oder Kindesschutzmassnahmen transparent erläutert. Das heisst, ihnen in einer für sie verständlichen Sprache darzulegen, wie die Ergebnisse der Kernabklärung und Bedarfsklärung in den Bericht eingeflossen sind und welche Empfehlungen über Leistungen und/oder Kindesschutzmassnahmen zum Schutz und zur Förderung des Kindeswohls aus Sicht der abklärenden Fachpersonen daraus resultieren. Damit geht auch einher, den Beteiligten die verwendeten Fachbegriffe zu erklären. Sind die Verständigungen im Rahmen der Kernabklärung und Bedarfsabklärung dialogisch verlaufen, werden in diesem Gespräch für das Kind und seine Familie kaum grundlegend neue Informationen auftauchen.

Nachdem dem Kind und seiner Familie die Inhalte des Abklärungsberichts erläutert und Fragen geklärt wurden, muss ihnen Raum gegeben werden, um zu den empfohlenen Leistungen und/oder Kindesschutzmassnahmen Stellung zu nehmen, allenfalls Kritik anzubringen und Gegenvorschläge zu formulieren. Bringen das Kind und/oder seine Familie neue Informationen ein oder haben sich ihre Ansichten geändert, kann dies im Extremfall bedeuten, dass die Leistungen und/oder Kindesschutzmassnahmen, die im Abklärungsbericht empfohlen werden, überarbeitet werden müssen. Demgegenüber kann es aber auch erforderlich sein, gegen Widerstände des Kindes und/oder seiner Familie auf fachlich begründeten notwendigen Leistungen und/oder Kindesschutzmassnahmen zum Schutz und zur

Förderung des Kindeswohls zu beharren. Sind das Kind und/oder seine Familie nicht mit den empfohlenen Leistungen und/oder Kindesschutzmassnahmen einverstanden, muss ihnen aufgezeigt werden, welche alternativen Formen der Unterstützung es gibt und welche rechtlichen Möglichkeiten sie haben. Nebst der Diskussion der empfohlenen Leistungen und/oder Kindesschutzmassnahmen können die Beteiligten auch den Wunsch äussern, dass gewisse Informationen nicht im Bericht erwähnt werden (z.B. stigmatisierende diagnostische Fachbegriffe, Beobachtungen der abklärenden Fachperson). Ob diesem Wunsch entsprochen werden kann, obliegt einer fachlichen Begutachtung der Notwendigkeit dieser Informationen für die Plausibilität und Nachvollziehbarkeit der beschriebenen Situation und der empfohlenen Leistungen und/oder Kindesschutzmassnahmen.

Wie erwähnt, ist das Ziel der Ergebnisklärung, einen Konsens über empfohlene Leistungen und/oder Kindesschutzmassnahmen herzustellen und eine Basis für eine erfolgreiche Umsetzung des anvisierten Plans zur Förderung und Sicherung des Kindeswohls zu schaffen. Trotzdem wird es nicht immer möglich sein, Einigkeit zu erreichen. Insofern muss einerseits eingeschätzt werden, inwieweit das Kind und seine Familie dazu bereit sind, an der Umsetzung des Plans mitzuwirken. Andererseits muss deren Stellungnahme resp. müssen deren Stellungnahmen zu den empfohlenen Leistungen und/oder Kindesschutzmassnahmen in den Abklärungsbericht aufgenommen werden. Kann mit den Beteiligten kein Konsens über die empfohlenen Leistungen und/oder Kindesschutzmassnahmen erreicht werden, muss dieser Dissens im Abklärungsbericht transparent gemacht und die fachliche Einschätzung der Notwendigkeit der empfohlenen Leistungen und/oder Kindesschutzmassnahmen deutlich markiert werden. Es wird empfohlen, mit dem Kind und den Eltern ein Ergebnisprotokoll des Austausches über den Abklärungsbericht zu erstellen. Dieses umfasst (1) Konsens und Dissens zu Inhalten und Ergebnissen des Abklärungsberichts, (2) Akzeptanz oder Ablehnung der vorgeschlagenen Leistungen und/oder zivilrechtlichen Kindesschutzmassnahmen und (3) Alternativen, die mit dem Kind und den Eltern besprochen wurden und die diese gegebenenfalls bevorzugen.

3 Fertigstellen und Einreichen des Abklärungsberichts

Nachdem das Kind und seine Familie sich zu den Ergebnissen der Abklärung geäussert und ihre Kritik angebracht haben, wird der Abklärungsbericht überarbeitet. Wichtig ist es, im Bericht die Mitwirkungsbereitschaft des Kindes und seiner Familie bei der Umsetzung der Leistungen resp. Massnahmen zu benennen und deren Stellungnahmen zu den Empfehlungen festzuhalten.

Der Abklärungsbericht wird beim/bei der Auftraggeber/in eingereicht. Im Falle eines behördlichen Verfahrens ist die KESB die Auftraggeberin, bei nicht behördlichen Abklärungen handelt es sich in der Regel um die Leitungspersonen der entsprechenden Stelle (z. B. Kinder- und Jugendhilfefachstelle, Sozialdienst). Da die Leitungspersonen in behördlichen Verfahren zumeist die Abklärungsberichte vor Einreichung bei der KESB studieren und mit ihrer Unterschrift anerkennen, kann es sinnvoll sein, die Expertise und die Einschätzungen der Leitungsperson schon vor und während der Erarbeitung des vorläufigen Abklärungsberichts einzuholen, um nach der Besprechung des vorläufigen Abklärungsberichts mit den Betroffenen keine gegebenenfalls gravierenden Änderungen vornehmen zu müssen.

Ampel-Feedback

Fragestellung	Beschreibung
Was kennzeichnet die Methode?	Das Ampel-Feedback ist eine einfache und kreative Methode, um Rückmeldungen in unterschiedlichsten Settings und zu unterschiedlichsten Sachverhalten einzuholen.
Welche Zielsetzung kann mit der Methode verfolgt werden?	Die Methode dient dazu, Rückmeldungen von Adressat/innen eines Vortrags, einer Präsentation oder eines Textes einzuholen, die anhand der Farben einer Verkehrsampel signalisiert werden. Rot signalisiert Ablehnung, Grün Zustimmung und Gelb Unentschiedenheit bzw. weiteren Diskussionsbedarf.
Wie kann man die Methode einsetzen?	Im Rahmen des Schlüsselprozesses Ergebnisklärung wird dem Kind und seiner Familie der Abklärungsbericht vorgelegt und vorgestellt, werden dessen Inhalte mit ihnen durchgesprochen und erhalten sie die Möglichkeit, Stellung dazu zu beziehen. Das Kind und seine Familie sollten ausreichend Zeit erhalten, sich den Abklärungsbericht sorgfältig durchzulesen (evt. schon vor dem persönlichen Treffen). Dem Lesen des Abklärungsberichts kann auch eine Präsentation durch die abklärende Fachperson vorausgehen. Um im Text Stellen zu markieren, mit denen die Betroffenen einverstanden, nicht einverstanden und bei denen sie unentschieden sind bzw. Diskussionsbedarf haben, erhalten sie grüne, rote und gelbe Lesezeichen. Der daran anschliessende Austausch über die Inhalte des Abklärungsberichts zeigt deutlich auf, wo Unklarheiten oder Ablehnung bestehen, die mit dem Kind und seiner Familie besprochen werden sollten. Es empfiehlt sich, diesen Prozess des Feedbacks durch eine am Fall unbeteiligte Fachperson moderieren zu lassen.

►

Wie viel Zeit benötigt man für die Verwendung der Methode?	Für die Vor- und Nachbereitung des Feedbackprozesses sollte je ca. eine Stunde eingerechnet werden. Die Durchführung variiert von Fall zu Fall und kann eine bis drei Stunden in Anspruch nehmen.
Welche räumlichen Bedingungen müssen für die Verwendung der Methode gegeben sein?	Für die Durchführung des Feedbacks sollten ausreichend grosse Räumlichkeiten zur Verfügung stehen, in denen eine mehrköpfige Familie und zwei bis drei Fachpersonen an Tischen Platz nehmen können. Für Kinder sollten im Raum oder ausserhalb Spiel- und Wickelmöglichkeiten vorhanden sein.
Welche weiterführende Literatur kann zum besseren Verständnis der Methode genutzt werden?	• Funcke, Amelie/Havenith, Eva (2013). Moderations-Tools. Anschauliche, aktivierende und klärende Methoden für die Moderations-Praxis. Bonn. S. 299f.

Abklärungsberichtsvorlage der Familiengerichte Aargau

Fragestellung	Beschreibung
Was kennzeichnet das Instrument?	Das Instrument strukturiert das Verfassen eines Abklärungsberichts durch vorgegebene Themen und Fragen.
Welche Zielsetzung kann mit dem Instrument verfolgt werden?	Das Instrument unterstützt die Erstellung eines übersichtlichen und transparenten Abklärungsberichts, durch eine saubere Darstellung und eine nachvollziehbare Gliederung der Themen. Die vorgegebenen Themen und Fragen unterstützen dabei nicht nur die Analyse- und Syntheseprozesse des Studierens der Fallunterlagen und des Verfassens des Berichts, sondern setzen zugleich Fokusse für den gesamten Abklärungsprozess.
Wie kann man das Instrument einsetzen?	Das Verfassen des Abklärungsberichts entlang der vorgegebenen Themen und Fragen muss auf ein strukturiertes und gut dokumentiertes Abklärungsvorgehen abgestützt sein. Dieses umfasst • eine saubere Dossierführung, • ausführliche Aktennotizen von Besprechungen und Telefonaten mit den Betroffenen und weiteren Fachpersonen wie auch von kollegialen Beratungen, Fallbesprechungen etc., • dokumentierte Hypothesen zu Ursachen, Formen und Folgen potenziell kindeswohlgefährdender Momente, • ausgefüllte Abklärungsinstrumente (Einschätzbögen, Genogramme etc.). Das Weiteren ist es unerlässlich, die Themen und Fragen der Abklärungsberichtsvorlage so anzupassen, dass (vorgegebene) Abklärungsfragen darin aufgenommen und beantwortet werden können resp. deren Bearbeitung und Beantwortung durch die Struktur des Berichts nicht eingeschränkt werden. Ebenso wichtig ist, dass den Logiken des Prozessmanuals und dessen Schlüsselprozessen entsprochen werden kann.

▶

Wie viel Zeit benötigt man für die Verwendung des Instruments?	Um einen nachvollziehbaren und plausiblen Abklärungsbericht zu verfassen, ist mit einem Zeitaufwand von vier bis acht Stunden zu rechnen.
Welche räumlichen Bedingungen müssen für die Verwendung des Instruments gegeben sein?	Zum Verfassen eines Abklärungsberichts ist ein Arbeitsplatz mit Computer erforderlich, der genügend Platz aufweist, um alle fallbezogenen Akten, Dokumente und Unterlagen auszubreiten, diese in Ruhe studieren und zu einem Bericht verdichten zu können.
Welche weiterführende Literatur kann zum besseren Verständnis des Instruments genutzt werden?	• Oberloskamp, Helga/Balloff, Rainer/Fabian, Thomas (2001). Gutachterliche Stellungnahmen in der sozialen Arbeit. Eine Anleitung mit Beispielen für die Mitwirkung in Vormundschafts- und Familiengerichtsverfahren. Neuwied, Kriftel. • Peter, Verena/Dietrich, Rosmarie/Speich, Simone (2016). Vorgehen bei der Hauptabklärung und Instrumente. In: Rosch, Daniel/Fountoulakis, Christiana/Heck, Christoph (Hg.). Handbuch Kindes- und Erwachsenenschutz. Recht und Methodik für Fachleute. Bern. S. 157–162. • Rosch, Daniel (2012). Bedeutung und Standards von sozialarbeiterischen Gutachten. Aktuelle juristische Praxis – Pratique juridique actuelle. Nr. 2. S. 173ff.

Checkliste

Prüffragen	Ja	Nein	Erläuterung
Wurde ein vorläufiger Abklärungsbericht erstellt?	☐	☐	
Wurden die Inhalte des vorläufigen Abklärungsberichts dem Kind und seiner Familie erklärt?	☐	☐	
Wurden Kritiken und Vorschläge zur Veränderung der Familie seitens des Kindes und seiner Familie aufgenommen?	☐	☐	Wenn nein, warum nicht?
Bei massiver Ablehnung der Inhalte des Berichts und den darin enthaltenen Empfehlungen: Wurden dem Kind und seiner Familie Alternativen aufgezeigt, wurden sie über das weitere Vorgehen informiert und wurden ihnen mögliche Rechtsmittel dargelegt, die sie ergreifen können?	☐	☐	
Wurde der Abklärungsbericht fertiggestellt und sofern erforderlich an die KESB übersandt?	☐	☐	Wenn ja, wann? Datum:

Notizen

Notizen

4
Zusammenarbeit im Kindesschutz

Hinweise, Fragen und Anregungen zur kooperativen Gestaltung von Abklärungsprozessen

Was kann unter Zusammenarbeit verstanden werden?

Zusammenarbeit beschreibt grundsätzlich ein «Verfahren (...), bei dem im Hinblick auf geteilte oder sich überschneidende Zielsetzungen durch Abstimmung der Beteiligten eine Optimierung von Handlungsabläufen oder eine Erhöhung der Handlungsfähigkeit bzw. Problemlösekompetenz angestrebt wird» *(Santen/Seckinger 2003, S. 29)*. Diese Begriffsbestimmung verdeutlicht, dass Prozesse der Zusammenarbeit nicht nur anlass- oder fallbezogen zu klären sind. Vielmehr ergibt sich aus klar geregelten Ablaufroutinen und Zuständigkeiten eine funktionale und verbindliche Zusammenarbeit *(vgl. Fegert/Ziegenhain 2010)*. Daraus erwächst einerseits Handlungssicherheit für die beteiligten Organisationen und ihre Mitarbeitenden, andererseits werden Reibungsverluste und Verantwortungsdiffusion vermieden. Die Verständigung zwischen Behörden und abklärenden Diensten über Abklärungsziele und Arten der Beteiligung von Kindern und Eltern ist unabdingbar, um den gesamten Prozess für die Familien konstruktiv und transparent in Bezug auf Rollen, Kompetenzen und Zuständigkeiten zu gestalten.

Was sollte in der Zusammenarbeit bei der Gestaltung von Abklärungsprozessen im Kindesschutz geklärt sein?

Wenn Abklärungen im Kindesschutz durchgeführt werden, muss geklärt sein, in welchem Ausmass und in welcher Tiefe die KESB selbst Abklärungen vornimmt, inwieweit abklärende Dienste bzw. zuständige Fachpersonen in behördliche (Entscheidungs-)Prozesse einbezogen werden und wie Informationen zwischen Behörden und Diensten vor, während und nach einer Abklärung ausgetauscht werden. Es sollten Zuständigkeiten, Rollen und Verantwortlichkeiten geklärt sein *(vgl. Santen/Seckinger 2003)* und Regelungslücken und Doppelspurigkeiten identifiziert und beseitigt werden *(vgl. Wiesner 2012)*. Darüber hinaus sollten institutionalisierte, fallunabhängige Austauschgefässe geschaffen werden, die der Verbesserung der Zusammenarbeit, der Klärung offener Fragen und Herausforderungen sowie der Diskussion geteilter Haltungen und Standards im Kindesschutz dienen *(vgl. Ecoplan / Hochschule für Soziale Arbeit Wallis 2013; Rieder et al. 2016)*.

Welche Fragen der Zusammenarbeit stellen sich bei der Gestaltung von Abklärungsprozessen im Kindesschutz?

Das Prozessmanual bietet mit seinen Praxisprinzipien und Schlüsselprozessen einen Rahmen, innerhalb dessen sich KESB und abklärende Dienste über Haltungsfragen, fachliche Orientierungen sowie konkrete Abläufe in der Zusammenarbeit verständigen können. Es kann unter Berücksichtigung lokaler Gegebenheiten und Ressourcen sowie bestehender Zusammenarbeitsformen zur Klärung von Schnittstellen, Aufgaben und spezifischen Ressourcen beitragen.

Schlüsselprozess	Fragen zur Klärung der Zusammenarbeit
Ersteinschätzung	• Wer ist für die Entgegennahme und Ersteinschätzung von Hinweisen auf Gefährdungen des Kindeswohls zuständig? • Wer entscheidet über die Dringlichkeit des weiteren Vorgehens?
Kindeswohleinschätzung	• Wer nimmt erstmalig Kontakt zum Kind und zur Familie auf? • Wer schätzt ein, ob die Grundversorgung und die Sicherheit des Kindes gewährleistet sind?
Sofortmassnahmen	• Auf welche Sofortmassnahmen kann zurückgegriffen werden? • Wer organisiert und koordiniert die Einleitung von Sofortmassnahmen? • Wer begleitet das Kind und die Familie bei der Organisation und Koordination der Sofortmassnahme? • Wer ist nach Einrichtung der Sofortmassnahme für das Kind und die Familie die zentrale Ansprechperson?

▸

Kernabklärung	• Was ist der Abklärungsauftrag? • Wie bindend ist der Abklärungsauftrag? • In welchen Situationen kann vom Auftrag abgewichen werden? • Wer nimmt die Kernabklärung vor? • Soll die Kernabklärung allein oder zu zweit realisiert werden? • Wer veranlasst spezialisierte Abklärungen? • Soll über Zwischenergebnisse der Kernabklärung informiert werden?
Bedarfsklärung	• Welche Leistungen sind verfügbar? • Wie ist die Finanzierung von Leistungen geregelt? • Soll bereits während der Kernabklärung auf die Inanspruchnahme von Leistungen hingewirkt werden? • Wer ist für die Vermittlung von Leistungen zuständig? • Wer überprüft die Wirksamkeit von Leistungen? • Wann sind zivilrechtliche Kindesschutzmassnahmen angezeigt, wann nicht?
Ergebnisklärung	• Welche Ergebnisse der Abklärungen müssen im Bericht aufgenommen werden, welche nicht? • Soll darüber informiert werden, wenn das Kind und seine Familie mit den Inhalten des Berichts nicht einverstanden sind? • Soll darüber informiert werden, wenn den Empfehlungen des Berichts gefolgt oder warum von diesen abgewichen wurde? • Was passiert nach Abschluss der Abklärung? Wer ist für das Kind und die Familie zuständig?

Wie kann Zusammenarbeit im Kontext von Kindeswohlabklärungen gelingen?
Erste Evaluationen der Umsetzung des neuen Kindes- und Erwachsenenschutzrechts *(vgl. Ecoplan / Hochschule für Soziale Arbeit Wallis 2013; Rieder et al. 2016)* haben auf Schnittstellenproblematiken in der Zusammenarbeit von abklärenden Diensten und KESB verwiesen. Die Aufgabenteilung zwischen KESB und abklärenden Diensten in Kindeswohlabklärungen birgt das Risiko, dass wichtige Informationen nicht oder verspätet ausgetauscht werden, dass wichtige Sachverhalte missdeutet, unter- oder überschätzt werden, insbesondere wenn prioritär schriftlich kommuniziert wird. Andererseits könnten «blinde Flecken» in der Abklärung, Tabuisierungen oder auch Verstrickungen emotionaler Art zwischen den meist stark in den Fall involvierten abklärenden Fachpersonen und Familien gerade durch diese Aufgabenteilung und die Tatsache, dass zwei abklärende Fachpersonen und mindestens ein neutrales bzw. weniger stark am Fall beteiligtes Behördenmitglied in Austausch mit dem Kind und seiner Familie treten, vermindert oder neutralisiert werden. In den unterschiedlichen Rollen, Zugangs- und Vorgehensweisen liegt auch ein Potenzial zur Kontrolle jener Risiken, die mit Kindeswohlabklärungen und entsprechenden Entscheidungen immer einhergehen *(vgl. Kap. 2)*. Sind diese Unterschiede und die jeweils spezifischen Beiträge der KESB und der abklärenden Dienste geklärt und teilen beide Seiten ein Grundverständnis über Aufgaben- und Rollenunterschiede, dann können sie im besten Interesse des Kindes und seiner Familie genutzt werden. Abklärungsprozesse und Kindesschutzverfahren könnten dann mehr als bisher dialogisch-systemisch und transparent gestaltet werden.

Eine fortschreitende Verbesserung der Zusammenarbeit zwischen KESB und abklärenden Diensten gelingt dann am besten, wenn sich die Organisationen oder gegebenenfalls Organisationseinheiten als Teile des Systems «Kindesschutz» mit einem gemeinsamen Ziel und darauf ausgerichteten Tätigkeiten verstehen. Über die konkrete Regelung von Abläufen hinaus kann die Verbesserung und Verstetigung der Zusammenarbeit im Sinne der «lernenden Organisation» *(Senge 2011)* als Lernprozess verstanden werden, der es den Beteiligten erlaubt, gemeinsam Lösungen für neue Probleme und Herausforderungen zu erarbeiten *(vgl. UK Departement of Education 2015)*. Die Notwendigkeit, sich gemeinsam weiterzuentwickeln, sollte dabei nicht prioritär anhand von Ressourcenfragen beurteilt werden *(vgl. Amt für Soziale Dienste Bremen 2009; Informationszentrum Kindesmisshandlung/Kindesvernachlässigung 2013/2014)*, vielmehr bemisst sie sich an der Performanz der gemeinsamen Tätigkeit, konkret daran, wie gut es gelingt, Kinder zu schützen und vor Gefährdungen und Leid zu bewahren *(vgl. Munro 2011)*. Ansätze zur Anregung von Lernprozessen können vor allem im Austausch über das Gelingen und Misslingen bei der Erfüllung der gemeinsamen Aufgaben, das heisst im retrospektiven gemeinsamen Reflektieren über einzelnen Fälle und ihre Verläufe, verortet werden *(vgl. Kasten)*. Darüber hinaus fördern interinstitutionell oder interorganisational zusammengesetzte Lerngefässe, wie verschiedene Formen des Fachaustauschs, gemeinsame Fortbildungsgefässe oder gemeinsame Qualitätsentwicklungsworkshops *(vgl. Amt für Soziale Dienste Bremen 2009)*, das gegenseitige Verständnis für die Aufgaben, Sichtweisen und Kompetenzen der verschiedenen Beteiligten sowie deren disziplinären Hintergrund. Dies wiederum kann zu mehr Klarheit in Bezug auf die mit Kindeswohlabklärungen einhergehenden Aufgaben und Herausforderungen beitragen.

Anregung zu gemeinsamen Lernprozessen anhand von «Bremer Qualitätsstandard: Zusammenarbeit im Kindesschutz»
(Amt für Soziale Dienste Bremen 2009, S. 49ff.)

Lernen vom Erfolg

- Was war der besondere Erfolg in der Zusammenarbeit (bzgl. Prozess oder/und Ergebnis)?
- In welchen Phasen gab es besondere Erfolge (Kontakt und Kennenlernen, Krisenintervention, Problemkonstruktion, Hilfeplanung, Hilfegewährung etc.)? Wie ist der Erfolg zustande gekommen? Wer hat welchen Beitrag geleistet? Welche Ereignisse spielten eine Rolle? Was wurde anders gemacht als üblich?
- Was lässt sich konzeptionell und methodisch aus dem Erfolg lernen? Was lässt sich wiederholen? Was lässt sich verallgemeinern?

Lernen von Misserfolg, gescheiterten oder negativen Fallverläufen

- Wie würden Sie die besondere Schwierigkeit / das Scheitern in der Zusammenarbeit beschreiben (bzgl. Prozess oder/und Ergebnis)?
- Wie entwickelten sich die besonderen Schwierigkeiten / das Scheitern in den Phasen der Zusammenarbeit?
- Wie sind die Schwierigkeiten/das Scheitern in der Zusammenarbeit zustande gekommen? Bitte beschreiben Sie die besondere Entwicklung. Wer hat welchen Beitrag geleistet? Welche Ereignisse spielten eine Rolle? Entstanden bzw. eskalierten die Schwierigkeiten beim üblichen Vorgehen oder wurde anders gehandelt als üblich?
- Was lässt sich konzeptionell und methodisch aus den Schwierigkeiten/ dem Scheitern in der Zusammenarbeit lernen? Wie lassen sich Wiederholungen vermeiden? Was lässt sich verallgemeinernd lernen?

Förderung der Zusammenarbeit durch gemeinsame Bearbeitung folgender Themen und Aktivitäten

- Information über rechtliche Grundlagen und aktuelle fachliche Entwicklungen
- Verständigung über Risikofaktoren und Kriterien von Kindeswohlgefährdung
- Formulierung verbindlicher Verfahrensabsprachen
- Erstellung eines Verzeichnisses mit Zuständigkeit, Kontaktdaten und Erreichbarkeit der beteiligten Berufsträger
- Verabredung von Direktkontakten in Akutfällen
- Fallübergreifender Erfahrungsaustausch
- Planung und Durchführung gemeinsamer bereichsübergreifender oder gegenseitiger Fortbildungsveranstaltungen
- Einladung von Experten zu Fachthemen
- Gemeinsame Öffentlichkeitsarbeit

5 Dokumentation im Kindesschutz

Hinweise, Fragen und Anregungen zur systematischen Verschriftlichung von Abklärungsprozessen

Wozu dokumentieren?

In einem Abklärungsprozess sammeln Fachpersonen eine Fülle unterschiedlicher Daten und Informationen. Diese bilden die Grundlage für die Planung und Durchführung des Abklärungsprozesses und für den abschliessenden Bericht einschliesslich der Empfehlungen. Ihre Dokumentation ist ein integraler und bedeutsamer Bestandteil eines Abklärungsprozesses. Art, Umfang und Qualität der Dokumentation haben einen erheblichen Einfluss auf die Qualität der Abklärung, auf die Fachlichkeit und Plausibilität des Vorgehens wie auch des Berichts. In Anlehnung an *Geiser (2009, S. 30f.)* lassen sich folgende Funktionsbereiche und Nutzenaspekte von Dokumentation im Kontext von Kindeswohlabklärungen herausstellen:

Die Dokumentation dient den abklärenden Fachpersonen

- als Speicher für Informationen über das Kind und die Familie;
- als Speicher für Informationen über das eigene Vorgehen;
- als Unterstützung für die Terminplanung;
- als Unterstützung bei der Auswahl relevanter Kontaktpersonen und der Planung von Kontakten;
- zur Vorbereitung und Nachbereitung von Gesprächen (Themen, offene Fragen usw.)
    - mit dem Kind
    - mit den Eltern
    - mit weiteren Familienmitgliedern
    - mit anderen Fachpersonen (Betreuungseinrichtungen des Kindes, Schule, Fachdiensten, Beratungsstellen, Arzt/Ärztin, Psycholog/in);
- als Unterstützung eines systematischen, wissenschaftlich fundierten und reflexiven diagnostischen Vorgehens *(Heiner 2011, S. 240; 246);*
    - bei der Identifikation von Wissenslücken (in Bezug auf den jeweiligen Fall; in Bezug auf Fachwissen z. B. zur kindlichen Entwicklung; Kindesschutzthemen usw.)
    - bei der Hypothesenbildung
    - bei der Verknüpfung unterschiedlicher Wissensbestände;
- als Grundlage für Entscheidungen im Abklärungsprozess;
- als Nachweis über das eigene Vorgehen.

Die Dokumentation dient der Zusammenarbeit mit dem Kind und den Eltern

- indem die abklärenden Fachpersonen festhalten, welche Informationen sie an das Kind und die Familie weitergegeben haben;
- indem die abklärenden Fachpersonen festhalten, welche Fragen, Anliegen, Interessen und Haltungen des Kindes und der Eltern in Bezug auf den Abklärungsprozess, die Situation des Kindes und der Familie und in Bezug auf Leistungen und/oder zivilrechtliche Kindesschutzmassnahmen bestehen;
- indem die abklärenden Fachpersonen Einfälle, Eindrücke, Einschätzungen und Beobachtungen in Bezug auf Problemwahrnehmungen, Kontextbedingungen von kindeswohlgefährdenden Zuständen und Ereignissen usw. festhalten und damit
- Grundlagen für eine transparente, beteiligungsorientierte und mehrperspektivische Abklärung schaffen.

Die Dokumentation dient der Zusammenarbeit innerhalb der Organisation und mit anderen Fachpersonen

- zur Vorbereitung und Nachbereitung von Teamgesprächen, kollegialer Beratung, Fallkonferenzen usw.;
- zur Rechenschaftslegung in Bezug auf Vorgehen, Aufwand und Ergebnisse;
- als Ausgangsmaterial für die Weiterentwicklung der leitenden Konzepte und der Zusammenarbeit innerhalb der Organisation.

Die Dokumentation dient der Zusammenarbeit zwischen abklärendem Dienst und KESB

- Abklärungsauftrag, Vereinbarungen über abzuklärende Sachverhalte, von der KESB an die abklärende Fachpersonen übertragene Befugnisse und allfällige Änderungen des Auftrags bzw. der Vereinbarungen werden eindeutig protokolliert.

Was dokumentieren?

Damit die Dokumentation ihre Funktionen erfüllen und den oben skizzierten Nutzen entfalten kann, scheint es erforderlich, Daten und Informationen zu folgenden Themen und Bereichen festzuhalten:

▸

Anlass	Themen	Inhalte
Abklärungsauftrag	• Fallinstruierende Person bei der KESB • Fallbezogene Personendaten • Leitende Fragestellungen • Abzuklärende Sachverhalte • Informationsstand bei Beginn der Abklärung	
Vorgehensweise	• Unternommene Schritte • Was getan? Wann? • Mit wem gesprochen?	• Gesprächsnotizen • Notizen zu Hausbesuchen • Notizen zu Gesprächen mit anderen Fachpersonen • Beobachtungen • Einschätzungen und Bewertungen • Informationslücken • Checklisten zu den Schlüsselprozessen
Begründung der Vorgehensweise	• Womit sind die unternommenen Schritte begründet? • Womit ist die Abfolge begründet?	• Checklisten zu den Schlüsselprozessen
Informationen über abzuklärende, einzuschätzende bzw. beobachtete Sachverhalte	• Erscheinungsbild und Entwicklungsstand des Kindes • Erscheinungsbild und Personenmerkmale der Eltern • Lebensumstände des Kindes und der Familie • Bedürfnisse und Belastungen • Ressourcen und Stärken • Qualität des Erziehungshandelns • Mitwirkungsbereitschaft des Kindes und der Eltern	• Beobachtungen • Einschätzungen und Bewertungen der abklärenden Fachperson und weiterer Fachpersonen • Einschätzungen und Bewertungen des Kindes und der Eltern • Erleben, Haltungen, Interessen, Positionen des Kindes und der Eltern • Informationslücken

Informationen zu das Kindeswohl gefährdenden Zuständen und Ereignissen	• Konkrete Gefahren für das Kind • Berichtete Ereignisse • Umstände und Randbedingungen	• Beobachtungen • Einschätzungen und Bewertungen der abklärenden Fachpersonen und weiterer Fachpersonen • Einschätzungen und Bewertungen des Kindes und der Eltern • Informationslücken
Informationen zur Angemessenheit und Notwendigkeit von Leistungen und/oder zivilrechtlichen Kindesschutzmassnahmen	• Unterstützungsbedarf • Anordnungsbedarf • Ziele und Zeitrahmen von Leistungen und/oder zivilrechtlichen Kindesschutzmassnahmen	• Einschätzungen und Bewertungen der abklärenden Fachperson und weiterer Fachpersonen • Einschätzungen und Bewertungen des Kindes und der Eltern • Erleben, Haltungen, Interessen, Positionen des Kindes und der Eltern • Offene Fragen
Vereinbarungen	• Mit der Behörde / fallinstruierenden Fachpersonen der KESB • Mit Vorgesetzten • Mit dem Kind • Mit den Eltern • Mit anderen Fachpersonen	• Aufträge • Rollen • Befugnisse • Informationsfluss • Resultate der Ergebnisklärung • …
Abklärungsbericht	• Mit wem besprochen? • An wen weitergeleitet?	

Wie dokumentieren?

Datenschutz ist Personenschutz: Es geht nicht um den Schutz der Daten, sondern um den Schutz der Privatheit und um die Sicherung von Freiheits- und Persönlichkeitsrechten *(Rosch 2011, S. 262)*. Im Kindesschutz werden höchst private Erlebnisse und Ereignisse besprochen und es werden sensible personenbezogene Daten aus verschiedenen Lebensbereichen von Kindern und Eltern thematisiert. Ein respektvoller und transparenter Umgang mit Kindern und Eltern, wie er in der Konzeption der dialogisch-systemischen Kindeswohlabklärung vorgeschlagen wird, muss sich zwingend auch im Umgang mit personenbezogenen Daten niederschlagen. Er ist auch eine elementare Voraussetzung für tragfähige und vertrauensvolle Arbeitsbeziehungen. Für den Umgang mit klientenbezogenen Daten in der Sozialen Arbeit hat *Rosch (2011)* drei Maximen vorgeschlagen:

Handlungsmaximen für den Umgang mit personenbezogenen Daten in der Sozialen Arbeit (Rosch 2011)

Die Maxime der Erlaubnis zur Datenverarbeitung	Daten werden grundsätzlich bei den Klient/innen selbst eingeholt. Werden sie von Dritten eingeholt, holen Sozialarbeitende die Einwilligung der Klient/innen ein. Daten können nur gegen deren Willen eingeholt werden, wenn dafür eine gesetzliche Grundlage besteht; in diesem Fall müssen die Klient/innen informiert werden.
Die Maxime der Verhältnismässigkeit	Die Verwendung von Daten muss sich am Zweck orientieren. Sie ist erlaubt, wenn das Ziel durch Mittel, die weniger in die Persönlichkeitsrechte eingreifen, nicht erreicht werden kann. Im Zweifelsfall ist zwischen den Persönlichkeitsrechten und weiteren persönlichen Interessen verschiedener Beteiligter (bspw. Interessen des Kindes versus Interessen der Eltern) und einem öffentlichen Interesse abzuwägen.
Maxime der Zweckbindung	Es ist zu gewährleisten, dass Daten nur zu den Zwecken verwendet werden, für die sie eingeholt worden sind.

Kindeswohlabklärungen finden in einem institutionalisierten Rahmen statt. An vielen Orten bestehen formelle Standards und informelle Regeln in Bezug auf die Dokumentation, Aktenführung und die Gestaltung von Abklärungsberichten. Für den Umgang mit personenbezogenen Informationen in Abklärungsprozessen können unterschiedliche datenschutzrechtliche Bestimmungen verbindlich sein, je nachdem, ob es sich um eine Abklärung im Auftrag einer KESB oder um eine Abklärung im Rahmen des Leistungsspektrums eines Fachdienstes (Kinder- und Jugendhilfedienst, Sozialdienst) handelt. Im Rahmen des Prozessmanuals können daher nur allgemeine Hinweise gegeben werden. Diese orientieren sich an dem Ziel, Kriterien für die Qualität von Dokumentationen vorzuschlagen, die einerseits Orientierungen für die konkrete fallbezogene Dokumentation durch die abklärenden Fachpersonen bieten und andererseits als Eckpunkte zur Überprüfung und Weiterentwicklung dokumentationsbezogener Standards in abklärenden Diensten wie auch in der Zusammenarbeit zwischen abklärenden Diensten und Behörden dienen können.

Die Dokumentation soll helfen, Informationen über sehr unterschiedliche Sachverhalte (z. B. Entwicklungsstand des Kindes, Einkommen der Eltern, der Lebensweisen des Kindes, Haltungen der Eltern, Einschätzungen von Fachpersonen etc.) systematisch zu sammeln und miteinander in Beziehung zu setzen. Sie muss gleichzeitig unterschiedlichen Zwecken dienen: der Planung des Abklärungsprozesses, der Herstellung plausibler diagnostischer Urteile sowie der Kommunikation über Verlauf und Ergebnis der Abklärungen gegenüber dem Kind und den Eltern einerseits und der auftraggebenden Behörde andererseits.

Merkmale guter Aktenführung

Als Eckpunkte zur Bestimmung der Qualität von Dokumentationen von Abklärungsprozessen können die Merkmale guter Aktenführung in der Sozialen Arbeit von Geiser (2009, S. 28) herangezogen werden:

- «reflektiert (überlegt),
- systematisch (nach einem sachlogischen Verlauf gesteuert, d. h. auch zielgerichtet),
- objektivierbar (sachbezogen, begründbar),
- effektiv [...],
- effizient (gemessen an der erwünschten Wirkung erscheint der Aufwand lohnend) und
- rechtlich und berufsethisch legitimiert»

Kriterien für das Erkennen eines guten Dokumentationssystems

Als weitere Kriterien, die ein Dokumentationssystem für Kindeswohlabklärungen erfüllen sollte, lassen sich folgende Zielgrössen benennen:

Ein Dokumentationssystem für Abklärungsprozesse sollte

- niederschwellig zugänglich und flexibel handhabbar sein,
- fortlaufend Ergänzungen ermöglichen (dynamische Fallverläufe),
- die Auffindbarkeit von Informationen unterstützen,
- Verknüpfungen zwischen einzelnen Daten/Informationen/Merkmalen unterstützen,
- die Identifikation von Wissenslücken unterstützen,
- die Unterscheidung von Beobachtungen, Einschätzungen und Bewertungen unterstützen und sichtbar machen,
- zur Reflexion und Hypothesenbildung anregen,
- den diskursiven und kollegialen Austausch mit Fachpersonen ermöglichen.

6
Glossar

A

Abklärung

Abklärung dient dem Ziel, eine als problematisch und klärungsbedürftig wahrgenommene Situation in hinreichender Komplexität zu erfassen, zu verstehen und zu beurteilen. Bei Abklärungen in der Kinder- und Jugendhilfe und im Kindesschutz steht die Frage im Vordergrund, ob das Wohl eines Kindes gewährleistet ist (siehe auch Kindeswohlgefährdung). Dabei gilt der Grundsatz, dass das Wohl von Kindern gewährleistet ist, wenn ihre Grundbedürfnisse befriedigt und ihre Rechte gewährleistet sind. In einer Kindeswohlabklärung geht es folglich darum, die Lebenssituation eines Kindes unter Berücksichtigung verschiedener Dimensionen (körperlich, geistig, seelisch, sozial) einzuschätzen und Abweichungen von der in diesem Grundsatz enthaltenen Norm zu erfassen und zu beschreiben. Der Blick richtet sich dabei insbesondere auf die Wechselwirkungen zwischen einerseits der Lebenssituation, die durch soziale, sozioökonomische und bildungsbezogene Ressourcen der Erziehenden sowie Erziehungs- und Alltagspraxen geprägt wird, und andererseits den Ressourcen und Bedürfnissen und dem Entwicklungsstand eines Kindes. Auf dieser Grundlage lassen sich fundierte und differenzierte Antworten auf die Frage finden, welche Antworten notwendig und geeignet sind, um Gefährdungen des Kindeswohls abzuwenden und das Kindeswohl aktuell und langfristig zu gewährleisten. Ein Merkmal des schweizerischen Kindesschutzsystems ist die duale Struktur von einvernehmlichen, zwischen Eltern und einem Fachdienst vereinbarten Leistungen und durch die Kindes- und Erwachsenenschutzbehörde angeordneten Leistungen. Zur Aufgabe, auf eine geeignete Leistung zu schliessen, tritt die Aufgabe, zu einer begründeten Einschätzung darüber zu kommen, ob die Leistung mit den Eltern vereinbart werden kann oder ob sie angeordnet werden muss. Stimmen die Eltern der Leistung zu und sind sie bereit und in der Lage, an ihrer Realisierung mitzuwirken, kann die Leistung im Einvernehmen mit den Eltern vereinbart werden. Stimmen die Eltern einer zur Abwendung von Gefahren für das Kindeswohl notwendigen Leistung nicht zu und sind sie weder bereit noch in der Lage, an ihrer Realisierung mitzuwirken, kann die Leistung behördlich angeordnet werden. Abklärungen schliessen in der Regel auch die Frage ein, ob weitere zivilrechtliche Kindesschutzmassnahmen erforderlich sind (z. B. Beistandschaft, Aufhebung des Aufenthaltsbestimmungsrechts). Entscheidungen über die Anordnung von Leistungen sowie über weitere zivilrechtliche Kindesschutzmassnahmen sind der KESB vorbehalten.

Kindeswohlabklärung geschieht im Kontakt und Austausch mit der Familie (Kind, Sorgepersonen) und mit weiteren (am Fall beteiligten) Fachpersonen bzw. -stellen. Viele wichtige Informationen und Einschätzungen werden erst im dialogischen Austausch zwischen Fachpersonen, Sorgepersonen und Kind hervorgebracht. Wie ein Abklärungsprozess verläuft, ist folgenreich für einen gegebenenfalls anschliessenden Unterstützungsprozess.

Abklärungen zu Fragen des Kindeswohls, die durch eine Kindes- und Erwachsenenschutzbehörde oder in deren Auftrag durchgeführt werden, sind in rechtlicher Hinsicht durch den behördlichen Untersuchungsgrundsatz legitimiert (Art. 446 ZGB); sie stellen als solche indes keine Kindesschutzmassnahme dar. Die Behörde untersucht («erforscht») den Sachverhalt von Amts wegen und ist zur Abklärung der relevanten Sachverhalte verpflichtet (Art. 446 ZGB). Die Kindes- und Erwachsenenschutzbehörde kann «eine geeignete Person oder Stelle mit Abklärungen beauftragen» (Art. 446 Abs. 2). Das Gesetz sieht somit die Möglichkeit vor, Abklärungen in Bezug auf mutmassliche Gefährdungen des Kindeswohls und deren Umstände an geeignete Fachdienste zu delegieren. In der gegenwärtigen Praxis sind dies vorwiegend interne (Abklärender Dienst einer KESB) oder externe (Kinder- und Jugendhilfedienste; Sozialdienste) Dienste mit einer Expertise in Sozialer Arbeit; desgleichen können (alternativ oder ergänzend) Fachpersonen mit anderer spezieller Fachexpertise beauftragt werden.

A

Lokal bzw. regional verankerte Dienste (Sozialdienste, Kinder- und Jugendhilfedienste) führen im Rahmen ihres jeweiligen durch Kantons- und/ oder Gemeinderecht bestimmten Leistungsauftrags ebenfalls Abklärungen durch, bei denen Fragen des Kindeswohls sowie die Klärung von Unterstützungsbedarfen und geeigneten Antworten auf eine als veränderungsbedürftig wahrgenommene Lebenssituation eines Kindes im Mittelpunkt stehen können. In einigen Kantonen ist es Praxis, dass die gleichen Dienste Abklärungen mit und ohne Auftrag einer Kindes- und Erwachsenenschutzbehörde durchführen. Eine entscheidende Differenz besteht in der rechtlichen Rahmung des Verhältnisses zwischen dem abklärenden Dienst und der Familie. Liegt ein Auftrag zur Abklärung durch eine Kindes- und Erwachsenenschutzbehörde vor, dann ist der abklärende Dienst legitimiert und verpflichtet, die Abklärung wenn nötig auch gegen den artikulierten Willen von Sorgepersonen durchzuführen. Davon abgesehen, können sich Abklärungen, die mit und ohne den Auftrag einer Behörde durchgeführt werden – etwa hinsichtlich Themen, Fragestellungen und Vorgehensweisen – gleichen. Abklärungen können zu leistungsbezogenen Entscheiden (siehe Zugänge zu Leistungen) führen – unabhängig davon, ob sie im Leistungsauftrag eines Fachdienstes oder im Rahmen eines behördlichen Kindesschutzverfahrens durchgeführt werden (durch eine KESB oder in ihrem Auftrag). Im Sinne des Subsidiaritätsprinzips gehen vereinbarten Leistungen den als zivilrechtliche Kindesschutzmassnahmen angeordneten Leistungen voraus (siehe unten). Zur Tragung der Kosten von einvernehmlich vereinbarten und behördlichen Leistungen haben die Kantone eigene Regelungen (teilweise auf Gesetzesstufe) erlassen.

Abklärungsprozess

Kindeswohlabklärung ist kein singuläres Ereignis, sondern ein Prozess. Es ist zweckmässig, den Abklärungsprozess in verschiedene Teilschritte aufzugliedern. Das «Prozessmanual. Dialogisch-systemische Kindeswohlabklärung» unterscheidet zwischen Ersteinschätzung, Kindeswohleinschätzung, Sofortmassnahmen, Kernabklärung, Bedarfsklärung und Ergebnisklärung. Bei der Ersteinschätzung werden Hinweise auf Gefährdungen entgegengenommen und hinsichtlich ihrer Glaubwürdigkeit und Dringlichkeit eingeschätzt. Im Rahmen der Kindeswohleinschätzung nehmen Fachpersonen Kontakt mit einem Kind und seiner Familie auf, um einschätzen zu können, ob eine akute Gefährdung vorliegt, die ein sofortiges Handeln erforderlich macht (Sofortmassnahmen). In der Kernabklärung geht es darum, in der Zusammenarbeit mit dem Kind, der Familie und weiteren fachlichen Partner/innen Ereignisse, Verhältnisse (Strukturen) und Handlungsmuster, die zur Gefährdung des Kindeswohls beitragen, zu verstehen und zu beurteilen. Indem die Fachpersonen gemeinsam mit dem Kind und der Familie versuchen, die Hintergründe, Begleitumstände und Kontextbedingungen solcher Ereignisse, Strukturen und Handlungsmuster zu verstehen, schaffen sie zugleich Gelegenheiten für das (gemeinsame) Entdecken von Ansatzpunkten für Veränderungsschritte, die von den Beteiligten als sinnvoll, realistisch und zielführend beurteilt werden. In der Bedarfsklärung entwickeln Fachpersonen dann in Zusammenarbeit mit dem Kind, der Familie und weiteren Fachpersonen einen Plan zur Förderung und Sicherung des Kindeswohls. Im Schlüsselprozess Ergebnisklärung stellen die abklärenden Fachpersonen dem Kind und der Familie die Ergebnisse des Abklärungsprozesses einschliesslich der aus ihrer Sicht zu empfehlenden Leistungen bzw. zivilrechtlichen Kindesschutzmassnahmen vor und nehmen ihre Rückmeldungen entgegen. In allen Schlüsselprozessen der Kindeswohlabklärung ist der Einbezug von Fachwissen in der Form von Erfahrungs- bzw. Praxiswissen, theoretischem und empirischem Wissen erforderlich: Es lenkt die Aufmerksamkeit auf relevante Sachverhalte und Indikatoren (für Beeinträchtigungen und Gefährdungslagen) und liefert die Anhaltspunkte für ihre Interpretation und Verknüpfung in Einschätzungen, Schlussfolgerun-

A

gen und Prognosen. Mit Gewinn wird es auch dazu herangezogen, auf geeignete Formen der Unterstützung zu schliessen.

Akute Kindeswohlgefährdung

Eine akute Kindeswohlgefährdung liegt vor, wenn davon ausgegangen werden muss, dass ein Kind von der ernstlichen und unmittelbaren Gefahr bedroht ist, misshandelt zu werden (körperliche, sexuelle, seelische Misshandlung) oder durch Unterversorgung erheblichen Schaden zu nehmen (Ernährung, Kleidung, Wohnung, Vorenthalten notwendiger medizinischer Versorgung) und die Sicherheit und die Grundversorgung des Kindes ohne Massnahmen zu seinem Schutz nicht gewährleistet sind (siehe auch Kindeswohlgefährdung).

Anhörung

Die bundesrechtlichen Bestimmungen zum Kindesschutz verpflichten die Kindes- und Erwachsenenschutzbehörde zur persönlichen Anhörung der «betroffenen Person» (Art. 447 ZGB). In rechtlicher Hinsicht dient die Anhörung einerseits der Wahrung der Persönlichkeitsrechte der Betroffenen und andererseits der Feststellung des Sachverhalts, also dem Gewinnen von Informationen über den Fall unter Einbezug der Beteiligten. Von Verfahren und Entscheidungen zum Kindesschutz sind in der Regel Eltern bzw. erwachsene Sorgepersonen und Kinder betroffen. Die Verpflichtung der Behörde zur persönlichen Anhörung gilt für beide Seiten des Generationenverhältnisses. Die Pflicht zur persönlichen Anhörung des Kindes im Rahmen von Kindesschutzverfahren wurde in der ZGB-Revision von 2008 durch einen besonderen Artikel unterstrichen. Art. 314a ZGB bestimmt: «Das Kind wird durch die Kindesschutzbehörde oder durch eine beauftragte Person in geeigneter Weise persönlich angehört, soweit nicht sein Alter oder andere wichtige Gründe dagegen sprechen.» Die Anhörung dient dem Zweck, die Sichtweise des Kindes, seinen Willen, seine Anliegen, Interessen und Wünsche sowie deren Hintergründe und Begründungen zu erfassen. Diese sind als wichtige Komponenten des zu ermittelnden Sachverhalts zu betrachten und müssen in Entscheiden über Kindesschutzmassnahmen angemessen berücksichtigt werden; wichtige Gründe, die gegen eine Anhörung sprechen, müssen nach vorherrschender Rechtsauslegung beim Kind liegen; entsprechend sind praktische und zeitökonomische Gesichtspunkte auf der Seite der Behörde zur Begründung der Vorenthaltung einer Anhörung nicht zulässig (Biderbost 2012, S. 992; 994). Nach einem Entscheid des Bundesgerichts ist «im Sinne einer Richtlinie» davon auszugehen, dass «die Kinderanhörung grundsätzlich ab dem vollendeten sechsten Lebensjahr möglich ist»; dies schliesse jedoch die Anhörung jüngerer Kinder nicht aus (BGE 131 III 553). Mit der Anhörungspflicht soll der Subjektstatus von Kindern in Kindesschutzverfahren gestärkt werden. Die Anhörung erfolgt grundsätzlich durch die Behörde; sie kann aber fallbezogen delegiert werden. Die durch Art. 314a verpflichtende Anhörung des Kindes findet in der Regel ohne die Eltern statt. Sie ist kindgerecht zu gestalten und zu protokollieren. Das Protokoll soll mit dem Kind besprochen werden (Steck 2012, S. 1335).

Die Arbeit von Kinder- und Jugendhilfediensten, Sozialdiensten und anderen Fachdiensten, die Leistungen für Kinder, Jugendliche und Familien erbringen oder vermitteln, ist durch kantonales Recht bzw. durch kantonale und kommunale Verordnungen geregelt. Der Grundsatz der Beteiligung von Kindern an Beratungen und Entscheidungen über sie berührende Angelegenheiten sowie die Pflicht, ihre Sichtweisen und Meinungen angemessen zu berücksichtigen, ist auch für die Arbeit dieser Fachdienste verbindlich. Massgebend ist hier Art. 12 der UN-Kinderrechtskonvention, welcher direkt anwendbar ist, auch wenn das kantonale Recht keine spezifischen Regelungen zum Einbezug des Kindes enthält. Im Interesse der Klarheit und Transparenz (auch in der

A

Kommunikation mit Kindern und Eltern) scheint es sinnvoll, den Begriff Anhörung ausschliesslich zur Bezeichnung von formalen Anhörungen in Verfahren der Kindes- und Erwachsenenschutzbehörde zu verwenden.

Anordnung

«Anordnung» steht für den Entscheid einer Kindes- und Erwachsenenschutzbehörde über die Anordnung von Kindesschutzmassnahmen.

Die Kindes- und Erwachsenenschutzbehörde kann zum Schutz des Kindes die Rechte der Eltern stufenweise einschränken oder diese den Eltern ganz entziehen. Sie kann Mahnungen und Weisungen aussprechen, dem Kind einen Beistand benennen, den Eltern Vertretungsrechte, das Aufenthaltsbestimmungsrecht und das Sorgerecht entziehen.

Die Abstufung verschiedener Eingriffe in die Rechte der Eltern und ihre jeweiligen Voraussetzungen sind durch das Schweizerische Zivilgesetzbuch (Art. 307 ff.) geregelt. Dreh- und Angelpunkt des behördlichen Eingriffs ist das Wohl des Kindes. Die elterliche Sorge und die auf der Grundlage von Vereinbarungen in Anspruch genommenen Leistungen haben Vorrang (Subsidiaritätsprinzip) (Biderbost 2012, S. 958; Cottier 2012, S. 789). Die Kindes- und Erwachsenenschutzbehörde kann den Eltern die Weisung (Art. 307 ZGB) erteilen, Leistungen in Anspruch zu nehmen. In diesem Falle spricht man von angeordneten Leistungen. Als Leistungsempfangende kommen grundsätzlich sowohl das Kind als auch die Eltern infrage. Auch Anordnungen zur Inanspruchnahme von Leistungen bedeuten einen obrigkeitlichen Eingriff in die elterlichen Rechte; sie setzen voraus, dass das Wohl des Kindes anders nicht gewährleistet werden kann – etwa wenn Eltern nicht von sich aus bereit sind, Leistungen in Anspruch zu nehmen, von denen mit guten Gründen angenommen werden kann, dass sie zur Abwendung von Gefährdungen des Kindeswohls geeignet und notwendig ist.

Die gleiche Leistung (z. B. Sozialpädagogische Familienbegleitung) kann durch Vereinbarung oder Anordnung zustande kommen. Ob eine Leistung vereinbart oder angeordnet wurde, hat Folgen für den Kontext, in dem sie erbracht wird, und für das Verhältnis zwischen Fachpersonen und Leistungsnutzenden. Anordnungen konstituieren einen Pflichtkontext. Da personenbezogene soziale Leistungen grundsätzlich die aktive Mitwirkung der Leistungsnutzenden erfordern, stellt eine Mitwirkungspflicht Fachpersonen, Eltern und Kinder vor besondere Herausforderungen. Einvernehmliche Vereinbarungen über Art, Umfang und Zielsetzungen einer Leistung bieten eine deutlich bessere Ausgangsbasis für die Herausbildung einer vertrauensvollen Arbeitsbeziehung zwischen Leistungsnutzenden und Fachpersonen und für die Wirksamkeit dieser Leistung (Albus et al. 2009; Baur et al. 2002; Macsenaere/Esser 2012). Es ist daher geboten, Anordnungen auf jene Fälle zu beschränken, bei denen das Wohl des Kindes nicht anders gewährleistet werden kann. Dies folgt aus den Prinzipien der Verhältnismässigkeit, Subsidiarität und Komplementarität, die für die Auslegung des schweizerischen Kindesschutzrechts massgeblich sind. Weiter ist es geboten, nach einem Anordnungsentscheid periodisch zu prüfen, ob die Voraussetzungen für die Mitwirkungspflicht weiter vorliegen (Art. 313 ZGB) oder ob die angeordnete Leistung (ohne Änderung von Art, Umfang und Erbringungskontext) in eine vereinbarte Leistung überführt werden kann.

Auftrag (Abklärungsauftrag)

Wo die Kindes- und Erwachsenenschutzbehörde tätig wird, ist sie zur Abklärung der relevanten Sachverhalte verpflichtet. Dies ist bspw. dann der Fall, wenn die Gefährdung des Wohls eines Kindes vermutet oder gemeldet wird. Sie kann die Abklärung selbst durchführen oder «eine geeignete Person oder Stelle mit Abklärungen beauftragen» (Art. 446 Abs. 2). Das Gesetz sieht somit die Möglichkeit vor, Abklärungen in Bezug auf mögliche Gefährdungen des Kindeswohls und ihre Umstände an interne oder

D

externe Fachdienste (z. B. Kinder- und Jugendhilfedienste, Sozialdienste) zu delegieren. Ein solcher Abklärungsauftrag wird in der Regel (und mit Vorteil) schriftlich erteilt. Im Interesse einer vertrauensvollen und effizienten Zusammenarbeit zwischen Behörden und abklärenden Diensten sollten Abklärungsaufträge klar formuliert sein. Sie sollten über bereits bekannte Fakten, offene Fragen und Vorannahmen (Hypothesen) informieren und damit den abklärenden Fachpersonen Anhaltspunkte liefern, aufgrund derer sie einen Fokus für die im Abklärungsprozess zu führenden Gespräche bzw. die zu gewinnenden Informationen bestimmen, ihr Vorgehen planen und die Kommunikation mit der Familie aufnehmen können. Je nach Verlauf eines Abklärungsprozesses kann es sinnvoll sein, Abklärungsaufträge in Rücksprache mit der auftraggebenden Behörde zu präzisieren, zu revidieren oder zu erweitern.

Dialog/dialogisch

Dialog (wörtlich Durchsprechen, Unterredung, Gespräch) findet statt, wenn sich mindestens zwei Personen über einen Gegenstand mit gesteigerter wechselseitiger Aufmerksamkeit für die Ähnlichkeiten und Unterschiede der jeweiligen Sichtweisen und Urteile austauschen und dabei die Absicht verfolgen, sich zu verständigen. Dialog liesse sich auch verstehen als Modus der Verständigung, der primär dort seinen Ort hat, wo es um die Klärung von sinnkonstituierenden Gegenständen und Fragen geht, die eine besondere Nähe zu Werturteilen aufweisen oder zu Werturteilen herausfordern. Mit Dialog wird eine besondere Qualität von Interaktionen angesprochen. Dialogische Interaktionen zeichnen sich aus durch Ergebnisoffenheit, Offenheit gegenüber unterschiedlichen Perspektiven (Multiperspektivität), Offenheit gegenüber Neuem und Unbekanntem, Anerkennung und Wertschätzung der Sprechenden als Personen auch im Falle von (partiellem) Dissens.

Im Kontext von Kindeswohlabklärungen bedeutet eine Orientierung an der Idee und den Merkmalen des Dialogs zunächst, dass sich abklärende Fachpersonen für Kinder und Eltern und ihre jeweiligen (unterschiedlichen) Sichtweisen auf ihre Alltags-, Beziehungs- und Erziehungspraxis interessieren und aktiv das Gespräch mit ihnen suchen. Dabei orientieren sie sich an dem Ziel, Gelegenheiten dafür zu schaffen, dass die (unterschiedlichen) Sichtweisen, Bedürfnisse, Wünsche, Interessen und Motive der beteiligten Familienmitglieder ebenso zur Sprache kommen wie die unterschiedlichen Wissensbestände (Alltagswissen, wissenschaftliches Wissen, Erfahrungswissen) und Urteilsformen (subjektive Urteile; fachliche Urteile; normative Leitorientierungen und im Recht verankerte Normen), die in der Kindesschutzpraxis relevant sind.

Die Orientierung der Kommunikation zwischen den Fachpersonen und der Familie an den Merkmalen des Dialogs dient auch dem Ziel, möglichst reichhaltige und diverse Informationen über die Lebenssituation der Beteiligten hervorzubringen, damit sie allen Beteiligten zur Verfügung stehen und dazu dienen können, verständlicher zu machen was (für wen) das Problem ist und welches geeignete Ansatzpunkte für erforderliche und erwünschte Veränderungen sein könnten. Ein dialogisches Vorgehen wird auch deshalb gegenüber einer exklusiv auf Expertenwissen abstellenden Diagnostik präferiert, weil es die Wahrscheinlichkeit erhöht, dass Aspekte zur Sprache kommen, die dem Aussenblick von Fachpersonen in der Regel nicht zugänglich sind und auf die diese auch nicht schliessen können (weil sie im Alltag und Erleben des Kindes und der Eltern verortet sind), die aber gleichwohl äusserst relevant sein können, wenn es darum geht, Hintergründe und Randbedingungen von Gefährdungsereignissen oder -situationen zu verstehen und fallbezogene Kriterien für die Beurteilung der Anschlussfähigkeit von Leistungen zu erhalten.

E

Eltern
Siehe «Familie».

Familie
Familie ist ein interpersonales Handlungs-, Interaktions- und Beziehungssystem, das primär durch die Generationendifferenz konstituiert ist. Die schweizerische Bundesverfassung fasst Familie als Lebensgemeinschaften von Erwachsenen und Kindern (Art. 41 BV). Wenn in diesem Prozessmanual von Familie die Rede ist, dann ist – im Einklang mit diesen Begriffsbestimmungen – stets eine konkrete Lebensgemeinschaft von Erwachsenen und Kindern gemeint. Folglich gelten Einelternfamilien und nichteheliche Lebensgemeinschaften mit Kindern selbstverständlich als Familie. Soweit andere Personen (z. B. Grosseltern) für das Kind den Status signifikanter Bezugspersonen haben (bspw. wenn sie kontinuierlich Aufgaben der Pflege, Betreuung und Erziehung übernehmen), rechnen wir sie ebenfalls der Familie zu. Wir folgen also einem Verständnis von Familie, das die gelebte Praxis des Zusammenlebens und der Ausübung von Betreuungs- und Erziehungsaufgaben, die subjektiven Bedeutungszuschreibungen der Beteiligten und die Ebene der Beziehung und der Interaktionen zwischen ihnen betont. Entsprechend verstehen wir unter Eltern nicht ausschliesslich die leiblichen Eltern, sondern auch diejenigen, die in einer konkreten Lebensgemeinschaft eine Elternrolle einnehmen – unabhängig davon, ob sie leibliche Eltern bzw. ein leiblicher Elternteil sind, diese ergänzen oder ersetzen.

Hinweise auf Gefährdungen des Kindeswohls
Grundsätzlich ist jede Person berechtigt, an eine Kindes- und Erwachsenenschutzbehörde, einen Sozialdienst oder einen Fachdienst der Kinder- und Jugendhilfe heranzutreten, um Informationen, Eindrücke und Einschätzungen weiterzugeben, die (aus Sicht der meldenden Person) darauf hinweisen, dass das Wohl eines Kindes gefährdet ist oder sein könnte. Personen in amtlicher Tätigkeit sind nach Art. 443 Abs. 2 ZGB dazu verpflichtet, der Kindes- und Erwachsenenschutzbehörde zu melden, wenn eine Person schutz- und hilfsbedürftig erscheint. Diese Meldepflicht gilt nicht absolut. Eine vom Grundsatz her meldepflichtige Person, die eine Gefährdung nicht meldet, weil sie davon ausgehen kann, dass sie ihr im Rahmen ihrer Tätigkeit begegnen oder ein Unterstützungsbedarf in anderer Weise gedeckt werden kann, handelt im Einklang mit Art. 443 ZGB, selbst wenn sich die Annahme nachträglich als falsch herausstellen sollte (Fassbind 2016b, S. 133; Rosch 2012b, S. 1124). Einzelne Kantone haben eigene Regelungen zu Melderechten und -pflichten für Personen in bestimmten Berufsgruppen oder Tätigkeiten erlassen (Affolter 2013; Rosch 2012a).

Die Kindes- und Erwachsenenschutzbehörde ist dazu verpflichtet, die gemeldeten Sachverhalte zu prüfen. Sie entscheidet, ob es geboten ist, mit der Familie und dem Kind Kontakt aufzunehmen, um Anhaltspunkte dafür zu gewinnen, ob und in welcher Hinsicht das Wohl des Kindes gefährdet ist. In diesem Fall interpretiert sie die Hinweise auf Gefährdungen des Kindeswohls in formaler Hinsicht als eine Gefährdungsmeldung, eröffnet ein Kindesschutzverfahren und ordnet eine Abklärung an, die sie selbst durchführt oder delegiert. Die Kindes und Erwachsenenschutzbehörde kann Hinweise auf Gefährdungen des Kindeswohls auch dahingehend interpretieren, dass sie nicht zuständig ist, und den Fall zur weiteren Bearbeitung an einen geeigneten Fachdienst weitergeben.

Fachdienste (Kinder- und Jugendhilfedienste, Sozialdienste) sind vor dem Hintergrund ihrer Aufgabenbeschreibungen sowie berufsethischer Grundsätze ebenso dazu verpflichtet, Hinweise auf die Gefährdung eines Kindes entgegenzunehmen und diese hinsichtlich der Schwere der zum Ausdruck gebrachten Gefährdungen, eines allfälligen Unterstützungsbedarfs und der Bereitschaft der Eltern zur Abwendung von Gefahren für das Kindeswohl

G

einzuschätzen. Sie prüfen, ob ihr Leistungsauftrag sowie ihre Handlungs- und Entscheidungsmöglichkeiten ausreichend sind, um Abhilfe zu schaffen und der Gefährdung adäquat zu begegnen. Ist dies der Fall, nehmen sie Kontakt mit der Familie auf und klären im Austausch mit dem Kind und den Eltern, was erforderlich und geeignet ist, um allfälligen Unterstützungsbedarfen zu entsprechen und das Wohl des Kindes zu sichern und zu fördern. Kommt der Fachdienst zu der Einschätzung, dass sein Handlungsrepertoire nicht ausreicht und/oder die Eltern Leistungen, die zur Abwendung einer Gefährdung des Kindeswohls erforderlich sind, nicht zustimmen, übergibt er den Fall mit einer Gefährdungsmeldung an die Kindes- und Erwachsenenschutzbehörde.

Grundbedürfnisse von Kindern

Als kindliche Grundbedürfnisse gelten diejenigen Voraussetzungen, die gegeben sein müssen, damit Kinder wachsen, lernen, sich entwickeln und ihre individuellen Potenziale entfalten können. Dabei sind zum einen unterschiedliche Dimensionen menschlichen Lebens angesprochen – die körperliche, seelische, geistige und soziale Dimension –, zum anderen verweist der Begriff der Grundbedürfnisse auf das «Zusammenspiel von Infrastrukturen, Ressourcen, Befähigungen und Berechtigungen» (Clark/Ziegler 2011). Eine weithin anerkannte Konzeption kindlicher Grundbedürfnisse stammt aus der Entwicklungspsychologie. Sie umfasst sieben kindliche Bedürfnisse und weist diesen den Status von Grundbedürfnissen zu: das Bedürfnis nach beständigen liebevollen Beziehungen (liebevolle Zuwendung, Nähe und Intimität von mindestens einer Bezugsperson); das Bedürfnis nach körperlicher Unversehrtheit, Sicherheit und Regulation (Ernährung, Ruhe, Bewegung, Gesundheitsversorgung, Abwesenheit von Gewalt, Abwesenheit von psychischen und physischen Verletzungen); das Bedürfnis nach individuellen Erfahrungen (Zuwendung und Wertschätzung des Kindes in seiner Individualität); das Bedürfnis nach entwicklungsgerechten Erfahrungen (weder Überforderung noch Unterforderung); das Bedürfnis nach Grenzen und Strukturen (wertschätzende statt strafende Begrenzung und Strukturierung der «Umwelteroberung»; Aushandeln von Grenzen als Gelegenheit zur Herausbildung von Vertrauen und wechselseitigem Verstehen); das Bedürfnis nach stabilen, unterstützenden Gemeinschaften und kultureller Kontinuität (möglichst gefahrenfreier sozialer Nahraum, soziale und kulturelle Infrastruktur, Freundschaften, soziale Netze, Verwandtschaftsbeziehungen); das Bedürfnis nach einer sicheren Zukunft (soziale und politische Stabilität) (Brazelton/Greenspan 2002; Kinderschutz-Zentrum Berlin 2009). Die sieben Grundbedürfnisse lassen eine Stufenfolge erkennen, die von elementaren physischen und psychischen Voraussetzungen über Merkmale der Interaktion zwischen Eltern und Kind und des Zusammenlebens in der Familie bis hin zu Merkmalen der Infrastruktur und der sozialen Sicherheit reicht.

Kind

In Übereinstimmung mit der UN-Kinderrechtskonvention und Art. 11 Abs. 1 der Bundesverfassung in Verbindung mit Art. 14 ZGB sind Kinder junge Menschen, die das 18. Lebensjahr noch nicht zurückgelegt haben.

Kinderrechte

Siehe «Rechte des Kindes».

Kindesschutz

Kindesschutz bezeichnet die in öffentlicher Verantwortung stehenden und durch das Recht legitimierten Leistungen und Massnahmen zum Schutz von Kindern vor psychischer, körperlicher und sexueller Misshandlung, vor Vernachlässigung sowie vor dem Miterleben häuslicher Gewalt. Im Kindesschutz äussert sich ein (wohlfahrts-)staatlicher Anspruch, den Schutz von Minderjährigen wenn nötig auch gegen den Willen der Eltern durchzusetzen. Weil Minderjährige besonders verletzlich sind, lassen sich Schutz, Befähigung, Förderung und Beteiligung nicht voneinander trennen. Insofern kann Kindesschutz auch als eine übergreifende Funktion der Kinder- und Jugendhilfe angesehen werden. Gute Kindesschutzpraxis schöpft aus dem gesamten Repertoire an Leistungen der Kinder- und Jugendhilfe und bezieht diese nach den jeweiligen Erfordernissen des Einzelfalls ein, um ihre Ziele zu erreichen.

Im Recht bezeichnet Kindesschutz einen Unterabschnitt der zivilgesetzlichen Bestimmungen zur elterlichen Sorge: Die Artikel 307–317 ZGB bestimmen die Voraussetzungen, unter denen der Staat legitimiert und verpflichtet ist, Massnahmen zum Schutz des Kindes zu treffen, den Sorgeberechtigten die Obhut zu entziehen, die elterliche Sorge zu beschränken oder diese aufzuheben und Regelungen zum persönlichen Verkehr zu erlassen. Für Eingriffe dieser Art gelten die Grundsätze der Subsidiarität, Verhältnismässigkeit und Komplementarität. Die Schutzbestimmungen gelten für Kinder in allen Lebens- und Betreuungssituationen, also auch in Pflege- und Betreuungsverhältnissen ausserhalb der Herkunftsfamilie.

Weitere rechtliche Grundlagen des Kindesschutzes bilden neben dem genannten Abschnitt des Zivilgesetzbuches der Artikel 11 BV, die UN-Kinderrechtskonvention, die Europäische Menschenrechtskonvention (insbesondere Art. 5, 8, 14,), das Opferhilfegesetz (OHG), die Verordnung über die Aufnahme von Kindern zur Pflege und zur Adoption (PAVO) und das Bundesgesetz über internationale Kindesentführung sowie die Haager Übereinkommen zum Schutz von Kindern und Erwachsenen (BG-KKE). Dem Schutz von Minderjährigen dienen auch zahlreiche Bestimmungen des Strafgesetzbuches, in denen Handlungen gegen Leib und Leben sowie gegen die sexuelle Integrität unter Strafe gestellt sind (Artikel 111–136, 187ff., 197, 213, 219 des Strafgesetzbuches, StGB).

Kindesschutzmassnahmen

Der Begriff «Kindesschutzmassnahmen» bezeichnet die Massnahmen des zivilrechtlichen Kindesschutzes, also diejenigen Massnahmen, die gemäss den Bestimmungen des Zivilgesetzbuchs von einer Kindes- und Erwachsenenschutzbehörde (KESB) angeordnet werden können. Der zivilrechtliche Kindesschutz ist Teil des Eingriffssozialrechts (Fountoulakis/Rosch 2016, S. 30; vgl. Piller/Schnurr 2006, S. 118). «Kindesschutzmassnahme» steht somit als Sammelbegriff für das Repertoire an legitimen staatlichen (behördlichen) Eingriffen in Grundrechte, hier namentlich in die persönlichen Freiheitsrechte von Eltern in Bezug auf ihre Lebensführung und ihre Wahrnehmung von Erziehungsaufgaben. Das Zivilgesetzbuch bestimmt die folgenden Kindesschutzmassnahmen: Mahnung, Weisung, Erziehungsaufsicht sowie – in beabsichtigter Unbestimmtheit – die «geeigneten Massnahmen zum Schutz des Kindes» (Art. 307), Beistandschaft (Art. 308), Aufhebung des Aufenthaltsbestimmungsrechts (Art. 310), Entziehung der elterlichen Sorge (Art. 311, Art. 312), Aufforderung zum Mediationsversuch (Art. 314 Abs. 2), Unterbringung in einer geschlossenen Einrichtung oder psychiatrischen Klinik (Art. 314b). In der Form einer Weisung kann die Behörde Eltern zu einem Tun, Dulden oder Unterlassen verpflichten. Art. 313 ZGB bestimmt, dass Kindesschutzmassnahmen bei geänderten Verhältnissen der neuen Lage anzupassen sind. Weiter kann die Kindesschutzbehörde Massnahmen zum Schutz des Kindsvermögens anordnen (Art. 318–327). Kindesschutzmassnahmen müssen erforderlich und geeignet sein. Sie können «massgeschneidert» und miteinander kombiniert werden (Fassbind 2016a, S. 108). Sie können auch mit freiwilligen Leistungen kombiniert werden (Fassbind 2016a, S. 110). Die Wahl der Kindesschutzmassnahme(n) richtet sich nach den Besonderheiten des Einzelfalls und muss sich an den Grundsätzen der Verhältnismässigkeit, Komplementarität und Subsidiarität orientieren. Ist ein Eingriff gerechtfertigt, «so ist die mildeste im Einzelfall Erfolg versprechende Massnahme zu treffen» (Verhält-

K

nismässigkeit) (Breitschmid 2010, S. 1616). Nach Art und Umfang sollen Kindesschutzmassnahmen die elterlichen Fähigkeiten nur dort und insoweit ergänzen, als dies erforderlich ist, um das Kindeswohl zu sichern und zu fördern (Komplementarität). Aus dem Grundsatz der Subsidiarität folgt der Vorrang vereinbarter («freiwilliger») vor angeordneten Hilfen (Unterstützungsleistungen, Interventionen) und behördlichen Kindesschutzmassnahmen. Es gilt, dass «nicht jede Kindeswohlgefährdung kindesschutzrechtlich relevant ist, wenn die Eltern sich auf kooperative Prozesse einlassen bzw. bereits eingelassen haben (bspw. Erziehungsberatung, freiwillige Beratung beim Sozialdienst [persönliche Sozialhilfe] etc.), die das Kindeswohl absehbar genügend zu gewährleisten vermögen» (Fassbind 2016a, S. 108f.). Nehmen Eltern Leistungen der Begleitung, Beratung usw. an und besteht Grund zu der Annahme, dass sie an der ko-produktiven Erbringung dieser Leistungen mitwirken und das Kindeswohl gesichert wird, dann ist dies als Ausdruck davon zu werten, dass die Eltern – im Sinne der Bestimmungen in Art. 307 ZGB – selbst für Abhilfe sorgen und der Rechtsgrund für einen Eingriff in die Elternautonomie entfällt.

Kindeswohl

«Kindeswohl» ist ein unbestimmter Rechtsbegriff: Was der Begriff beinhaltet, wird im geschriebenen Recht inhaltlich nicht definiert. Gleichwohl hat das Kindeswohl den Status einer normativen Leitorientierung im Verfassungsrang. Kindeswohl umfasst die körperlichen, sozialen, emotionalen, kognitiven und rechtlichen Aspekte der Persönlichkeit von Minderjährigen. Kindeswohl ist ein verbindlicher Grundsatz für die Ausgestaltung sowie Anwendung des Rechts, für die Ausübung der elterlichen Sorge und für das Handeln von Behörden, Institutionen und Fachpersonen gegenüber Kindern und Jugendlichen. Was unter Kindeswohl zu verstehen ist und was die Orientierung am Kindeswohl in einem individuellen Fall jeweils bedeutet, ist Gegenstand der Auslegung durch Fachpersonen und Entscheidungsverantwortliche in Behörden, Diensten und Einrichtungen, die mit Kindern arbeiten, und wird durch die Rechtsprechung fortlaufend konkretisiert. Im Kindesschutz ist das Kindeswohl der Massstab zur Beurteilung sozialer, situativer und materieller Merkmale der Lebensumstände von Minderjährigen. Dabei gilt der Grundsatz, dass das Kindeswohl gewährleistet ist, wenn die Grundbedürfnisse von Kindern befriedigt und ihre Rechte gewahrt sind. Das Kindeswohl dient auch als normative Leitorientierung bei der Wahl der angemessenen Leistungen und Massnahmen. Hier können zwei Leitlinien zur Orientierung dienen. Die erste Leitlinie gibt vor, diejenige Alternative zu wählen, die für die Gewährleistung der Grundrechte und Grundbedürfnisse eines Kindes die am meisten dienliche und zugleich die am wenigsten schädliche ist. Die zweite Leitlinie gibt vor, diejenige Alternative zu wählen, die spätere Entwicklungs- und Lebensführungsoptionen am wenigsten einschränkt und Verwirklichungschancen bestmöglich sichert.

Kindeswohlgefährdung

Das Verständnis von Kindeswohlgefährdung variiert in Abhängigkeit von den konkreten Kontexten, in denen der Begriff gebraucht wird (z. B. rechtliche Entscheidungen; empirische Forschung; Ausbildung von Fachpersonen), und wird durch Fachdiskurse in den verschiedenen wissenschaftlichen Disziplinen beeinflusst und geprägt. Mit Blick auf Entstehung und Verwendung ist Kindeswohlgefährdung primär ein Rechtsbegriff. Wegleitend für das Verständnis im schweizerischen Rechtsverständnis ist die Bestimmung von Hegnauer: «Eine Gefährdung liegt vor, sobald nach den Umständen die ernstliche Möglichkeit einer Beeinträchtigung des körperlichen, sittlichen oder geistigen Wohls des Kindes vorauszusehen ist. Nicht erforderlich ist, dass diese Möglichkeit sich schon verwirklicht hat» (zit. n. Rosch/Hauri 2016a, S. 415). Im Kindesschutzrecht ist die Kindeswohlgefährdung (in Verbindung mit dem Fehlen elterlicher Abhilfe) die Voraussetzung für einen legitimen Eingriff der Kindes- und Erwachsenenschutzbehörde in die Ausübung der elterlichen Sorge: «Als Eingriffsschwelle des Staates gilt die erhebliche (ernstliche) Gefährdung des Kindes[...]wohls [...]. Ob diese elementaren Voraussetzungen des behördlichen Eingreifens zum Wohl von Kindern [...] erfüllt sind, muss jeweils im Einzelfall, unter Würdigung der konkreten Umstände, geprüft werden» (Fassbind 2016a, S. 107). Ob in einem konkreten Fall das Kindeswohl gefährdet ist, ist also stets auslegungsbedürftig. Kindeswohlgefährdung ist weder ein für sich beobachtbares Objekt noch ein klar abgrenzbares und abschliessend beschreibbares Ereignis. Kindeswohlgefährdungen entstehen im Handeln zwischen Personen und schliessen die subjektiven Deutungen und die individuell unterschiedliche Verarbeitung von Interaktionen, Handlungen, Ereignissen und Beziehungsstrukturen ein. Ob eine Kindeswohlgefährdung vorliegt, ist eine Ermessensfrage, die einen Blick in die Zukunft einschliesst. In der Ausübung des Ermessens sind vor allem rechtliche, sozialwissenschaftliche (Soziale Arbeit, Psychologie, Erziehungswissenschaft, Gesundheitswissenschaft, Soziologie) und medizinische Wissensbestände relevant. In die Feststellung, dass das Wohl eines Kindes gefährdet ist, fliessen immer Bewertungen ein. Dabei werden gesellschaftlich anerkannte und im Recht verankerte Normen auf konkrete Lebenssituationen angewandt.

Nach heutigem Stand des Wissens ist unbestritten, dass psychische, körperliche und sexuelle Misshandlung, Vernachlässigung sowie das Miterleben von häuslicher Gewalt einem Kind erheblichen und nachhaltigen Schaden zufügen (z.B. Dube et al. 2003; Felitti et al. 1998). In den Fachdiskursen zum Kindesschutz haben sie daher einen weithin anerkannten Stellenwert als «Formen der Kindeswohlgefährdung» (Deegener/Körner 2005; Kinderschutz-Zentrum Berlin 2009). Es ist weiter unbestritten, dass psychische, körperliche und sexuelle Misshandlung, Vernachlässigung sowie das Miterleben von häuslicher Gewalt eine erhebliche und ernstliche Gefährdung des Kindeswohls im Sinne des Kindesschutzrechts darstellen und folglich einen Eingriff in die Familienautonomie zum Schutz des Kindes (in rechtlicher wie auch professionsethischer Hinsicht) rechtfertigen können. Allerdings sind damit die Formen von Gefährdungen des Kindeswohls keineswegs schon erschöpfend genannt. Der Praxis begegnen vielfältige Lebenssituationen, die weniger schwerwiegend sind, aber gleichwohl Kindern nicht zufälliges und vermeidbares Leid zufügen, ihre Lebensqualität und ihr Wohlergehen beeinträchtigen, ihre Entwicklung gefährden und sie an der vollen Entfaltung ihrer Potenziale hindern.

Für ein differenziertes Verständnis wie auch für eine differenzierte fallbezogene Beurteilung konkreter Lebenssituationen von Kindern unter dem Aspekt von Kindeswohl und Kindeswohlgefährdung ist die Orientierung an Rechten und Grundbedürfnissen von Kindern sinnvoll. Folgt man diesem Verständnis, dann ist das Wohl eines Kindes gefährdet, wenn seine Grundbedürfnisse und Rechte durch Zustände (Versorgungslagen), Handlungen oder Unterlassungen (durch Eltern, Fachpersonen) verletzt werden (siehe «Grundbedürfnisse von Kindern»; «Rechte des Kindes»). Unter Bezugnahme auf Art. 11 BV und das im Kindesschutzrecht verankerte Subsidiaritätsprinzip lässt sich begründen, dass Lebenssituationen, in denen das Wohl eines Kindes gefährdet ist, weil seine Grundbedürfnisse nicht befriedigt und seine Rechte nicht gewährleistet sind, einen Unterstützungsbedarf begründen; ob gleichzeitig die Voraussetzungen für einen behördlichen Eingriff (Kindesschutzmassnahmen) vorliegen (Anordnungsbedarf), bemisst sich dann an der Frage, ob die Eltern willens und in der Lage sind, gegebenenfalls mit externer Unterstützung für Abhilfe zu sorgen oder nicht (siehe «Kindesschutzmassnahmen»).

Leistung

Moderne Gesellschaften haben Gesundheits-, Bildungs- und Sozialsysteme hervorgebracht, durch die Ressourcen und Güter an individuelle Leistungsbeziehende verteilt werden. Diese Ressourcen und Güter haben in der Regel einen engen Bezug zur individuellen und sozialen Reproduktion (Gesundheit, Bildung, Soziale Sicherheit, Wohlergehen). In einem abstrakten Sinne sind Leistungen die Einheiten, in denen solche Ressourcen und Güter transferiert werden. Grundsätzlich lassen sich monetäre Leistungen (Rente, Sozialhilfe) von materiellen Sachleistungen (Prothese, Rollstuhl) und immateriellen Dienstleistungen (Bildung, Beratung, Therapie) unterscheiden. Im Unterschied zu monetären Leistungen und Sachleistungen können Dienstleistungen nicht gelagert werden. Sie werden gleichzeitig erbracht und konsumiert (Uno-actu-Prinzip) und setzen zu ihrem Vollzug die Anwesenheit und Mitwirkung der Leistungsnutzenden voraus, die folglich als Ko-Produzent/innen der Leistung bestimmt werden können. Solche Dienstleistungen können hinsichtlich ihrer typischen Anlässe, Zielgruppen, Wirkungsprinzipien und Zielsetzungen unterschieden werden.

Die Kinder- und Jugendhilfe ist ein Handlungsbereich des Sozialsystems, in dem soziale, personenbezogene Dienstleistungen erbracht werden. Hier werden mit dem Begriff der Leistung konzeptionell unterschiedlich gerahmte Unterstützungs-, Bildungs- und Hilfeformen angesprochen. Diese können sich vorrangig an Kinder und Jugendliche, aber auch vorrangig an die Eltern richten. Im letzteren Fall folgen sie der Leitidee, Eltern bei der Ausübung ihrer Aufgaben zu unterstützen, sie bei Bedarf darin zu begleiten und sie im Erwerb von Fähigkeiten zu stärken, die sie für eine am Kindeswohl orientierte Pflege und Erziehung brauchen. Kinder- und Jugendhilfe erhält damit (zumindest teilweise) den Charakter einer Hilfe-, Bildungs- und Unterstützungsaufgabe, die an Eltern adressiert ist.

Ein leistungsfähiges System der Kinder- und Jugendhilfe zeichnet sich dadurch aus, dass es ein breites Spektrum unterschiedlicher Leistungen bereithält. Damit erhöhen sich die Chancen, dass auf unterschiedliche Anlässe und Bedarfe jeweils angemessene Antworten gegeben werden können. Ein Repertoire an unterschiedlichen Leistungen gilt auch als wichtige Voraussetzung für einen wirksamen Kindesschutz. Der Bundesratsbericht «Gewalt und Vernachlässigung in der Familie: notwendige Massnahmen im Bereich der Kinder- und Jugendhilfe und der staatlichen Sanktionierung» (2012) nennt als Mindestausstattung eines zeitgemässen und leistungsfähigen Jugendhilfesystems elf «Grundleistungen der Kinder- und Jugendhilfe»: Kinder-und Jugendarbeit, familien-und schulergänzende Kinderbetreuung, Elternbildung, Beratung und Unterstützung für Kinder und Jugendliche, Schulsozialarbeit, Beratung und Unterstützung für Erziehende, Aufsuchende Familienarbeit, Sozialpädagogische Familienbegleitung, Heimerziehung, Familienpflege sowie – als vermittelnde bzw. «Metaleistungen» – Abklärung und Fallführung. Die Kinder- und Jugendhilfe der Schweiz kennt drei unterschiedliche Zugänge zu Leistungen (siehe «Zugänge zu Leistungen»).

Rechte des Kindes

Im März 1997 ist das Übereinkommen über die Rechte des Kindes (UN-Kinderrechtskonvention) in der Schweiz in Kraft getreten. Damit hat die Schweiz den in diesem Übereinkommen enthaltenen Katalog von Kinderrechten anerkannt und sich dazu verpflichtet, keines dieser Rechte zu verletzen, sich bei der Ausgestaltung und Anwendung des lokalen Rechts an diesen zu orientieren und sie durchzusetzen. Die Bestimmungen der Kinderrechtskonvention gewähren Kindern Rechte auf Schutz, Förderung und Mitwirkung. Die Bestimmungen sehen unter anderem folgende Rechte vor: das Recht auf Leben; das Recht des Kindes, bei seinen Eltern zu leben, es sei denn, ein solches Zusammenleben sei mit dem höheren Interesse des Kindes unvereinbar; das Recht, bei einer Trennung von einem oder beiden Elternteilen den Kontakt mit beiden Eltern aufrechtzuerhalten; das Recht, seine Meinung zu allen die eigene Person betreffenden Fragen oder Verfahren zu äussern und gewiss zu sein, dass diese Meinung berücksichtigt wird; das Recht auf Glaubens-, Gewissens- und Religionsfreiheit unter Achtung der elterlichen Führungsrolle; das Recht, sich zusammenzuschliessen und Vereinigungen zu bilden; das Recht, keiner Einmischung ins Privatleben, in die Familie und Wohnung ausgesetzt zu werden; das Recht auf Zugang zu angemessener Information; das Recht des behinderten Kindes auf besondere Pflege sowie eine angemessene Erziehung und Schulung, die seine Selbstständigkeit und seine aktive Teilnahme am Gemeinschaftsleben fördern; das Recht auf die bestmögliche Gesundheit und Zugang zu medizinischen Gesundheits- und Rehabilitationszentren; das Recht, die Leistungen der sozialen Sicherheit zu beanspruchen; das Recht auf einen angemessenen Lebensstandard; das Recht auf Bildung; das Recht auf Freizeit, Spiel und Beteiligung am kulturellen und künstlerischen Leben; das Recht, vor Gewalt und allen Formen der sexuellen Ausbeutung einschliesslich der Prostitution und Beteiligung an pornografischen Darbietungen geschützt zu werden; das Recht auf ein faires Verfahren und einen rechtskundigen oder anderen geeigneten Beistand zur Vorbereitung und Wahrnehmung der Verteidigung im Fall, dass ein Kind verdächtigt wird oder überführt worden ist, ein Delikt begangen zu haben (Schweizerisches Komitee für UNICEF 2007).

Gemäss Art. 11 Abs. 1 der Bundesverfassung haben Kinder Anspruch auf besonderen Schutz ihrer Unversehrtheit und auf Förderung ihrer Entwicklung; Abs. 2 bestimmt, dass sie ihre Rechte im Rahmen ihrer Urteilsfähigkeit ausüben. Somit weist die Bundesverfassung jungen Menschen, die das 18. Lebensjahr noch nicht vollendet haben, zwei besondere grundrechtlich verankerte Ansprüche zu. Aus der Bestimmung zum Schutz der Unversehrtheit folgt, dass sie einen besonderen Anspruch darauf haben, vor Verletzungen ihrer psychischen und physischen Integrität geschützt zu werden (Kiener/Kälin 2013). Art. 11 BV konstituiert kein subjektiv einklagbares Recht (BGE 126 II 377 E 5d S. 391, Kiener/Kälin 2013). Nach vorherrschender Rechtsauslegung sind die Ansprüche in Art. 11 BV als Normen zu verstehen, die an Bund, Kantone und Gemeinden adressiert sind. Diese sind verpflichtet, die Fortschreibung und Auslegung geltenden Rechts sowie die Praxis der zuständigen Behörden und Stellen an dieser Norm auszurichten. Gemäss einer Entscheidung des Bundesgerichts zur Auslegung des Art. 11 BV geniesst das Kindeswohl «Verfassungsrang und gilt in der Schweiz als oberste Maxime des Kindesrechts in einem umfassenden Sinn» (BGE 132 III 359 E. 4.4.2, zit. n. Kiener/Kälin 2013). Weiter ist in der Bundesverfassung das Recht auf ausreichenden und unentgeltlichen Grundschulunterricht verankert (Art. 19 BV). Dieses Grundrecht gilt auch für ausländische Kinder mit ungeregeltem Aufenthalt in der Schweiz («Sans-Papiers») (Kiener/Kälin 2013). Ein Recht auf Leistungen der Kinder- und Jugendhilfe als einklagbares Sozialrecht existiert in der Schweiz bislang nicht (auch nicht für Erziehende/Sorgepersonen). Kinder tragen – mit Ausnahme des Stimm- und Wahlrechts auf Bundesebene – sämtliche verfassungsrechtlich verankerten persönlichen Grundrechte, namentlich das Recht auf Achtung und Schutz der Menschenwürde (Art. 7 BV), auf Gleichheit vor dem Recht, Schutz vor Diskriminierung und der Gleichberechtigung der Geschlechter (Art. 8 BV, der die Diskriminierung wegen des Alters ausdrücklich verbietet), auf den Schutz vor Willkür und die Wahrung von Treu und Glauben (Art. 9 BV), auf Leben und persönliche Freiheit (Art. 10 BV), auf Hilfe in Notlagen (Art. 12 BV), auf Schutz der Privatsphäre (Art. 13 BV), Ehe und Familie (Art. 14 BV), Glaubens- und Gewissensfreiheit (Art. 14 BV) sowie Meinungs- und Informationsfreiheit (Art. 15 BV).

System/systemisch

Wir orientieren uns bei der konzeptionellen Ausgestaltung des Abklärungsprozesses an Prämissen des (sozial-)konstruktivistischen Paradigmas in den Sozialwissenschaften und an Prämissen der systemischen Beratung und Therapie. Eine klar abgrenzbare und homogene «systemische Schule» gibt es nicht. Vielmehr handelt es sich um einen Diskurs und einen (Handlungs- und Verstehens-)Ansatz,

Z

der Positionen der Wissenschaftstheorie mit Modellen der Beratung und Therapie verbindet (Schlippe/Schweitzer 2012; Schmidt 2010; Simon 2014). Für die Aufgaben des Kindesschutzes und insbesondere der Abklärung bietet der systemische Ansatz nützliche und bewährte Denkmodelle, methodische Konzepte und Werkzeuge (Schlippe/Schweitzer 2010; Schwing/Fryszer 2010). Kindeswohlabklärung aus systemischer Perspektive achtet besonders auf die dynamischen Wechselwirkungen zwischen den Beteiligten. Sie interessiert sich für die Sichtweisen der Beteiligten und für die Bedeutungen, die diese anderen beteiligten Personen, Handlungen und Ereignissen zuschreiben. Sie bezieht Ereignisse, (Belastungs-)Erfahrungen, Bindungen und Aufträge in mehrgenerationalen Beziehungssystemen ein (z. B. Genogramm) und ist sensibilisiert für transgenerationale Wiederholungen (Blum-Maurice/Pfitzner 2014). Fachpersonen, die aus systemischer Perspektive Abklärungen durchführen, interessieren sich nicht allein für konkrete Vorkommnisse oder Handlungsweisen, die ein Gefährdungspotenzial aufweisen, sondern auch für Prozesse und Kontexte, in die sie eingebettet sind, einschliesslich ihrer Randbedingungen und Auslöser (auch solche, die im subjektiven Erleben begründet sind), um von hier aus zusammen mit den Beteiligten Ansatzpunkte für Veränderungen zu erarbeiten. Sie wissen, dass Erziehungs- und Beziehungspraxen, die das Wohl von Kindern gefährden, oft Ausdruck nicht gelingenden Erziehungshandelns sind. Kindeswohlabklärung aus systemischer Perspektive interessiert sich ausserdem für die Wechselwirkungen zwischen familiendynamischen Faktoren und sozialen Belastungen (Armut, Unterausstattung, Unterversorgung). Fachpersonen, die in systemischer Perspektive Abklärungen durchführen, reflektieren auch die Auswirkungen, die die Abklärung selbst auf das Familiensystem hat, und sind sensibel für das Risiko, im Prozess der Abklärung in das Familiensystem «hineingezogen» zu werden. Sie sind sich ausserdem bewusst, dass Abklärung im Kindesschutz in der Regel in einem Pflichtkontext stattfindet, und sorgen in allen Stadien eines Abklärungsprozesses für Transparenz hinsichtlich der Rechte der Eltern, der Schutzpflichten und Eingriffsmöglichkeiten der Kindes- und Erwachsenenschutzbehörde sowie ihres Auftrags und ihrer Rolle als abklärende Fachpersonen.

Zugänge zu Leistungen der Kinder- und Jugendhilfe
In der Kinder- und Jugendhilfe lassen sich drei unterschiedliche Zugänge zu Leistungen unterscheiden (Bundesrat 2012, S. 29; Schnurr 2012, S. 93ff.): (1) Allgemeiner Zugang: Alle Personen, die einer bestimmten Ziel- oder Anspruchsgruppe angehören, haben freien Zugang zur Leistung und können diese selbstständig nachfragen und in Anspruch nehmen. (2) Zugang durch fallbezogenen Entscheid einer autorisierten Stelle. Eine autorisierte Stelle (Fachdienst, Fachstelle, Kindes- und Erwachsenenschutzbehörde) entscheidet, dass einer Person (bzw. Personen) eine bestimmte Leistung zu gewähren ist. Diesem Entscheid gehen in der Regel eine fachliche Einschätzung über einen vorliegenden Bedarf und eine Vereinbarung mit den Leistungsnutzenden voraus. (3) Zugang durch behördliche Entscheidung bzw. Anordnung.

7 Entstehungskontext des Prozessmanuals

Das Prozessmanual wurde in Zusammenarbeit von Wissenschaft und Praxis in vier Phasen erarbeitet: (1) Entwicklungsphase, (2) Feldphase I Implementierung und Erprobung, (3) Feldphase II Nutzen und Effekte, (4) Revisionsphase (Dezember 2013 bis August 2016). Das Projektdesign orientierte sich an Vorschlägen des Praxis-Optimierungszyklus (POZ) (Gredig/Sommerfeld 2008).[14] Am Projekt waren folgende Organisationen und Personen beteiligt:

Praxispartner
Amt für Kindes- und Erwachsenenschutz Kanton Zug (Gabriella Zlauwinen, Amtsleiterin), Renate Forster (Abteilungsleiterin Unterstützende Dienste), Petra Brand, Iris Binzegger, Monika Diener-Hess, Daniela Keller, Oliver Maurer

Bildungsdirektion Zürich, Amt für Jugend- und Berufsberatung: André Woodtli (Amtschef), Esther Studer; Isabella Feusi (Leiterinnen Fachbereich Kinder- und Jugendhilfe), Martin Wiggli (Geschäftsführer Bezirke Andelfingen und Winterthur) Charles Baumann (Leiter kjz Winterthur), Matthias Huber (Gesamtleiter Zentrum Breitenstein), Stefan Cotti, Ruth Feller, Franziska Guntern, Regula Kupper, Michael Mazenauer, Rosmarie Müller, Philip Meier, Monica Meyer, Kaspar Vidal, Urs Allemann, Doris Beutler, Edith Böhi, Gabriella Burkart, Carolin Dufek, Monika Gassmann, Leo Ghelfi, Céline Häfliger, Rahel Härter, Regula Hugentobler, Judith Kegel, Christine Kölble, Reto Kramer, Caroline Lipp, Margrit Lüscher, Anjuli Lüthi, Claudia Meier, Matthias Peter, Liliane Pfister, Katrin Portmann, Chatrina Reichenbacher, Erica Rusch, Ulrike Schwenkel, Beatrice Spescha, Claudia Tanner, Angelika Vogel

Erziehungsdepartement Basel-Stadt, Bereich Jugend, Familie und Sport: Hansjörg Lüking (Bereichsleiter), Stefan Blülle (Leiter Kinder- und Jugenddienst), Carmen Bracher, Ada Cossu, Christian Graber, Milton de Matos, Claudia Morselli (Teamleiterin), Daniel Menn, Pascal Müller, Urs Oetiker, Sibylle Sauter

Stadt Aarau, Soziale Dienste: Jeannine Meier (Vorsteherin), Alice Dähler, Berta Hürlimann, Annelies Schneider, Simone Speich

Zuger Fachstelle punkto Jugend und Kind: Heinz Spichtig (Geschäftsführung)

Mitarbeitende aus den jeweils zuständigen Kindes- und Erwachsenenschutzbehörden haben an verschiedenen Stellen ebenfalls mitgewirkt.

Forschungspartner
Hochschule für Soziale Arbeit FHNW – Institut Kinder- und Jugendhilfe: Kay Biesel und Stefan Schnurr (Gesuchstellung, Projektleitung), Lukas Fellmann, Brigitte Müller, Clarissa Schär

Hochschule für Soziale Arbeit FHNW – Institut Sozialplanung, Organisationaler Wandel und Stadtentwicklung: Urs Kägi

14 Nähere Informationen zum Projektdesign: www.kindeswohlabklaerung.ch.

Steuergruppe
Kay Biesel, Stefan Blülle, Renate Forster, Urs Kaegi, Jeannine Meier, Clarissa Schär, Stefan Schnurr, Heinz Spichtig, Martin Wiggli

In den Workshops der Entwicklungsgruppe wirkten mit: Kay Biesel, Ada Cossu, Alice Dähler, Lukas Fellmann, Renate Forster, Andrea Hauri, Christoph Heck, Maya Hornstein, Berta Hürlimann, Sandra Janett, Andreas Jud, Urs Kägi, Gloria Longu, Brigitte Müller, Rosmarie Müller, Markus Noser, Barbara Roth, Clarissa Schär, Annelies Schneider, Stefan Schnurr, Torsten Schutzbach, Sandra Stössel

Aussenblick-Kommentare zu früheren Fassungen des Prozessmanuals gaben: Andrea Hauri, David Lätsch (Berner Fachhochschule Fachbereich Soziale Arbeit), Andreas Jud, Daniel Rosch (Hochschule Luzern Soziale Arbeit); Christine Weber Khan, Katja Cavalleri Hug (Kinderanwaltschaft Schweiz); Michael Marugg (KESB Winterthur- Andelfingen, Rechtsdienst)

Finanzierung
Die Entwicklung des Prozessmanuals wurde von der Kommission für Technologie und Innovation des Eidgenössischen Departements für Wirtschaft, Bildung und Forschung (KTI) und durch Finanzhilfen nach Art. 11 Kinder- und Jugendförderungsgesetz (KJFG) ermöglicht.

Die Autorinnen und Autoren danken allen Beteiligten für ihr Engagement und ihre Mitarbeit. Ein besonderer Dank gilt den Kindern, Jugendlichen und Eltern für ihre Bereitschaft, aus ihrer Sicht über erlebte Abklärungsprozesse während der Erprobungsphase zu berichten.

8 Stichwortverzeichnis

A

Abklärende Dienste **9,13,** 17, 20, 126, 157, 218–219, 221, 234–235
Abklärung 234–235
- spezialisierte Abklärung 158
Abklärungsauftrag 22, 34, 48, 85, 100, **146–148, 220,** 227, **237–238**
- Erweiterung des Abklärungsauftrags 158
Abklärungsbericht 45, 158, 200–202, **204–207**
Abklärungsberichtsvorlage 211
Abklärungsprozess **23–24,** 27, 31, **46–49,** 151, 218–222, 226–227
Akteneinsicht 62–63
Aktenstudium 70
Ampel-Feedback 45, 202, **209**
Anordnungsbedarf 45, 173, 174, 202, 243
Anzeigepflicht, -recht 98
Arbeitsbeziehung **28, 32,** 47–48, 83–84, 90, 100, 122, **144, 150, 155**
Augenhöhe 27–28, 47

B

Bedarfsdimensionen 177
Bedarfsklärungsgespräche 178–179
Berner und Luzerner Abklärungsinstrument zum Kindesschutz 108, 110
Beteiligung 13, **23,** 28, 38, 94
- Bedarfsklärung 175, 184
- Grundsatz der Beteiligung 236, 245
- Kernabklärung 148, 162
- Sofortmassnahmen 24, 126, 128–129
Bewahrungs- und Veränderungskalender 191

D

Dialog, dialogisch-systemisch 22–23, **27–29,** 34, 37–38, 46–47, 84, 191, **238**
Dokumentation 24
- einer Gefährdungsmeldung 27, **226–232**
Drei-Häuser-Modell 106

E

Einbeziehung von Kindern 154
Einbeziehung von Dritten 155, 156, 157
Einschätzdimensionen
- Bedarfsklärung 173
- Ergebnisklärung 201
- Ersteinschätzung 55
- Kernabklärung 141
- Kindeswohleinschätzung 81, 104
- Sofortmassnahmen 119
Erkundungsgespräch 68

F

Fallverstehen 35, 38–39
Familienfotoanalyse 164
Familienrat (Family Group Conference) 187

G

Gefährdungsmeldung 11, 58–59, 63, **72,** 87, 165, **239**
Genogrammarbeit 160
Gespräche mit dem Kind und den Eltern
- Bedarfsklärung 178
- Kernabklärung 149, 152, 154
- Kindeswohlabklärung 90–92, 94
Gespräche mit Fachpersonen und Drittpersonen 100, 155, 156
Gespräche mit Kindern und Jugendlichen 106, 151–153, 154
Gesprächsführung 30, 68, 69, 152

H

Hausbesuche 87, **101,** 156
Hilfeplan 185–186, 187, 189
Hilfeplangespräch 183–184, 186
Helferkonferenz 187, 188
Hinweise auf Gefährdungen des Kindeswohls 18, 58–60, 239

I

Instrumente 35–37
- Bedarfsklärung 174
- Ergebnisklärung 202
- Ersteinschätzung 65
- Kernabklärung 143
- Kindeswohleinschätzung 82
Intervention(en) 15, 29, 31, 36, 122, 242

K
Kinder- und Familienfotoanalyse 164
Kindesschutzmassnahmen 8, 15, **16,** 47, 49, 120, 125, **182, 241**
Kindes-und Erwachsenenschutzbehörde (KESB)
- Einbeziehen der KESB 87, 88, 94, 97, 155
- Rolle bei Sofortmassnahmen 125–126
- Zusammenarbeit zwischen Fachdiensten und KESB 120, **218–219,** 221, 227
Kindeswohl 8, 14, 19, **31,** 47, 84, **242**
Kindeswohlabklärung 8–10
Kindeswohlgefährdung 31, 65, 242
- Akute Kindeswohlgefährung 65, 118, 120, **236**
Kollegiale Fallreview 179, 181
Kontaktaufnahme 85–86, 152
Kooperationsbereitschaft 119, 182
Krisen-und Ereignisweg der Familie 162

L
Lernen vom Erfolg 222
Lernen vom Misserfolg 222

M
Mapping (Falllandkarte) 104
Meldebogen (DJI) 72
Methoden
- Bedarfsklärung 174, 187, 188–192
- Ergebnisklärung 202, 209–212
- Ersteinschätzung 56, 68–73
- Kernabklärung 143, 160–163
- Kindeswohlabklärung 82, 101–111
- Sofortmassnahmen 120
Misshandlung 14, 118, 146, 152, 155
Mitwirkung
- der Eltern 12, 16, 31, 83, 91, 119, 144, 147, 155,182, 244
- des Kindes 186, 201, 205, 244
Mitwirkungsbereitschaft 14, 142, 176, 205, 208, 212, 237 (s. Kooperationsbereitschaft)
Mitwirkungspflicht 9, 82, 144, 147, 237

O
Opferhilfe 98, 99, 241

P
Partizipation 23, 175–176
Polizei 63, 84, 89, 90, 99, 125, 153, 157
Prüfbogen (s. Instrumente)

R
Rechte des Kindes 8, 46, 47, 122, 123, 126, 128, **244**
Reflektierendes Team 187
Reflexionsfragen 89, 149, 158
Ressourcen 8, 15, 31, 38, 49–50, 144, 164, 178, 205, 240
Ressourcenkarte 192

S
Sexuelle Misshandlung 95–99
Sicherheit und Grundversorgung des Kindes 47, 50, 87, 122, 123, 129, 234
Situationsanalyse (s. Berner und Luzerner Abklärungsinstrument zum Kindesschutz)
Sofortmassnahme 34–35, 83, 85, 117ff.
Soziale Diagnostik 35, 37, 39, 103, 238
Strafanzeige 97–98
Superprovisorische Anordnung 125

U
Unterstützungsbedarf 10, 15, 58–59, 173, **177–179,** 183, 185, 203–204, 205, 235

V
Veränderungsbereitschaft 142, 147
Vernachlässigung 35, 56, 57, 60, 110, 146, 155, 243

W
Widerstand 31, 49, 84, 124, 125, 127, 204, 206

Z
Zeitstrahl 163

9
Literatur

Affolter, Kathrin (2013). Anzeige- und Meldepflicht (Art. 443 AbS. 2 ZGB). In: Zeitschrift für Kindes- und Erwachsenenschutz. (1). S. 47–53.

Alberth, Lars/Bode, Ingo/Bühler-Niederberger, Doris (2010). Kontingenzprobleme sozialer Interventionen. Kindeswohlgefährdung und der organisierte Eingriff in den privaten Raum. In: Berliner Journal für Soziologie. (4). S. 475–497.

Albus, Stefanie/Greschke, Heike/Klingler, Birte/Messmer, Heinz/Micheel, Heinz-Günter/Otto, Hans-Uwe/Polutta, Andreas (2009). Abschlussbericht der Evaluation zum Bundesmodellprogramm «Wirkungsorientierte Jugendhilfe». In: ISA Planung und Entwicklung (Hg.). Wirkungsorientierte Jugendhilfe Bd. 09 – Praxishilfe zur wirkungsorientierten Qualifizierung der Hilfen zur Erziehung. Münster.

Amt für Soziale Dienste Bremen (2009). Der Bremer Qualitätsstandard. Zusammenarbeit im Kinderschutz. Bremen.

Averdijk, Margit/Müller-Johnson, Katrin/Eisner, Manuel (2011). Sexuelle Viktimisierung von Kindern und Jugendlichen in der Schweiz. Schlussbericht der UBS Optimus Foundation. Zürich.

Baird, Christopher/Wagner, Dennis (2000). The Relative Validity of Actuarial- and Consensus-Based Risk Assessment Systems. In: Children and Youth Services Review. (11–12). S. 839–871.

Barlow, Jane/Scott, Jane (2010). Safeguarding in the 21st century – where to now. Dartington.

Bastian, Pascal (2012). Die Überlegenheit statistischer Urteilsbildung im Kinderschutz–Plädoyer für einen Perspektivwechsel hin zu einer angemessenen Form sozialpädagogischer Diagnosen. In: Rationalitäten des Kinderschutzes. Wiesbaden. S. 249–267.

Baur, Dieter/Finkel, Margarete/Hamberger, Matthias/Kühn, Axel D./Thiersch, Hans (2002). Leistungen und Grenzen von Heimerziehung. Ergebnisse einer Evaluationsstudie stationärer und teilstationärer Erziehungshilfen. Forschungsprojekt Jule. 2. Aufl. Stuttgart, Berlin, Köln.

Biderbost, Yvo (2012). §307–327c ZGB. In: Breitschmid, Peter/Rumo-Jungo, Alexandra (Hg.). Handkommentar zum Schweizer Privatrecht. Personen- und Familienrecht inkl. Kindes- und Erwachsenenschutzrecht. Bd. 2. Zürich, Basel, Genf. S. 950–1040.

Biesel, Kay (2013). Beteiligung von Kindern im Kinderschutz. Eine Herausforderung für die Kinder- und Jugendhilfe? In: Jugendhilfe. (1). S. 40–46.

Biesel, Kay/Wolff, Reinhart (2014). Aus Kinderschutzfehlern lernen. Eine dialogisch-systemische Rekonstruktion des Falles Lea-Sophie. Reihe Gesellschaft der Unterschiede. Bd. 16. Bielefeld.

Blülle, Stefan (2013). Kinder und Jugendliche platzieren. Ein Handlungsleitfaden für platzierungsbegleitende Fachpersonen. In: Integras, Fachverband Sozial- und Sonderpädagogik (Hg.). Leitfaden Fremdplatzierung. Zürich. S. 10–67.

Blum-Maurice, Renate/Pfitzner, Jürgen (2014). Kinderschutz bei körperlicher, psychischer und sexueller Misshandlung und Kindesvernachlässigung. In: Levold, Tom/Wirsching, Michael (Hg.). Systemische Therapie und Beratung. Das grosse Lehrbuch. Heidelberg. S. 366–371.

Bohm, David (1998). Der Dialog. Das offene Gespräch am Ende der Diskussion. Stuttgart.

Brazelton, Thomas Berry/Greenspan, Stanley I. (2002). Die sieben Grundbedürfnisse von Kindern. Was jedes Kind braucht, um gesund aufzuwachsen, gut zu lernen und glücklich zu sein. Weinheim.

Breitschmid, Peter (2010). Art. 307 ZGB. In: Honsell, Heinrich/Vogt, Nedim Peter/Geiser, Thomas (Hg.). Basler Kommentar. Zivilgesetzbuch I. Art. 1–456 ZGB, 4. Aufl. Basel. S. 1611–1624.

Brunner, Sabine (2013). Früherkennung von Gewalt an kleinen Kindern. Leitfaden für Fachpersonen im Frühbereich. Erarbeitet vom Marie Meierhofer Institut für das Kind. Bern.

Bundesrat (2012). Gewalt und Vernachlässigung in der Familie. Notwendige Massnahmen im Bereich der Kinder- und Jugendhilfe und der staatlichen Sanktionierung. Bericht des Bundesrates in Erfüllung des Postulats Fehr (07.3725) vom 5. Oktober 2007. Bern.

Calder, Martin C./Archer, Julie (2016). Risk in Child Protection. Assessment Challenges and Frameworks for Practice. London, Philadelphia.

Clark, Zoe/Ziegler, Holger (2011). Zwischen Handlungsfreiheit und Handlungsbefähigung von Familien. Gerechtigkeit, Liebe und Capabilities in familialen Kontexten. In: Körner, Wilhelm/Deegener, Günther (Hg.). Erfassung von Kindeswohlgefährdung in Theorie und Praxis. Lengerich et al. S. 111–131.

Conen, Marie-Luise (2014). Kinderschutz: Kontrolle oder Hilfe zur Veränderung? Ein systemischer Ansatz von Marie-Luise Conen. Reihe Soziale Arbeit kontrovers Bd. 9. Berlin.

Cottier, Michelle (2012). § 307–317. In: Büchler, Andrea/Jakob, Dominique (Hg.). Kurzkommentar Schweizerisches Zivilgesetzbuch. Basel. S. 786–846.

Deegener, Günther (2010). Kindesmissbrauch. Erkennen – helfen – vorbeugen. 5., kompl. überarb. Aufl. Weinheim, Basel.

Deegener, Günther/Körner, Wilhelm (2005) (Hg.). Kindesmisshandlung und Vernachlässigung. Ein Handbuch. Göttingen.

DePanfilis, Diane/Salus, Marsha K. (2003). Child Protective Services. A Guide for Caseworkers. Washington, DC.

Department for Child Protection (2011). The Signs of Safety. Child Protection Framework. 2. Aufl. East Perth.

Department of Health (2000). Framework for the Assessment of Children in Need and their Families. London.

Dewe, Bernd/Otto, Hans-Uwe (2010). Reflexive Sozialpädagogik. Grundstrukturen eines neuen Typs dienstleistungsorientierten Handelns. In: Thole, Werner (Hg.). Grundriss Soziale Arbeit. Ein einführendes Handbuch. 3., überarb. und erw. Aufl. Wiesbaden.

Döring-Meijer, Heribert (2004). Genogrammarbeit/Familienstammbaumarbeit als Vorklärung in der systemischen Therapie. In: Systemische Aufstellungspraxis. (1). S. 24–26.

Dube, Shanta R./Felitti, Vincent J./Dong, Maxia/Giles, Wayne H./Anda, Robert F. (2003). The impact of adverse childhood experiences on health problems. Evidence from four birth cohorts dating back to 1900. In: Preventive Medicine. (3). S. 268–277.

Ecoplan/Hochschule für Soziale Arbeit Wallis (2013). Monitoring Umsetzung des Kindes- und Erwachsenenschutzgesetzes im Kanton Bern. Schlussbericht zur Übergangsphase. Bern.

Fassbind, Patrick (2016a). Verfahren vor der KESB. Von der Gefährdungsmeldung bis zur Vollstreckung. Rechtliche Aspekte. In: Rosch, Daniel/Fountoulakis, Christiana/Heck, Christoph (Hg.). Handbuch Kindes- und Erwachsenenschutz. Recht und Methodik für Fachleute. Bern. S. 102–122.

Fassbind, Patrick (2016b). Ablauf und Stadien des Kindes- und Erwachsenenschutzverfahrens. In: Rosch, Daniel/Fountoulakis, Christiana/Heck, Christoph (Hg.). Handbuch Kindes- und Erwachsenenschutz. Recht und Methodik für Fachleute. Bern. S. 124–143.

Featherstone, Brid/White, Sue/Morris, Kate (2014). Re-Imagining Child Protection. Towards Humane Social work with Families. Bristol.

Fegert, Jörg/Ziegenhain, Ute (2010). Kinderschutz im Spannungsfeld von Gesundheits- und Jugendhilfe. Bedeutung evidenzbasierter Strategien. In: Suess, Gerhard J./Hammer, Wolfgang (Hg.). Kinderschutz. Risiken erkennen, Spannungsverhältnisse gestalten. Stuttgart. S. 103–125.

Felitti, Vincent J./Anda, Robert F./Nordenberg, Dale/Williamson, David. F./Spitz, Alison M./Edwards, Valerie/Koss, Mary P./Marks, James S. (1998). Relationship of Childhood Abuse and Household Dysfunction to Many of the Leading Causes of Death in Adults. The Adverse Childhood Experiences (ACE) Study. In: American Journal of Preventive Medicine. (4). S. 245–258.

Fountoulakis, Christiana/Rosch, Daniel (2016). Kindes-und Erwachsenenschutz als Teil des Eingriffssozialrechts. In: Rosch, Daniel/Fountoulakis, Christiana/Heck, Christoph (Hg.). Handbuch Kindes- und Erwachsenenschutz. Recht und Methodik für Fachleute. Bern. S. 30–33.

Freigang, Werner (2009). Hilfeplanung. In: Michel-Schwartze, Brigitta (Hg.). Methodenbuch Soziale Arbeit. Basiswissen für die Praxis. 2., überarb. und erw. Aufl. Wiesbaden. S. 103–120.

Geiser, Kaspar (2009). Klientenbezogene Aktenführung und Dokumentation in der Sozialarbeit. In: Brack, Ruth/Geiser, Kaspar (Hg.). Aktenführung in der Sozialen Arbeit. Vorschläge für die klientenbezogene Dokumentation als Beitrag zur Qualitätssicherung. 4. Aufl. Bern. S. 25–48.

Gerull, Susanne (2014). Hausbesuche in der Sozialen Arbeit. Eine arbeitsfeldübergreifende empirische Studie. Opladen, Berlin, Toronto.

Gilbert, Neil/Parton, Nigel/Skivenes, Marit (2011a). Changing Patterns of Response and Emerging Orientations. In: Gilbert, Neil/Parton, Nigel/Skivenes, Marit (Hg.). Child Protection Systems. International Trends and Orientations. New York. S. 243–257.

Gilbert, Neil/Parton, Nigel/Skivenes, Marit (2011b) (Hg.). Child Protection Systems. International Trends and Orientations. New York.

Goldbeck, Lutz (2008). Sekundärpräventionsstrategien im Kindesschutz. In: Fegert, Jörg M./Ziegenhain, Ute (Hg.). Kindeswohlgefährdung und Vernachlässigung. Bd. 2. durchg. Aufl. München. S. 109–118.

Grabbe, Michael (2011). Wenn Eltern nicht mehr wollen. Zur Bündnisrhetorik im systemischen Elterncoaching. In: Schindler, Hans/Loth, Wolfgang/Schlippe, Janina von (Hg.). Systemische Horizonte. Göttingen. S. 131–144.

Gredig, Daniel/Sommerfeld, Peter (2008). New Proposals for Generating and Exploiting Solution-Oriented Knowledge. In: Research on Social Work Practice. (4). S. 292–300.

Hauri, Andrea/Zingaro, Marco (2013). Leitfaden Kindesschutz – Kindeswohlgefährdung erkennen in der sozialarbeiterischen Praxis. Bern.

Hauri, Andrea/Jud, Andreas/Lätsch, David/Rosch, Daniel (2015). Ankerbeispiele Berner und Luzerner Abklärungsinstrument zum Kindesschutz. Definitionen, Indikatoren, fachliche Hinweise und Erläuterungen zu den Einschätzungsmerkmalen. Version 1.0; 26.10.2015. Berner Fachhochschule, Fachbereich Soziale Arbeit. Hochschule Luzern – Soziale Arbeit.

Hauri, Andrea/Jud, Andreas/Lätsch, David/Rosch, Daniel (2016). Anhang I: Das Berner und Luzerner Abklärungsinstrument zum Kindesschutz. In: Rosch, Daniel/Fountoulakis, Christiana/Heck, Christoph (Hg.). Handbuch Kindes- und Erwachsenenschutz. Recht und Methodik für Fachleute. Bern. S. 590–627.

Heiner, Maja (2011). Diagnostik in der Sozialen Arbeit. In: Otto, Hans-Uwe/Thiersch, Hans (Hg.). Handbuch Soziale Arbeit. Grundlagen der Sozialarbeit und Sozialpädagogik. Bd. 4. Völlig neu bearbeitete Aufl. München, Basel. S. 237–250.

Hitzler, Sarah (2012). Aushandlung ohne Dissens? Praktische Dilemmata der Gesprächsführung im Hilfeplangespräch. Wiesbaden.

Hosemann, Wilfried/Geiling, Wolfgang (2013). Einführung in die Systemische Soziale Arbeit. München, Basel.

Informationszentrum Kindesmisshandlung/Kindesvernachlässigung (2013/2014). Konstruktiv kooperieren im Kindesschutz. In: IzKK-Nachrichten. (1).

Isaacs, William (2002). Dialog als Kunst gemeinsam zu denken. Die neue Kommunikationskultur in Organisationen. Bergisch Gladbach.

Jugendamt der Stadt Dormagen (2011) (Hg.). Dormagener Qualitätskatalog der Kinder- und Jugendhilfe. Ein Modell kooperativer Qualitätsentwicklung. In Zusammenarbeit mit Reinhart Wolff. Opladen.

Kiener, Regina/Kälin, Walter (2013). Grundrechte, 2. Aufl. Bern.

Kinderschutz-Zentrum Berlin (2009). Kindeswohlgefährdung – Erkennen und Helfen. 11., überarb. und erw. Aufl. Berlin.

Kindler, Heinz (2006a). Wie kann ein Verdacht auf Misshandlung oder Vernachlässigung abgeklärt werden? In: Kindler, Heinz/Lillig, Susanna/Blüml, Herbert/Meysen, Thomas/Werner, Annegret (Hg.). Handbuch Kindeswohlgefährdung nach §1666 BGB und Allgemeiner Sozialer Dienst (ASD). München. Kapitel 68.

Kindler, Heinz (2006b). Wie kann die gegenwärtige Sicherheit eines Kindes eingeschätzt werden? In: Kindler, Heinz/Lillig, Susanna/Blüml, Herbert/Meysen, Thomas/Werner, Annegret (Hg.). Handbuch Kindeswohlgefährdung nach § 1666 BGB und Allgemeiner Sozialer Dienst (ASD). München. Kapitel 71.

Kindler, Heinz/Lillig, Susanna/Blüml, Herbert/Meysen, Thomas/Werner, Annegret (2006) (Hg.). Anhang: Melde- und Prüfbögen. München.

KOKES, [Konferenz der Kantone für Kindes und Erwachsenenschutz] (o.J.). Kindes- und Erwachsenenschutzbehörde als Fachbehörde (Analyse und Modellvorschläge) – Empfehlungen zur Behördenorganisation.

Kriener, Martina/Hansbauer, Peter (2009). Family Group Conference-Konzepte. Mehr Dialog in der Hilfeplanung nach §36 SGB VIII! In: Krause, Hans-Ullrich/Rätz-Heinisch, Regina (Hg.). Soziale Arbeit im Dialog gestalten. Theoretische Grundlagen und methodische Zugänge einer dialogischen Sozialen Arbeit. Opladen & Farmington Hills. S. 147–162.

Levold, Tom (2014). Helferkonferenzen. In: Levold, Tom/Wirsching, Michael (Hg.). Systemische Therapie und Beratung. Das grosse Lehrbuch. Heidelberg. S. 285–287.

Levold, Tom/Wirsching, Michael (2014) (Hg.). Systemische Therapie und Beratung – das grosse Lehrbuch. Heidelberg.

Lillig, Susanna (2006a). Wie kann eine erste Gefährdungseinschätzung vorgenommen werden? In: Kindler, Heinz/Lillig, Susanna/Blüml, Herbert/Meysen, Thomas/Werner, Annegret (Hg.). Handbuch Kindeswohlgefährdung nach § 1666 BGB und Allgemeiner Sozialer Dienst (ASD). München. Kapitel 48.

Lillig, Susanna (2006b). Wie ist mit der Neu-Meldung einer Kindeswohlgefährdung umzugehen? In: Kindler, Heinz/Lillig, Susanna/Blüml, Herbert/Meysen, Thomas/Werner, Annegret (Hg.). Handbuch Kindeswohlgefährdung nach § 1666 BGB und Allgemeiner Sozialer Dienst (ASD). München. Kapitel 47.

Lips, Ulrich (2011). Kindsmisshandlung–Kindesschutz. Ein Leitfaden zu Früherfassung und Vorgehen in der ärztlichen Praxis. Bern.

Macsenaere, Michael/Esser, Klaus (2012). Was wirkt in der Erziehungshilfe? Wirkfaktoren in Heimerziehung und anderen Hilfearten. München, Basel.

Maihorn, Christine/Nowotny, Elke (2015). Kinderschutz als Dialog – dem Aufgeben widerstehen. In: Krause, Hans-Ullrich/Rätz, Regina (Hg.). Soziale Arbeit im Dialog gestalten. Theoretische Grundlagen und methodische Zugänge einer dialogischen Sozialen Arbeit. 2., überarb. Aufl. Opladen, Berlin, Toronto. S. 129–145.

Münder, Johannes/Mutke, Barbara/Schone, Reinhold (2000). Kindeswohl zwischen Jugendhilfe und Justiz. Professionelles Handeln in Kindeswohlverfahren. Münster.

Munro, Eileen (2011). The Munro Review of Child Protection. Final Report. A child-centred system. UK.

National Association of Social Workers (2013). Guidelines for Social Worker Safety in the Workplace. Washington.

Nowotny, Elke (2006a). Wie kann man mit Eltern sprechen, die ein Kind (körperlich) misshandeln? In: Kindler, Heinz/Lillig, Susanna/Blüml, Herbert/Meysen, Thomas/Werner, Annegret (Hg.). Handbuch Kindeswohlgefährdung nach § 1666 BGB und Allgemeiner Sozialer Dienst (ASD). München. Kapitel 54.

Nowotny, Elke (2006b). Wie kann der Kontakt mit Kindern und Jugendlichen gestaltet werden? In: Kindler, Heinz/Lillig, Susanna/Blüml, Herbert/Meysen, Thomas/Werner, Annegret (Hg.). Handbuch Kindeswohlgefährdung nach § 1666 BGB und Allgemeiner Sozialer Dienst (ASD). München. Kapitel 58.

Omer, Haim (2015). Wachsame Sorge. Wie Eltern ihren Kindern ein guter Anker sind. Göttingen.

Omer, Haim/von Schlippe, Arist (2015). Autorität durch Beziehung. Die Praxis des gewaltlosen Widerstands in der Erziehung. Göttingen.

Peter, Verena/Dietrich, Romsarie/Speich, Simone (2016). Vorgehen bei der Hauptabklärung und Instrumente. In: Rosch, Daniel/Fountoulakis, Christiana/Heck, Christoph (Hg.). Handbuch Kindes- und Erwachsenenschutz. Recht und Methodik für Fachleute. Bern. S. 143–162.

Piller, Edith Maud/Schnurr, Stefan (2006). Zum Umgang mit «Problemjugendlichen» in der Schweiz. In: Sander, Uwe/Witte, Matthias (Hg.). Erziehungsresistent? – «Problemjugendliche» als besondere Herausforderung für die Jugendhilfe. Baltmannsweiler. S. 93–120.

Quality4Children Schweiz (2011). Deine Rechte, wenn du nicht in deiner Familie leben kannst. Beipackzettel für Fachpersonen. Zürich.

Quality4Children Schweiz (o. J.). Quality4Children. Standards in der ausserfamiliären Betreuung in Europa.

Rieder, Stefan/Bieri, Oliver/Schwenkel, Christoph/Hertig, Vera/Amberg, Helen (2016). Evaluation Kindes- und Erwachsenenschutzrecht. Analyse der organisatorischen Umsetzung und Kennzahlen zu Leistungen und Kosten. Bericht zuhanden des Bundesamts für Justiz (BJ). Luzern.

Rosch, Daniel (2011). Menschenrechte und Datenschutz in der Sozialen Arbeit. In: Kirchschläger, Peter G./Kirchschläger, Thomas (Hg.). Menschenrechte und Digitalisierung des Alltags. 7. Internationales Menschenrechtsforum Luzern. Bern. S. 261–267.

Rosch, Daniel (2012a). Melderechte, Melde- und Mitwirkungspflichten, Amtshilfe: die Zusammenarbeit mit der neuen Kindes- und Erwachsenenschutzbehörde. In: Die Praxis des Familienrechts [Fampra]. (4). S. 1020–1051.

Rosch, Daniel (2012b). Zweiter Abschnitt: Verfahren. Erster Unterabschnitt: Vor der Erwachsenenschutzbehörde. Art. 443. In: Büchler, Andrea/Jakob, Dominique (Hg.). Kurzkommentar Schweizerisches Zivilgesetzbuch. Basel. S. 1121–1124.

Rosch, Daniel/Hauri, Andrea (2016a). Zivilrechtlicher Kindesschutz. In: Rosch, Daniel/Fountoulakis, Chrtistiana/Heck, Christoph (Hg.). Handbuch Kindes-und Erwachsenenschutz. Recht und Methodik für Fachleute. Bern. S. 410–448.

Rosch, Daniel/Hauri, Andrea (2016b). Begriff und Arten des Kindesschutzes. In: Rosch, Daniel/Fountoulakis, Christiana/Heck, Christoph (Hg.). Handbuch Kindes- und Erwachsenenschutz. Recht und Methodik für Fachleute. Bern. S. 406–409.

Santen, Eric van/Seckinger, Mike (2003). Kooperation. Mythos und Realität einer Praxis. Eine empirische Studie zur interinstitutionellen Zusammenarbeit am Beispiel der Kinder- und Jugendhilfe. München.

Schlippe, Arist von/Schweitzer, Jochen (2010). Systemische Interventionen. 2. Aufl. Göttingen.

Schlippe, Arist von/Schweitzer, Jochen (2012). Lehrbuch der systemischen Therapie und Beratung I. Das Grundlagenwissen. Göttingen.

Schmidt, Gunther (2010). Einführung in hypnosystemische Therapie und Beratung. Bd. 3. Heidelberg.

Schnurr, Stefan (2012). Grundleistungen der Kinder- und Jugendhilfe. Erstellt im Auftrag des Bundesamtes für Sozialversicherungen als Beitrag zur Projektgruppe zur Beantwortung des Postulats Fehr (07.3725); Datum 11. Januar 2012. In: Bundesrat (Hg.). Gewalt und Vernachlässigung in der Familie: notwendige Massnahmen im Bereich der Kinder- und Jugendhilfe und der staatlichen Sanktionierung. Bericht des Bundesrates in Erfüllung des Postulats Fehr (07.3725) vom 5. Oktober 2007. Bern. S. 66–108.

Schone, Reinhold (2012). Einschätzung von Gefährdungsrisiken im Kontext möglicher Kindeswohlgefährdung. In: Merchel, Joachim (Hg.). Handbuch Allgemeiner Sozialer Dienst (ASD). München, Basel. S. 265–273.

Schrapper, Christian (2008a). Sozialpädagogische Diagnostik von Kindeswohlgefährdung – Erkennen und Helfen. In: Kindesschutzzentren, Bundesarbeitsgemeinschaft der (Hg.). «In Beziehung kommen ...» – Kindeswohlgefährdung als Herausforderung zur Gemeinsamkeit. Köln. S. 44–59.

Schrapper, Christian (2008b). Kinder vor Gefahren für ihr Wohl schützen – Methodische Überlegungen zur Kinderschutzarbeit sozialpädagogischer Fachkräfte in der Kinder- und Jugendhilfe. In: e.V., Institut für Sozialarbeit und Sozialpädagogik (Hg.). Vernachlässigte Kinder besser schützen. Sozialpädagogisches Handeln bei Kindeswohlgefährdung. München. S. 56–88.

Schrapper, Christian (2012). Sozialpädagogische Diagnosen und sozialpädagogisches Fallverstehen. In: Merchel, Joachim (Hg.). Handbuch Allgemeiner Sozialer Dienst (ASD). München, Basel. S. 199–207.

Schweizerisches Komitee für UNICEF (2007). UN-Konvention über die Rechte des Kindes. Kurzfassung. Zürich.

Schwing, Rainer/Fryszer, Andreas (2010). Systemisches Handwerk. Werkzeug für die Praxis. 4. Aufl. Göttingen.

Senge, Peter M. (2011). Die fünfte Disziplin. Kunst und Praxis der lernenden Organisation. 11. Aufl. Stuttgart.

Shuler, Benjamin (2013). Pflegekinderhilfe. In: Integras, Fachverband Sozial- und Sonderpädagogik (Hg.). Leitfaden Fremdplatzierung. Zürich. S. 89–111.

Simon, Fritz B. (2014). Einführung in die (System-) Theorie der Beratung. Heidelberg.

Steck, Daniel (2012). Art. 443–450f ZGB inkl. Vorb. Art. 443ff. ZGB. In: Breitschmid, Peter/Rumo-Jungo, Alexandra (Hg.). Handkommentar zum Schweizer Privatrecht. Personen- und Familienrecht inkl. Kindes- und Erwachsenenschutzrecht. 2. Aufl. Zürich, Basel, Genf. S. 1314–1380.

Strehler, Marion (2005). In Kooperation Adressatenbeteiligung gestalten und sichern. In: Schrapper, Christian (Hg.). Innovation durch Kooperation. Anforderungen und Perspektiven qualifizierter Hilfeplanung in der Zusammenarbeit freier und öffentlicher Träger der Jugendhilfe. Abschlussbericht des Bundesmodellprojekts «Hilfeplanung als Kontraktmanagement?». Koblenz. S. 57–64.

Thiersch, Hans (2014). Lebensweltorientierte soziale Arbeit. Aufgaben der Praxis im sozialen Wandel. Bd. 9. Weinheim.

UK Department of Education (2015). Working together to safegurad children. A guide to interagency working to safeguard and promote the welfare of children. London.

Unterstaller, Adelheid (2006). Wie kann ein Verdacht auf sexuellen Missbrauch abgeklärt werden? In: Kindler, Heinz/Lillig, Susanna/Blüml, Herbert/Meysen, Thomas/Werner, Annegret (Hg.). Handbuch Kindeswohlgefährdung nach § 1666 BGB und Allgemeiner Sozialer Dienst (ASD). München. Kapitel 69.

VBK [Konferenz der kantonalen Vormundschaftsbehörden] (2008). Kindes- und Erwachsenenschutzbehörde als Fachbehörde (Analyse und Modellvorschläge). Empfehlungen der Konferenz der kantonalen Vormundschaftsbehörden (VBK). In: Zeitschrift für Vormundschaftswesen. (2). S. 63–128.

Widom, Cathy Spatz/Czaja, Sally J./DuMont, Kimberly A. (2015). Intergenerational transmission of child abuse and neglect: real or detection bias? In: Science. (6229). S. 1480–1485.

Wiesner, Reinhard (2012). Rechtliche Perspektiven zu den Kooperationsnotwendigkeiten der sozialen Dienste. In: Gahleitner, Silke/Homfeldt, Hans Günther (Hg.). Kinder und Jugendliche mit speziellem Versorgungsbedarf. Weinheim, Basel. S. 234–246.

Wirth, Jan V./Kleve, Heiko (2012). Lexikon des systemischen Arbeitens. Grundbegriffe der systemischen Praxis, Methodik und Theorie. Heidelberg.

Wolff, Reinhart (2007). Demokratische Kinderschutzarbeit–zwischen Risiko und Gefahr. In: Forum Erziehungshilfen. (3). S. 132–139.

Wolff, Reinhart/Ackermann, Timo/Biesel, Kay/Brandhorst, Felix/Heinitz, Stefan/Patschke, Mareike (2013). Praxisleitfaden. Dialogische Qualitätsentwicklung im kommunalen Kinderschutz. Beiträge zur Qualitätsentwicklung im Kinderschutz 5. Köln.

Zermatten, Jean (2014). Die Stellung des Kindes bei einer medizinischen Behandlung. In: SKMR-Newsletter Nr. 16 vom 17. September 2014. S. 1–11.